江湖

曾经的

美丽传说

依旧萦绕在

热血沸腾的现世

千万的虔诚者

顶礼膜拜

神的风采

《民间股神》荣获2006年“全国十大社科类畅销书”

《民间股神》第三集荣获2007年“全国优秀畅销书奖”

《民间股神》第四集荣获2008年“全国优秀畅销书奖”

《民间股神》第五集荣获2009年“全国优秀畅销书奖”

《民间股神》第六集荣获2010年“全国优秀畅销书奖”

民间股神

白金版

英雄榜系列

民间股神

传奇篇

白青山◎著

六位杰出的民间股神，用理智与激情创造的热血传奇，
闪耀着搏击风浪的人生智慧之光。
如果你怀揣同样的金色梦想，拥有同样的坚定信念，
波涛汹涌的股海也将任你驰骋与远航。

上海财经大学出版社

图书在版编目(CIP)数据

民间股神:传奇篇/白青山著. —上海:上海财经大学出版社,2015.3
民间股神(白金版)英雄榜系列
ISBN 978-7-5642-2124-9/F・2124

Ⅰ.①民… Ⅱ.①白… Ⅲ.①股票投资-经验-中国 Ⅳ.①F832.51

中国版本图书馆CIP数据核字(2015)第031359号

□ 丛书策划 王永长
□ 责任编辑 王永长
□ 书籍设计 张克瑶
□ 责任校对 林佳依
□ 封面题字 刘一虎

MINJIAN GUSHEN
民 间 股 神
——传奇篇
白青山 著

上海财经大学出版社出版发行
(上海市中山北一路369号 邮编200083)
网 址:http://www.sufep.com
电子邮箱:webmaster@sufep.com
全国新华书店经销
上海华教印务有限公司印刷装订
2015年3月第1版 2024年12月第8次印刷

710mm×1000mm 1/16 21印张(插页:1) 216千字
印数:18 001—19 000 定价:49.00元

总 序

把美丽献给千万读者

——写在《民间股神(黄金版)绝技系列》与

《民间股神(白金版)英雄榜系列》出版之际

当凝聚着千万读者的希冀和我多年采访艰辛的《民间股神(黄金版)绝技系列》《民间股神(白金版)英雄榜系列》开始面市之时,我内心禁不住感慨万千……

16 年了。

我自 1999 年 1 月开始采访《民间股神》至今,整整在中国证券的一线耕耘了 16 个春秋了。那是一条多么坎坷的路啊。它充满着无数的艰辛,洒满了我辛劳的汗水。

16 年前,我是在中国股市行情最低迷的 1999 年年初,走上这条艰难的股海淘“经”路的。

那时,中国股市风雨飘摇,熊途漫道,举步维艰。千万股民伤痕累累,哀鸿遍野……

为了给“迷茫”中的股民多寻觅到一些股市赚钱制胜的“本领”,

我，一个曾经的新华社记者，一位解放军大校，肩负着广大投资者的信任，在中国证券这片新生的沃土上，开始了默默而艰难的“耕耘”。

当时，许多采访对象大都还比较保守，不愿出“名”，更不愿把自己炒股制胜的“绝招”和“看家本事”公布于众。那可是他们多年来用金钱、智慧和汗水换来的宝贵经验啊。

我已记不得多少次碰壁，多少次采访遭拒绝。那种尴尬、难受的滋味，并不亚于保险公司的跑单员上门推销保险被人拒之门外的境况。有多少次我真的想打退堂鼓了。但是，新兴的证券业对我的吸引力实在太大了。我一想到千千万万可敬可爱的投资者在股海搏杀的艰难情景，想到我采写的《民间股神》出版后，他们是那么爱不释手争相阅读的感人场面，我的内心在震撼！我多么想为他们多做点事，纵有千难万难，若能通过自己的努力，从成功的高手那里多淘到一点“经”奉献给他们，将是我一个老新闻工作者最大的快乐和追求。

就这样，我怀揣着这种信念，一直默默地坚守在中国证券市场的第一线进行采访。

回首往事，5 800 多个昼夜，我的一颗心，无时不萦绕着中国股市。没有星期天，没有节假日，16 个中秋佳节，我没有一个是与家人团聚的。为了取得高手的“真经”，我与他们同吃同住同操作，常常一“泡”就是一两个月，有的甚至跟踪数年，艰辛与困苦时时伴随着我。几乎每出一集书，我都累得住一次医院。记得《民间股神》第四集出版首发后，我到美国探亲，日积月累的疲劳一下子爆发了，躺在床上起不来，原定的旅游之行变成了无奈的养病之旅……

都古稀之人了，这样卖命，图啥？不少人这样问我。

“中国股民太苦了。为了多给他们送点经，我累点，认了，值得！”

基于此，16 年来，我迎着困难，足迹踏遍大江南北，寻觅着一个又一个的民间高手，我真诚地和他们交朋友，分享并亲眼见证高手们博弈股海创造“奇迹”的快乐。同时，我也为我在艰苦采访中能为给千万投资者提供更多的操盘技艺而感到欣慰。《民间股神》6 次获得“全国优秀畅销书”等奖项，正是千万投资者对我长年付出的一种回报。一位热心的读者在一封感谢的来信中这样写道：

念君辛苦，故为君作诗一首，望继续为中国股民服务：

可爱青山

民间高手多如是
潜入江湖无处寻
神龙见首不见尾
默默操盘默默赢
幸有青山发宏愿
不忍散户血淋淋
心诚所至群英动
惊天绝技世方闻

千万读者的拥戴，无时不在激励着我。可以说，他们的热爱和呼唤，是支撑我多年坚持前行的唯一动力。2007 年《民间股神》第三集出版之后，有不少读者来信说，他们希望我能把已出版的几集书中关于民间高手炒股的绝技提炼精编一下，以方便他们学习应用。但由于紧张的采访一直没有停歇，直到2008年《民间股神》第四集出版后，我趁着赴美探亲的半年时间，才开始做这件事。然而不久，在世界金融风暴中惨烈下跌的中国股市和无数伤痕累累的投资者的呼唤，再次把我召回到了寻找熊市高手的采访一线。这一拖，几年过去了。当我在2013年春节后下决心着手完成自己和读者多年的心愿时，我却意外地病了，而且，一病就病得似乎“无法回头”了。

“烟花三月下扬州。”3月，本是世间万物最美丽的季节。然而，我却在2013年的3月同时被几家医院确诊得了“重症”。短短20天，我三次躺在了手术台上。老伴一直向我隐瞒着“真相”，但我从她脸上无法掩饰的泪痕，读懂了一切。

人生真如梦。没料到前几天还赴深圳风风火火采访的我，这么快就进入了人生的“倒计时”。无影灯下，我眼里盈满泪水：此生我不知是否再能醒来？是否能平安“逃出”这“地狱”般的“魔窟”？

多年未了的夙愿——尚未整理完的书稿，成了当时我心中最大的一桩憾事！

……

老天似乎明白我的心，赐予我眷恋之情，让我与死神擦肩而过。当我重新获得“自由”后，我似飞出笼的小鸟，又欢快地翱翔在证券市场一线的蓝天里。为了尽快地把《民间股神（黄金版）绝技系列》和《民间股神（白金版）英雄榜系列》这两套最新的作品献给读者，我珍惜着生命的一分一秒，飞深圳，赴上海，到南京，奔重庆……对全书的内容和曾经采访过的高手们一起做着最后的补充和修订。

现在展现给读者的《民间股神（白金版）英雄榜系列》，收录的是在已出版的一至七集《民间股神》中精选出的最优秀影响力最大的证券精英，而且多数都进行了重访。把这些高手们多年来坚守正确的投资理念和再创辉煌业绩的崭新风貌，将分别以《传奇篇》《绝招篇》《短线篇》《价值篇》《冠军篇》《高手篇》和《巅峰篇》一并奉献给读者。你会通过他们的传奇人生和在股海博弈的坎坷经历，感悟他们走向成功的“真谛”。

如果说《民间股神（白金版）英雄榜系列》英雄人物是我从 16 年来的一线采访中深度“挖掘”获取的一串串“珠宝”，他们是各路（册）“精英”的一个“群英会”，那么，《民间股神（黄金版）绝技系列》就是我从数百万字的书稿、近 70 位民间股神提炼整理他们的绝技的一次大“荟萃”、大汇总。《民间股神（黄金版）绝技系列》凝聚近 70 位民间股神数百种招法、将分别以：(1)《寻觅最佳买卖点》；(2)《捕捉“黑马”技巧》；(3)《挖掘明日上涨股票》；(4)《教你如何赚“快钱”》；(5)《追击涨停板绝活》；(6)《爬出“地狱”之门绝招》；(7)《“雪崩”前的逃顶利器》；(8)《揭开 K 线“天书”秘密》；(9)《弱市制胜秘籍》；(10)《“战则必胜”的操盘技艺》；(11)《股市“零风险”秘诀》等专辑（注：以上为暂定名）展现给投资者。它们可谓精彩纷呈！如果你手捧系列书，就犹如有几十位“股神”同时教给你他们在实战中的那些非凡“绝技”。一位证券业内著名人士看了我整理的书稿后爱不释手，一口气在上面批写了十几个“最”字：**最新、最核心、最实用、最成**

功、最有价值、最有经验、最具可复制性、最速成、最专业、最具技巧性、最有技术含量、最具秘籍性、最具实战意义……以表达他无尽的赞美之意。和读者朋友说句交心的话，书中的“秘籍”，原本可都是那些高手们“最不愿透露的”，而他们最终的“袒露”，真可谓是“最无私奉献”的了。

“真是招招精彩，招招实用！白老师，你费了这么多年心血，把这么多‘值钱的’招法，就这么‘廉价’地汇成一本本书公布于众，是不是有点可惜呀！”出版前，有挚友看了初稿，曾对我这样说。

“不可惜。一点都不！”我回答说：“世上有许多东西，是无法用金钱来简单衡量它的价值的。我记得2000年我写的《看赢家怎样炒股——68位中国证券高手的智慧》出版时，在扉页上我曾写了这样一句话——谨以此书献给那些在中国证券市场上不畏艰难奋力搏击的万千投资者！那是我发自心底的声音。10多年后的今天，我仍然这样想。无疑，那些在股市创造奇迹的高手们和他们用智慧凝就的操盘技艺，是中国股市的一抹彩虹，一道亮丽的风景线。我要把‘美丽’献给最可爱、最可敬的中小投资者。尤其是高手们经过无数次教训换来的操作经验，经历过股市风雨的严峻考验，实用性很强，并经过长时间的验证，至今仍具有很高的使用价值。

这些‘宝典”，那是比金子更珍贵的无价之宝！”

生命是可贵的，春天是美丽的。伴随着春天的脚步，淋浴着证券市场深化改革春风的中国股市正生机勃勃地在华夏大地展开一幅雄伟壮丽的画卷。它正以她无限的魅力，吸引着千千万万的中外投资者。

如今，我虽届古稀之龄，即使身带病恙，仍将不懈地继续为中国股民服务，不竭地在中华股坛这座诱人的百花园，去采撷最美丽的花朵，献给亲爱的读者朋友！

2015 年 1 月 18 日于北京

序 言

传奇之路，就在脚下

《传奇篇》记述的是6位民间高手的传奇故事。故事的发生地，分布在中国版图上的6个省市。

他们分别是：浙江的“江南神鹰”落升、重庆的“山城股侠”徐蓓、湖北武汉的“股市农民”黄志伟、湖南长沙的农民投资大师安农、北京的“巾帼英雄”刘颖和河南郑州的“中原股神”李旭东。

6个证券英雄的传奇和他们在中国证券史上创下的惊人奇迹，都曾强烈地震撼着“一方天地”。

2008年，在世界金融风暴中，中国股市惨烈地下跌了62.5%，可谓“哀鸿遍野”，至今想起，仍不寒而栗。在这种股市熊途漫漫，投资者极端迷茫的环境下，却在暴跌的市道中杀出一位股市豪杰，他不仅成功地保住了在牛市中3年赚取的112倍成果，还以超凡的智慧，谱写出在大熊市中业绩翻5倍多的惊人奇迹！这位英杰，就是在中华股坛闻名遐迩、被人称为“江南神鹰”的落升。

重庆缙云山下怀揣着梦想，以一腔热血踏进股市的徐蓓，早期曾输光了钱，债主的刀曾架在了他的脖子上，被逼得要“抱石沉江”，但这一切仍没能改变他追梦股海的志向。他千里学艺，重拾信心，涅槃重生，最终取得22个月资金翻70倍的佳绩。8年后的今天，他再续传奇，证券和实体投资盈利不断翻番，“山城股侠”的美名，一直荡漾在缙云山下，嘉陵江畔……

江城的黄志伟，一个刚毕业的大学生，一个自谦为“股市农民”的年轻人，10年间，在中国股市这片沃土上辛勤劳作，神奇地把自己仅有的1.8万元积蓄，“滚”到了1 000多万元，他谱写传奇的密码，一定是许许多多投资人所渴望获得的。

来自大山深处的湘江农民投资大师安农，更是一个奇人。他虽进了省会长沙城，但他一直坚守着心中的那片“田野”。多年来，只对自己熟悉的农作物进行投资，年年都有稳定的好“收成”。当年他怀揣10万元离开故土时，曾对送行的同学和领导立下“誓言”：“争取10年当千万富翁”，没想到，才3年，他就圆梦“千万富翁”。

刘颖，中国股坛的成功“小女孩”，她的股市人生更具戏剧性的传奇色彩。她20岁出头，就执掌数亿的资金，创造了股市的一个又一个“神话”。然而，“磨难”却让她从一位“富姐”一夜间沦为一贫如洗的股市“乞丐”，后凭着她的聪明和胆识，又从“乞丐”最终走向了成功。其中的甘甜和她大起大落的传奇人生耐人寻味，给人启迪。

一个名不见经传、年仅28岁的中原小散户，6年间创造的“从3万到数亿”的惊世奇迹，定会让更多人惊叹不已。他从2005年的3万元艰难起步，凭着他过人的智慧和独特的操作绝技，仅用6年多的时间,竟创造了“从 3 万到数亿”的惊世奇迹,轰动整个华夏股坛。在他那传奇的故事里,究竟隐藏着什么样的秘密?他的故事将向你真实地“还原”6 年间在中原大地发生这一“神话”的一切……

6 个故事,6 部传奇!让人赞叹,也激人奋进!

读后,在惊叹之余,你一定会感到这些传奇人物“遥不可及”,也可能会说,他们创造的奇迹,“给我做 10 年梦都难达到”!

是这样吗?你会点头。

但,我的回答是:不!绝不!

回忆起我采访这 6 位民间高手度过的难忘岁月,我真真切切地感到,他们是那么平凡,又那么睿智。他们的“传奇”也好,“辉煌”也罢,都来自于执着的追求,来自于巨大的付出。更深夜半,我看到落升在接受完采访之后,还在浏览世界和国内的各种经济信息,研究和揣摩未来市场的热点,常常通宵达旦;从长沙到武汉,我跟随采访“股市农民”黄志伟,同他一起操作,真切体味他靠“滚雪球”赚钱的方法,从 1.8 万元“滚”到 1 000 万元的历程并不容易;在和农民投资家安农一起生活的日子,我由衷地感受到他的“传奇”来自于他长年在那片田野上“耕耘”,随遇而安,只在自己熟悉的“一亩三分地”里劳作,与世无争的好心态;在重访“山城股侠”徐蓓的日子里,我亲眼看到他既忙实业运作,又忙股票投资,一钻研就是一个通宵,像台不知疲倦的机器,着实让人感动。

流行的神曲“哥只是个传说”中有句歌词这样写道:“请不要再迷恋哥,哥只是一个传说……每个强者都会有背后的辛酸挫折。”它道出了“传说”背后的艰辛。许多投资者只看到高手们“日进斗金”

的奇迹而羡慕赞叹，哪知他们比常人洒下的汗水、付出的心血，要多出多少倍?！只是他们的心酸，你不曾体味而已。

“天道酬勤，”我想，只要你执着追求，只要你具有“永不言败”的精神，其实，你照样能像高手们一样走向成功，创造辉煌！

传奇之路，就在你的脚下……

于北京

2015 年 1 月 18 日

目　录

一个寂寞高手的熊市传奇

落升

"江南神鹰"落升熊市狂赚5倍的传奇故事

"小成靠智，大成靠道！"

他，隐居在美丽江南，搏击于股市，仿佛一只孤独的神鹰，翱翔于股海上空，明察秋毫，一旦"猎物"出现，便会以闪电般的速度俯冲而下，一击中的。凭着超人的热点捕捉能力，3年来，资产增值百倍以上，其中，自2007年10月至2009年2月，资产增值5倍多，而其间，大盘跌幅高达62.5%。

他是如何做到的？他有什么秘籍？

落升

生于 1968 年 8 月 23 日

大学文化

入市时间

2000 年

投资风格

静若处子，动若脱兔；

擒贼擒王，波段操作。

投资格言

热点，就是股市里的提款机！

篇首按语

整整6个年头过去了，但在我心里无时无刻都抹不去对他的记忆。可以毫不夸张地说，在我16年采访过的众多民间高手中，他，中国股市的奇才落升，当属最优秀者之一。

自2009年5月《民间股神》第5集在全国热销以来，落升，这个一直隐居在江南滨江小城的股票投资奇人，便走进了千千万万投资者的心中。在2008年极其惨烈的大熊市中，落升竟“逆”势擒拿了数十只飙涨大黑马，神奇般地取得资产翻5倍多的战绩，让人们惊叹！震撼！

这是一个传奇！一个“神话”！它轰动了整个华夏股坛！

人们在赞叹“传奇”的同时，也一直在寻觅着他创造这一传奇的“秘密”。几年以来，他那敏锐捕捉市场热点，“静若处子，动若脱兔，擒贼擒王”的彪悍投资风格，也被市场上许许多多的投资人所传承。有的说他影响了“一代年轻的投资人”，更多的人为落升能无私地向全国投资者袒露自己的投资“绝技”而感动，赞誉他“功德无量”，称他是当之无愧的股神！

6年来，尽管行情一直不好，但许多人在学习落升的操作方法后，投资生涯却都发生了蜕变。上海一位投资者专职炒股七八年了，整体亏损，眼看老婆和孩子的生活费都成了问题，急得整夜睡不着觉。得到《民间股神》后，他把写有落升的那部分撕下来揣在身上，反复阅读，反复琢磨，用之于实战，2010年取得了6倍的收益，全家人过上了无忧无虑的生活，特地向落升致谢。

而同样，6年来落升也一刻没有停止续写新的传奇，他创造出了一个又一个辉煌业绩，一直令人瞩目和惊喜。

这是为什么？

其实，阳光下并没有秘密可言。正如落升在2012年新春给作者的信中所坦言的：“我那时在书中所讲的内容都是我操作模式中最精华的东西，直到现在，我自己也还是那样做的。这几年我基本上过着以前一样的生活，没有再接受过任何人的采访，因为平静的生活本就是我的追求。投资方面，很顺利，资金又比出书时多了不少，2011年公认很难做，但我依然赚了几千万元。这进一步验证了我在书中所讲的方法是经得起考验的。也就是说，我们一起为有缘的股民做了一件有益的事。”

他的执着，他的专注，他的孤独，他的寂寞，他独特的投资模式……无不是他走向成功的秘诀。

榜样的力量是无穷的。笔者把“一个寂寞高手的熊市传奇”选作为《民间股神》(白金版)英雄榜系列(之一)的首篇,就是意在让更多的投资人从作者当年对落升“原汁原味”的报道中,学习他操作方法的精髓,感悟他获得成功的真谛。

追寻成功者的足迹,学习成功的方法,实现读者的致富梦想吧。

在此,也借着落升的吉言,愿更多的“有缘”者,从投资的困境中走向成功的坦途,成为第二个落升、第三个落升……

这是发生在中国股坛的一个真实故事,也是流传于我国江南地区股市的一个“熊市神话”。

如果将这个故事告诉世人,恐怕没有一个人不咂舌称奇。这,绝没有一丝一毫的夸张。

2008 年,世界金融风暴掀起滔天巨浪,各国股市遭受百年一遇的重创,股神巴菲特在他一生的投资生涯中,首次遭遇了“滑铁卢”,一年间资产缩水 786 亿美元。

而在同样遭遇前所未有的“股灾”,90%以上的投资人都亏损累累的中国证券市场,却有一个被人们誉为“江南神鹰”的神秘之人,在腥风血雨的大熊行情中,不仅毫发无损,而且资金账户逆势拉出“长阳”,狂赚 5 倍!

他叫落升。他所创造的熊市传奇,发生在江南的一个滨江小城。

引子:"白捡"一套别墅和一辆"大奔"

2009年3月1日。绵绵春雨。

当我飞抵杭城时，是落升来接的我。稍作停顿后，他开着"大奔"带着我，迅即离开美丽的"天堂"杭州，消失在通往滨江小城的雨雾之中……

与落升见面虽是第一次，但我与他在电话里，早已成为老朋友，结成了"忘年交"。他进入我的视线，是在2007年10月开始，中国股市进入18年来前所未有的暴跌中，而他所在营业部的席位，出人意料地在熊市惨淡迷茫的行情中，竟然经常抓到大牛股，频频"上榜"。凭着几十年新闻工作的经验，尽管我在大洋彼岸的美国，但我很快找到了这个神秘的"高人"——落升。

其实，对于中国的投资者，对落升这个名字，并不陌生。在2003年和2004年的漫漫熊市中，他就是一个当红"明星"了。那时，只要他的文章在网上一贴，一夜间，就会有数万人点击。

2005年底，就在大牛行情来临前，落升走了。

他离开了网络，离开了成千上万热爱着他的"粉丝"们。尽管，在国内一个著名的财经网站上，曾发起了一个"万人签名留落升"的活动，但人们却惋惜地没有留住他。

他消失得无影无踪。

从此，电台里没有声，电视上没有影，网站论坛里，再也看不到他的撼人文章了。

他到哪去了呢？

原来，他隐居到了江南一个没有多少人注意的滨江小城。他选择远离喧嚣，与寂寞相伴，因为"他要听到大盘的呼吸"，因为他要做一个寂寞高手，搏击股市，实现他的理想。

他做到了。消失的3年间，他的资金竟翻了百倍以上。

……

"落升，在飞机上我听邻座的说，你们那个城市的房价在江浙一带是很便宜的，是吗？"行进在高速公路上，我们交谈的话匣子就此打开。

"是。"

"没趁便宜买一套？"

"买了一套别墅。"

"多少钱？"

"便宜，260多万元。"说到这，落升给我讲了一个有趣的事儿。

那是2008年1月1日。他准备按约定一次性全额付清买别墅的房款。可是，他在交款前，从电视上看到万科老总王石发表了著名的房地产价格"拐点论"，为了避免买在最高价，聪明的他，脑子一转，和开发商重谈付款方式：先交110万元，留下150万元年底交清，几轮谈判后，开发商同意了。

他把暂时"节省"下来的150万元，竟全部投进了当时已开始暴跌的股市，原来他要用这150万元去股市里挣一笔钱，以弥补可能出现的房价下跌而造成的损失。

这是在玩火呀！这时，股市已从1 000点涨到6 000多点，行情已由单边上涨变成震荡下跌了。亲朋好友，对他这一举动实在不能理解，纷纷为他捏了一把汗。

但到了年末，大家惊愕地发现：他那150万元，竟神奇般地变成400多万元！

真不可想象！不可想象！

"我等于白捡了一套别墅，还有这辆奔驰，也是股市给报销的。"落升手握着崭新"大奔"的方向盘，开心地笑着说。

"你真是个奇才，要是换别人，别说赚套别墅和一辆奔驰车了，恐怕，到年终，还要倒欠下还不清的债呢！"我钦佩的目光，投向身边这位身藏绝技的股市奇才。

车，飞奔着。我越发想早点到达那个遥远的神秘小城，好早点挖掘到中国股市在熊市里发生这一神奇传说的"奥秘"！

一幅动人心魄的曲线图

从2006年4月至2009年2月，他的资产3年增值112倍，似火箭般的速度递增，那幅资产与大盘走势背道而驰的"喇叭口"形曲线图，令人震撼，动人心魄。

3年赚取112倍

我的面前摆放着证券营业部提供的数百页的交割单，它详细地记录着落升从2006年至2009年2月的每一笔交易。

证券部的老总，向记者提供了落升资金账户几个重要时点的详细“演变”过程：

2006年4月28日(1 440点)：×(为保护隐私，以×代替实际金额)

2007年10月16日(6 124点)：20×

2008年10月28日(1 664点)：61×

2009年2月13日(2 320点)：112×

3年时间，大盘大涨又大跌，终点几乎回到了起点，可落升的账户却在单边大涨！大赚112倍！

“他的资产增值速度太神速了，这是我在广东、江南等地营业部从事多年管理工作所未看到过的。可以说，是前所未有的。从2007年10月开始，大盘大跌，他的市值却在大涨，这种与大盘走势呈现如此大的反差，直线向上的增值斜率，也许在中国上亿的投资者中也是罕见的事。”他一边用笔画着落升这个VIP客户的资产曲线与大盘暴跌走势的对比图，一边赞不绝口地夸道：“落升是我们的骄傲，也是投资者的一个榜样。我们营业部的将才不少，而落升，在股市中纵横驰骋，颇有大家风范，我称他为帅才；在生活中文质彬彬，待人谦和，做人低调，像他这样的一个股市奇才，真是难得，少见！”

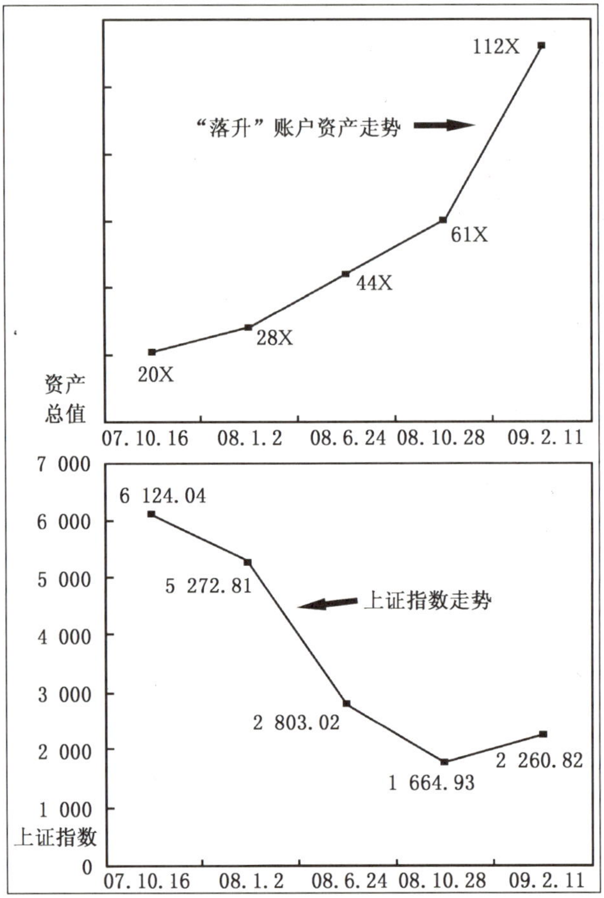

图 1　上证指数与"落升"账户资产走势对比图

对于 2006 年 4 月至 2007 年 10 月在牛市期间资产增值 20 倍的辉煌业绩，落升不是很看重，在他看来，熊市的这段经历更有价值。看着这幅动人心魄的图表，谁又能不为之由衷折服？

若从大盘自 2007 年 10 月暴跌算起，至 2009 年 2 月，在如此惨烈的熊市行情里，落升仅用 1 年零 4 个月的时间，就让自己的资产增值了 5 倍多。而其间，大盘跌幅高达 62.5%。

这，不能不说是个“神话”！

这，不能不说是中国股市里的熊市奇迹！

“盈利模式”是制胜根本

当初次看到落升熊市账户翻5倍的交易清单，记者心里一直在打鼓：他是运气好？还是捂对了一只超级大牛股？还是有什么“内部消息”？不然，他怎么能如此神奇？

“不。关键是他有自己的一套盈利模式。”营业部的老总对我说：“如果没有一套制胜的盈利模式，是很难在熊市中生存的。况且，2008年以来的操作环境真是太残酷了。更难的是，他已经是超级大户的资金规模，这种资金要盈利已经十分困难，更不要说翻几番了。”

落升身边的另一位在熊市里获得翻倍收益的短线高手对记者说：“我跟落升在一起几年了，我了解，他炒股没有任何内幕消息，完全是凭着他自己的‘道’做股票的。”

那么，使落升获取如此骄人战绩的盈利模式，究竟是什么呢？

“是捕捉市场热点，”落升坦诚地对记者说：“准确把握市场热点，是我盈利模式中最核心的内容，也是我的账户资金在熊市中能如此快地增值的最核心秘密。我做股票不是靠捂对或蒙对几只飙涨牛股获利的。我也不是靠运气，而是靠分析，靠不断地挖掘市场热点。2008年和2009年初，虽是一轮前所未有的熊市行情，但这一年多来市场上涌现出的主流热点板块，如农业、创投、迪士尼、奥运、基建、新能源等，我几乎都做到了。而且，都是在启动之初介入的。所以，对于我来说，这轮大熊市，就相当于变成了一轮局部的牛市行情。我充分享受着它给我带来的快乐！”

捕捉热点是股市最大的掘金术

他为何能在熊市中获取巨额利润？为何能先知先觉一次又一次地提前捕捉到市场将要启动的热点？他对要案的分析，将为人们解开心中的谜团。

2008 年至 2009 年 2 月，是落升大获丰收的日子，也是他创造奇迹的日子。这一年多来，他以超强的市场敏感度，先后捕捉到了市场涌现出的七大热门板块，几乎无一漏网和踏空。

如果说，一个高手在实战中抓到一两个热点板块不足为奇，而落升这只“江南神鹰”却靠他灵敏的嗅觉，锐利的目光，一直翱翔在热点的天地里，捕捉到了一个又一个的热门牛股。这确是最难也最令人称奇的事。

他打开他账户的历史成交纪录，为记者展示着他参与的一只只熊市牛股，并详细地述说他捕捉的过程与当时介入的理由。

揭秘热点个股的挖掘过程

创投板块

CHUANG TOU

对“创投板块”热点的捕捉操作，是落升在 2008 年 1 月实现的“开门红”。

2008 年 1 月中旬，大盘自 5 522.78 点的高位开始暴跌，而在这波猛烈的下跌中，复旦复华、龙头股份和同济科技等具有“创投概念”的股票，在市场将要推出创业板的传言中，逆势上扬，成为熊市寒夜中闪亮的明星。落升以鹰一般的眼光及时捕捉到市场中的这一“亮点”，连擒“三雄”，在大盘暴跌中，他却首战告捷。

实战案例一 复旦复华(600624)

买入时间：

2008 年 1 月 22 日，参见图 2。

买入理由：

(1)其时，推出创业板的传言开始在网上流传，创投板块想象空间大，具有极高的市场号召力。

(2)大盘经历了一波骤风暴雨式的下跌，短期风险释放很充分，有望迎来一段时间的稳定期。未来两周市场温度有望维持在 50 以上(记者注：“市场温度”是市场做多氛围的一个量化指标。落升建立这一指标时，以满分 100 为估算单位。他认为 50 以下，市场热点很难被发动起来，高于 50 他才考虑进场操作)。

(3)该股在大盘暴跌时能连拉两个涨停板，走势极为凶悍，市场认同度很高，已初具“牛股相”，突破了9元的强阻力区，回抽是极好的买入机会。

结论：

成为大热点的预估概率值为90%。

结果：

2008年1月22日下跌时买入，1月25日卖出后，2月21日换成创投板块的另外两只股票同济科技（600846）和龙头股份（600630）。这三只股票成为2008年初创投板块的“三驾马车”。

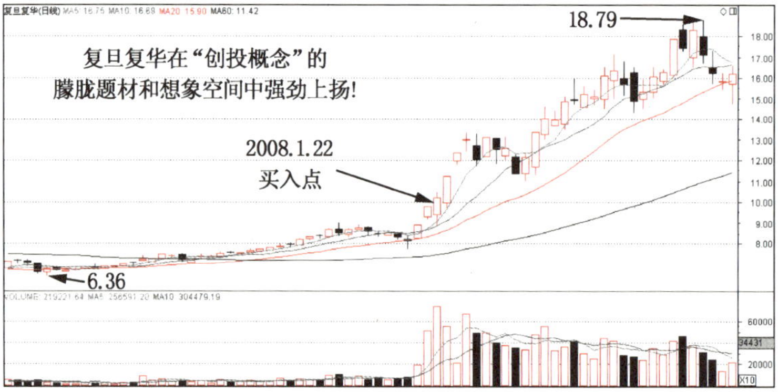

图2　复旦复华(600624)走势图

实战案例二　同济科技（600846）

买入时间：

2008年2月21日，见图3。

买入理由：

同上。

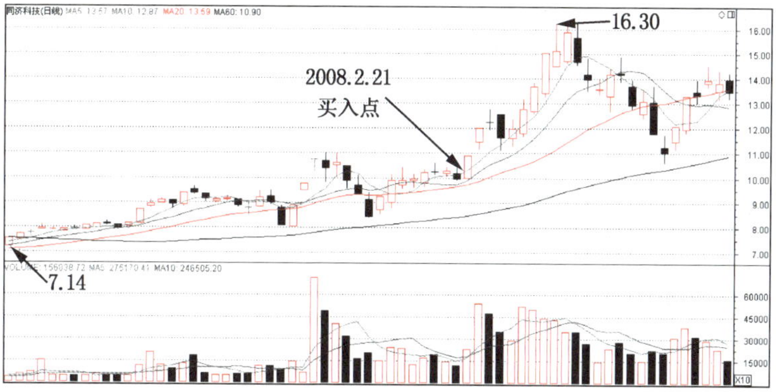

图 3　同济科技(600846)走势图

实战案例三　龙头股份(600630)

买入时间：

2008 年 2 月 21 日，见图 4。

买入理由：

同上。

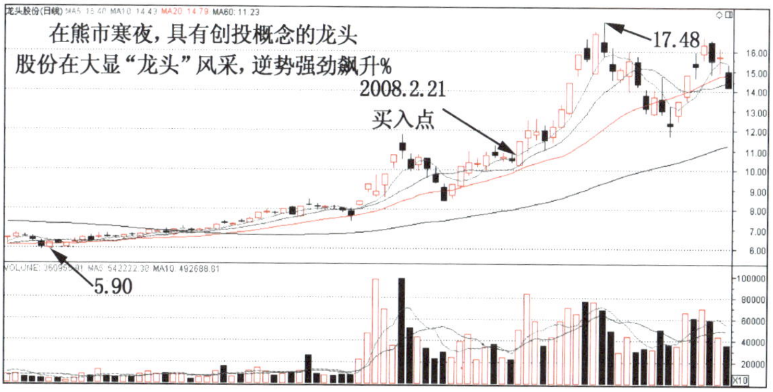

图 4　龙头股份(600630)走势图

农业板块

这是落升"放眼世界"抓热点的一组典型案例。

2008年初，一场百年不遇的雪灾降临中国大地，它直接威胁到了粮食作物的生产。当时报载：湖南告急、江西告急、贵州告急……整个中国南部的传统产粮区都处于低温、暴雪和冷冻之下，大约40%的中国粮仓都在危险之中，农业生产遭到破坏已经几乎成为定局。

与此同时，世界性的粮食危机正在发生。据报道，世界上已经有30多个国家开始采取粮食限制性出口，其中包括世界上各大主要产粮国阿根廷、美国、加拿大、澳大利亚、乌克兰、印度、中国等，国际市场上粮价节节攀高。

电视里饥饿中的埃及人为买一个面包而排几个小时队的情景，国内农产品市场鸡蛋、肉类食品价格的大幅上涨，产米大国泰国、越南为保护本国市场严格限制甚至一度禁止出口大米的一系列政策，引起了落升的深思。他深深地感到："民以食为天！"面对世界粮食危机的现状，"三农"问题必将成为中国各级政府的头等大事，农业板块成为市场热点的条件已经成熟。

实战案例一 丰乐种业(000713)

买入时间：

2008年2月15日，见图5。

买入理由：

(1)农产品价格飙涨。

(2)“两会”临近,“三农”问题比任何一年都倍受关注。

(3)大盘经历了一波急跌,两周内有望保持横盘,市场近期温度有望高于50,预测农业板块的市场认同度高于80。

(4)该股在大盘暴跌阶段极为抗跌,一旦涨停,形态极为完美。

结论:

成为近期持续性热点的预估概率值为80%以上。

结果:

2008年2月15日在11.5元至12元之间大量买入,得到市场的高度认同,当日涨停。之后,该股13个交易日最高涨至20.47元,上涨途中卖出,获利颇丰。

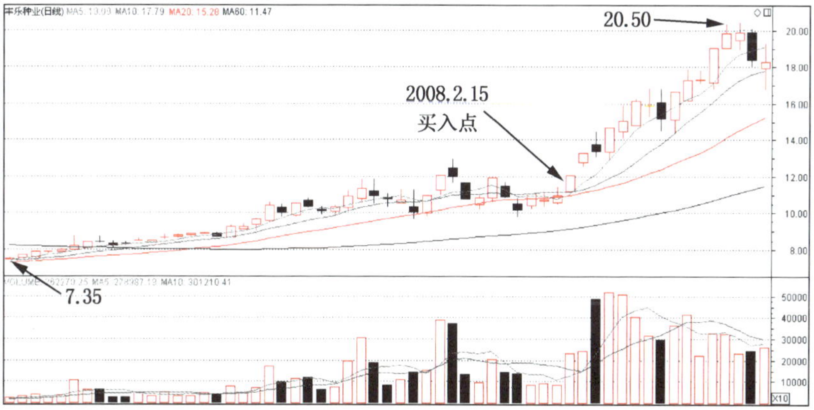

图5 丰乐种业(000713)走势图

实战案例二 隆平高科(000998)

买入时间:

2008年4月14日,见图6。

买入理由：

(1)部分国家米价大幅上涨，预感将蔓延开来，解决米价大涨的有效手段就是增加产量。袁隆平被称为“杂交水稻之父”，该公司有望从中获益。

(2)大盘偏离 60 日均线太多，近期继续大幅下跌的可能性偏小，市场温度近期有望达到 50，预测这一题材的市场认同度近期为 60，如果米价继续上涨并影响国内，市场认同度将超过 90。

(3)该股已突破中短期均线，底部形态完美。

结论：

成为近期持续性热点的预估概率值为 80％以上。

结果：

2008 年 4 月 14 日 17.70 元附近部分仓位买入，后加仓买入，一段时间后，爆发世界性的粮食危机，该股 3 周时间最高涨到 47 元，成为当时最耀眼的明星股。

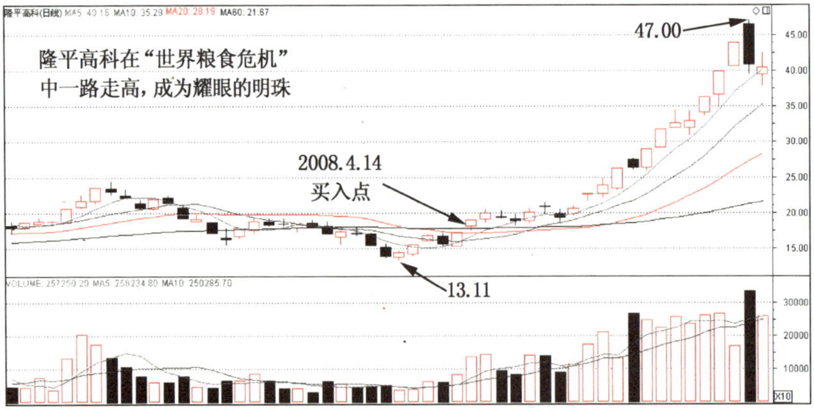

图 6　隆平高科(000998)走势图

奥运板块

AOYUN

这是落升在2008年全仓重拳出击的一个板块。

2008年6月18日，大盘在连跌数月并出现罕见的十连阴后，终于迎来了暴风雨后的第一道“彩虹”。就在这一天，落升开始全线出击世人瞩目的奥运板块股票，以“四两拨千斤”的战术，在冰冷的A股市场点燃起了“奥运之火”。

实战案例一 中体产业(600158)

买入时间：

2008年6月18日，见图7。

买入理由：

(1)上证指数一波暴跌了近30%，近期十连阴，风险已得到充分释放，距奥运会开幕不到两个月，奥运开幕前大盘不可能继续大幅下跌，市场温度预计高于60。

(2)随着奥运会临近，奥运热开始升温，奥运题材一定会成为市场认同度最高的题材。细分奥运板块，直接受益的中体产业(600158)，从事电视转播的中视传媒(600088)以及奥运后仍然持续受益的旅游股北京旅游(000802)、中青旅(600138)和国旅联合(600358)是关注的重点。

结论：

奥运板块成为近期热点的预估概率值90%。

结果：

2008年6月18日开盘买入中体产业(600158)。之后，于2008

年 6 月 24 日分别买入中视传媒(600088)和中青旅(600138)。6 月 27 日,在跌停板附近买入北京旅游(000802),8 月 1 日,在该股进行第二波启动之际再次介入。

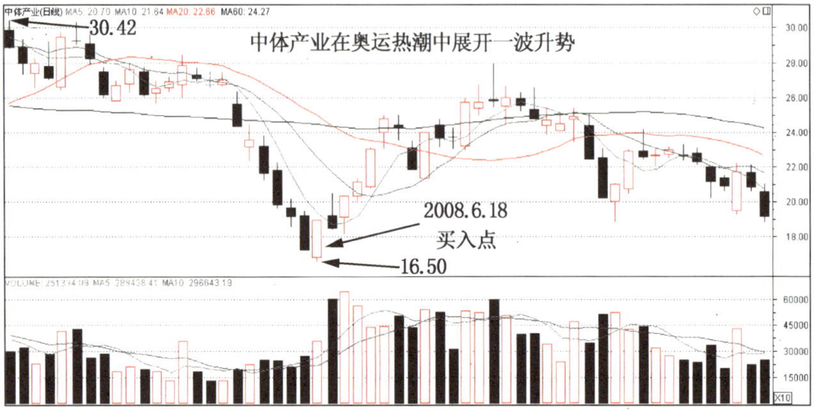

图 7 中体产业(600158)走势图

实战案例二 中视传媒(600088)

买入时间:

2008 年 6 月 24 日,见图 8。

买入理由:

同上。

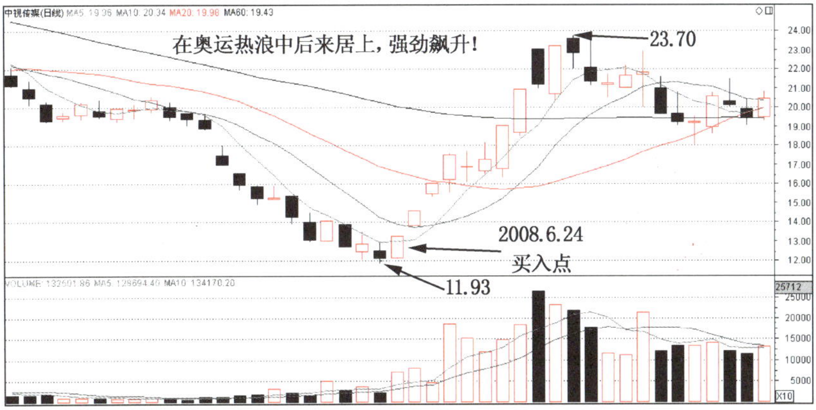

图 8　中视传媒(600088)走势图

实战案例三 中青旅(600138)

买入时间：

2008 年 6 月 24 日，见图 9。

买入理由：

同上。

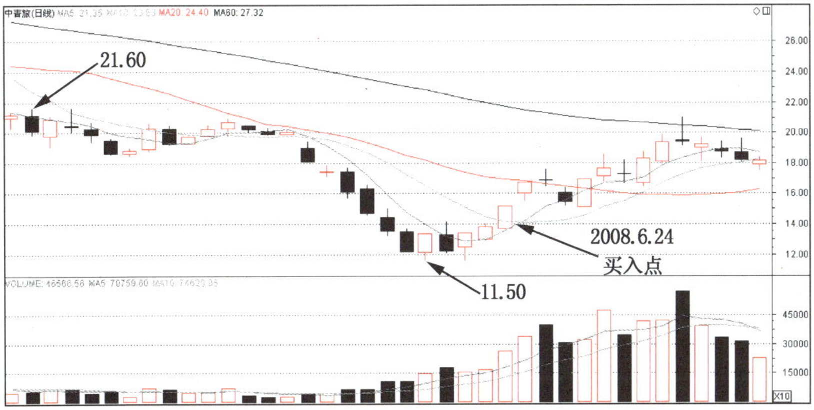

图 9　中青旅(600138)走势图

实战案例四 北京旅游(000802)

买入时间：

2008 年 6 月 27 日第一次介入；8 月 1 日第二次介入，见图 10。

买入理由：

同上。

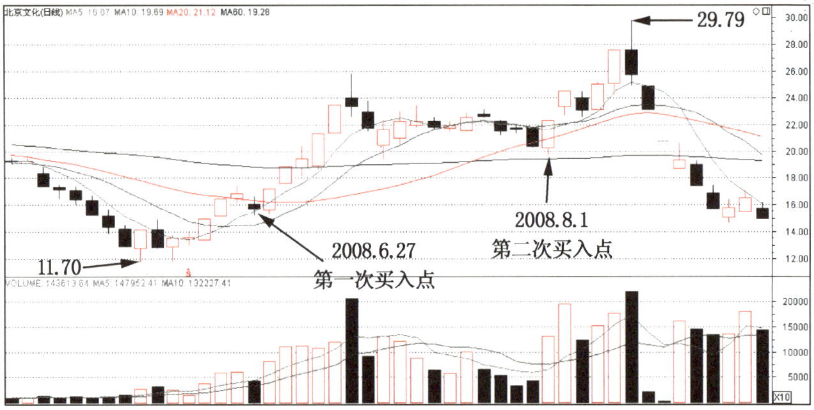

图 10　北京旅游(000802)走势图

落升两次操作的北京旅游，是 2008 年奥运行情中最大的牛股。他所在的营业部也因多次在该股成交席位中出现而一战成名。

迪士尼板块

这是 2008 年给落升带来利润最多的一个板块。在这一年，落升曾多次轮番出击迪士尼概念股，在不同的时间段，他准确地擒拿到了这一板块不断切换的“龙头”。

采访中，在这一板块中获得暴利的落升，风趣地对记者说：“迪士尼概念股，炒来炒去，到现在还没有完。这一题材仍处于朦胧传言期。在股市里，朦胧是一种美，越朦胧就越有吸引力。相信这个题材还会反复操作。至今，上海的迪士尼主题乐园还处在谈判阶段。到时若建成了，我真的要去开心地玩一玩，好好消费一下，不然，我可真的对不起它对我的贡献啊！”

实战案例一 界龙实业(600836)

买入时间：

2008年6月26日，见图11。

买入理由：

(1)迪士尼乐园选址川沙的传言再起，迪士尼题材已有很好的群众基础，该题材想象空间极大。

(2)奥运开幕前大盘将以“维稳”为主，市场温度指数高于60。

(3)界龙实业因迪士尼建在川沙所得到的好处很大，但难以量化，这为炒作这只股票提供了很大的想象空间。且因有了2008年1月初的炒作效应，预测本次市场认同度将超过80。该股2008年6月26日若涨停，将形成W底突破。

结论：

成为大热点的概率评估值为70%。若随后传言不断，概率评估值上调至90%

结果：

2008年6月26日大举买入，该股次日因大盘暴跌回调，后一路上涨，其间做了一些波段，最后于2008年7月24日全部卖出，获大利。2008年11月10日开始再度连续重仓买入该股，直至11月

24日开始卖出，再获大利。

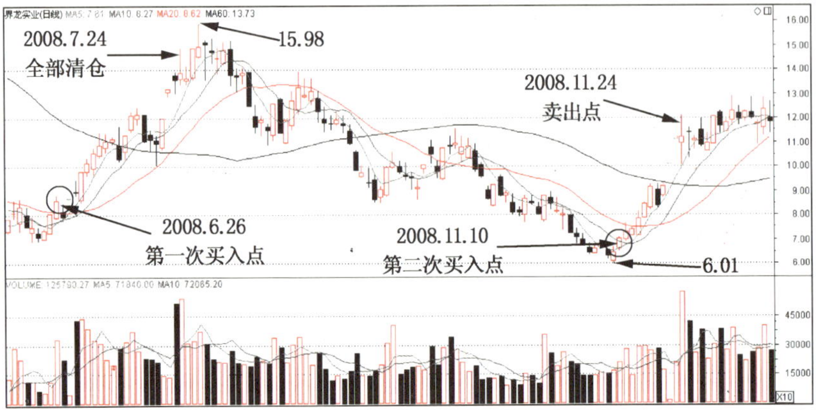

图11　界龙实业(600836)走势图

实战案例二 外高桥(600648)

买入时间：

2009年1月9日，见图12。

买入理由：

(1)随着界龙实业和中路股份成为明星股，迪士尼概念已深入人心。

(2)传中方组建股份公司与迪士尼合资，外高桥参与其中。

(3)该股尚未大涨过，一旦涨停，将形成W底突破。

(4)目前9元左右的价格与大股东定向增发的认购价格16元相比便宜了很多。

(5)大盘处于平衡状态，市场温度指数高于60。

结论：

外高桥成为迪士尼又一只黑马的概率评估值为85%。

结果：

2009 年 1 月 9 日一路买到涨停板，该股随后 4 天连拉涨停，最大涨幅达 40%多。

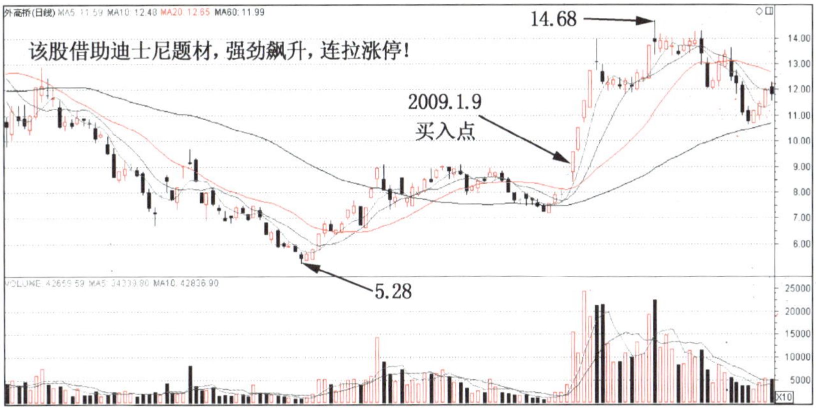

图 12 外高桥(600648)走势图

实战案例三 亚通股份(600692)

买入时间：

2009 年 1 月 9 日，见图 13。

买入理由：

(1)迪士尼概念一直是市场持续炒作的一个热点。

(2)当时对迪士尼乐园选址出现争议，有的传言建在上海川沙，有的传言建在崇明岛。这种争议本身就是一种炒作题材。而亚通股份是崇明岛上唯一的一家上市公司。借着此争议的朦胧题材，该股一路逆势狂涨，成为熊市中的一颗明星。

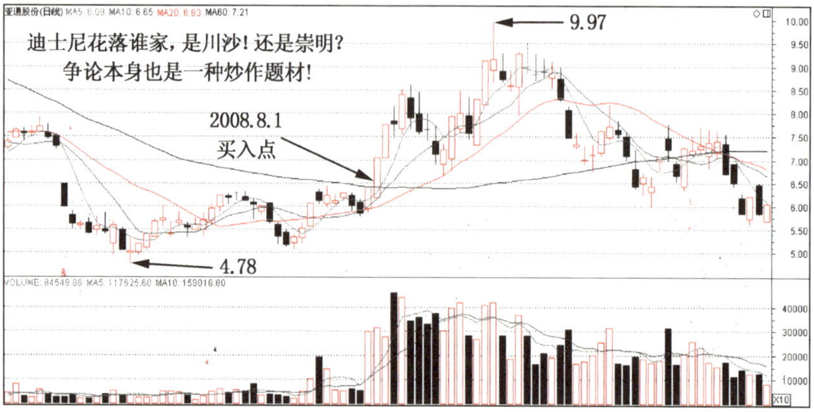

图 13　亚通股份(600692)走势图

实战案例四 陆家嘴(600663)

买入时间：

2009 年 2 月 2 日，见图 14。

买入理由：

市场盛传迪士尼落户上海的最新方案是：迪士尼公司占股 47%，中方公司占股 53%，而陆家嘴集团出资 40 亿元，是中方公司中的“龙头老大”。

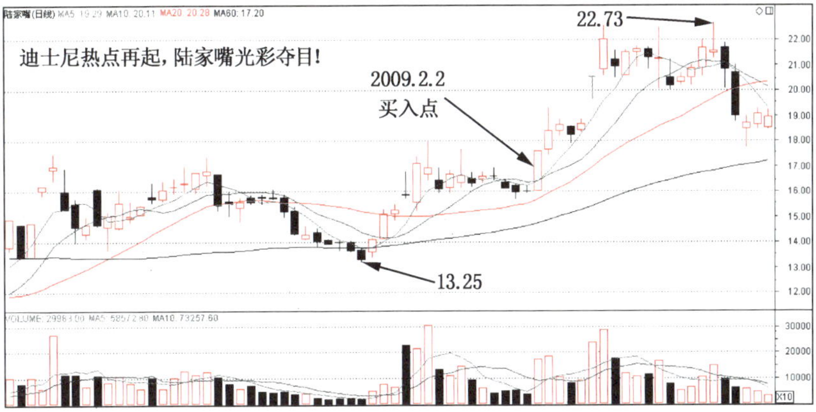

图 14　陆家嘴(600663)走势图

基建板块

发端于美国的金融危机波及全球，对我国经济的冲击超出了预期。为阻止经济下滑，2008 年 11 月初，国家正在酝酿出台强有力刺激经济的政策。落升经过对 1997 年亚洲金融风暴中中国政府的应对之策的研究，以及对近期出台的一些政策（如加大铁路建设投资力度等）的分析，将目光锁定在基建板块，重点是水泥、路桥、工程机械。他开始介入路桥、水泥板块的时间，比国务院宣布新增 4 万亿元基建投资的时间提前了 3～4 天。对这一热点板块的提早介入，充分体现了他对国家宏观经济政策的准确把握和前瞻性的眼光。

实战案例一　四川金顶(600678)

买入时间：

2008 年 11 月 6 日，见图 15。

买入理由：

(1)经济增速下滑太快，铁道部新增 2 万亿元铁路建设投资，预感国家将加大基建投资力度，出台强有力的经济刺激方案。

(2)四川金顶作为地震灾区的水泥类上市公司，双重受益，市场认同度预测值为 85 以上。

(3)大盘刚经历了一个月的暴跌，充分释放了风险，有望迎来一段时间的反弹或横盘，市场温度预测值高于 60。

结论：

水泥板块成为大热点的概率评估值为 85%。

结果：

2008 年 11 月 6 日买入，次日晚间国务院宣布 4 万亿元投资刺激经济的方案，水泥板块成为最大热点，连续大涨。

稍有遗憾的是，选股目标稍有偏差，第一目标股应该是太行水泥(600553)。

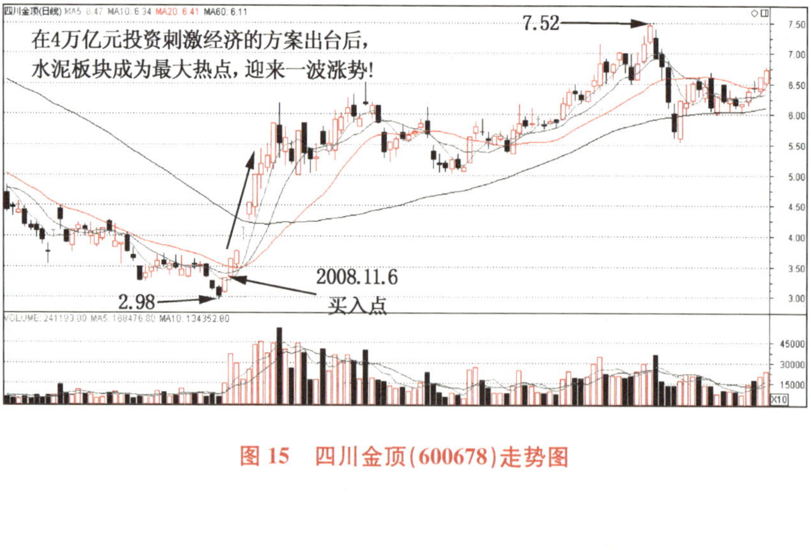

图 15　四川金顶(600678)走势图

实战案例二 路桥建设(600263)

买入时间：

2008 年 11 月 5 日开盘就开始买入，见图 16。

买入理由：

同上。

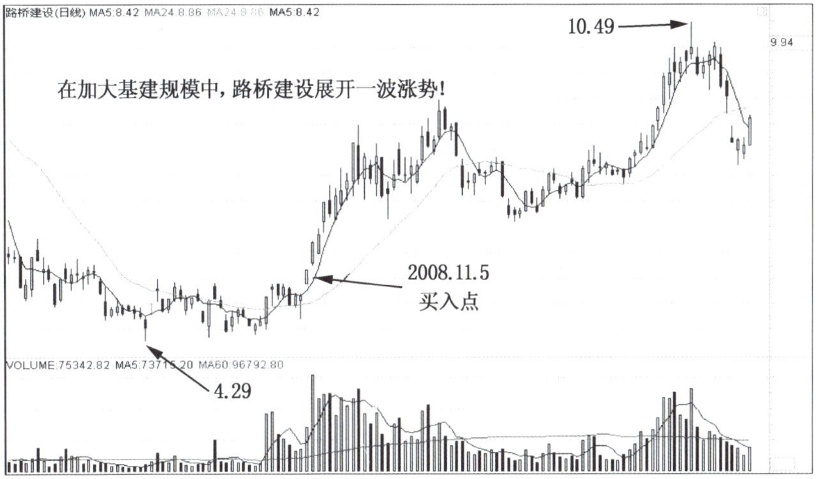

图 16　路桥建设(600263)走势图

实战案例三 山河智能(002097)

买入时间：

2008 年 11 月 12 日开盘即买入，见图 17。

买入理由：

同上。

图 17　山河智能(002097)走势图

新能源板块

从 3G 手机对锂电池的大量需求的思考，到美国新总统奥巴马上任后把发展新能源作为振兴经济的首要措施，再到国家在汽车振兴规划中明确提出把新能源汽车作为重点扶持的对象的一系列政策的出台，以及巴菲特看好新能源汽车，18 亿港元投资比亚迪的举动，使落升敏锐地觉察到了新能源概念将成为市场的一个中长期热点。他先后成功地对沃尔核材、安凯汽车和杉杉股份进行了操作。

实战案例一 沃尔核材(002130)

买入时间：

2008 年 11 月 13 日，见图 18。

买入理由：

(1)国家调整能源结构，核电规模比原规划增加 1 倍，这将为核电题材的炒作提供难得的机遇。

(2)大盘处于大级别反弹之中,市场温度高于 70。

(3)当时,锁定两只核电题材的股票:一只是中核科技(000777),可惜 11 月 13 日因该上市公司开股东大会而停牌;另一只是沃尔核材(002130),也是不错的选择,预估市场认同度很高。

结论:

沃尔核材连续收出三个涨停板的预估概率值为 80。

结果:

2008 年 11 月 13 日开盘前以涨停板价格挂单买入,一个账户通吃了当天 90%的抛单,此股连收 5 个涨停板。

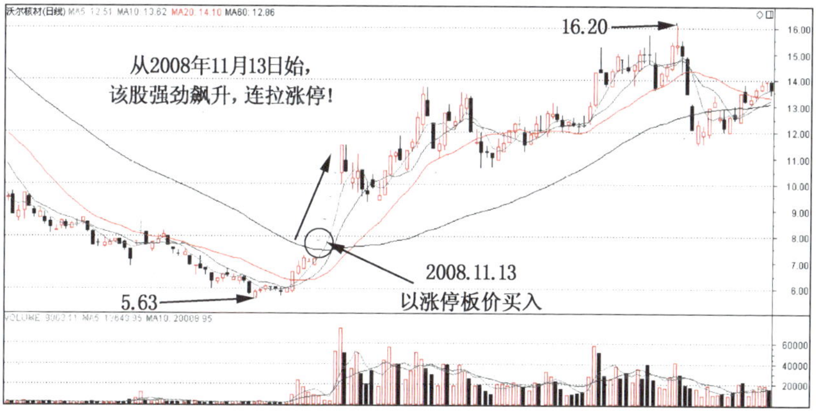

图 18　沃尔核材(002130)走势图

实战案例二　杉杉股份(600884)

买入时间:

2009 年 1 月 14 日、15 日,见图 19。

买入理由:

(1)国外，巴菲特看好新能源汽车，投资比亚迪 18 亿港元，美国新总统奥巴马把发展新能源作为振兴经济的首要措施；国内，汽车振兴规划中明确提出把新能源汽车作为重点扶持的对象。

(2)大盘处于横盘震荡阶段，热点不断，市场温度高过 75，适合大胆参与热点。

(3)杉杉股份(600884)是锂电池板块的龙头企业，走势上已形成大双底突破之势，市场认同度预估值为 90。

结论：

锂电池板块成为市场主流热点的概率预估值为 90%。

结果：

2009 年 1 月 14 日买入杉杉股份，次日开盘前挂涨停价追买加仓。锂电池板块成为持续了很长时间的主流热点。

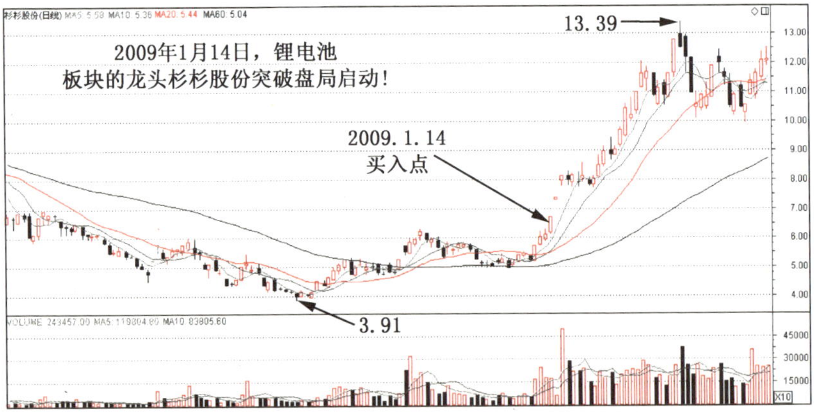

图 19　杉杉股份(600884)走势图

实战案例三 安凯客车(000868)

买入时间:

2009 年 2 月 10 日,见图 20。

买入理由:

(1)从奥运会闭幕式上惊艳亮相的伦敦双层环保客车,到奥运村中运行的新能源客车,再到国内各个城市正在兴起的新能源公交车,近年来新能源客车逐步向我们走来,国家在汽车振兴规划中明确提出把新能源汽车作为重点扶持的对象。而在无污染客车的研发中,安凯客车更是成绩斐然。

(2)国家出台了新能源汽车补贴办法,重点补贴城市公交车,每辆补贴最高可达 60 万元,这个补贴幅度为世界之最,显示出中国对于发展新能源汽车的决心之大。

(3)安凯客车的新能源客车已经下线并接到了 30 辆订单,该股股价低,股本小,已经两个涨停板,市场认同度极高。

(4)大盘逼空上涨,市场温度高于 85。

结论:

安凯客车这一波上涨行情有 6 个涨停板的预估概率为 80%。

结果:

2009 年 2 月 10 日买入,又涨了 3 个涨停板后被交易所强行停牌,若不强行停牌,该股可能有 8 个涨停板。

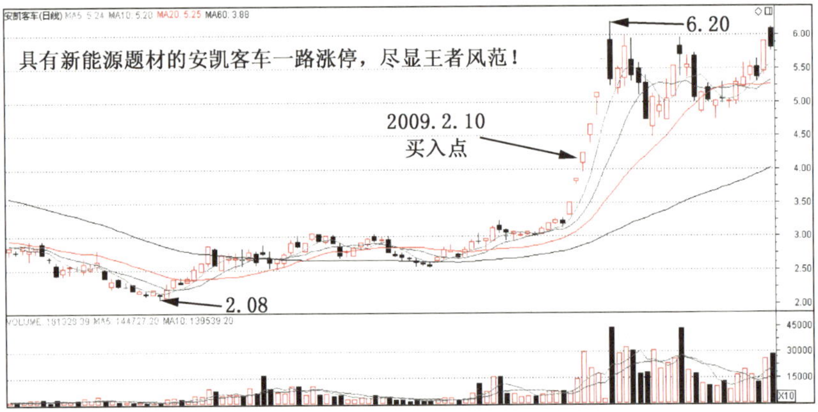

图 20　安凯客车(000868)走势图

重大事件

2008 年至 2009 年初，国家及证券市场都发生了许多重大事件，落升紧紧抓住这些重大事件给投资带来的机会，成功地操作了三元股份及三联商社等市场热门股，获得了丰厚利润。

实战案例一 三元股份(600429)

买入时间：

2008 年 9 月 19 日、22 日、23 日，见图 21。

买入理由：

(1)三聚氰胺事件致使乳业格局发生剧变，三鹿集团倒下了，蒙牛、伊利等巨无霸遭受重创。而三元牛奶未被检测出三聚氰胺，产品一时供不应求，企业因此迎来发展壮大的重大机遇。

(2)2008 年 9 月 18 日，股市迎来双向收取交易印花税改为单向收取，汇金公司增持三大银行股的重大利好，大盘有望大幅反弹，市场短期温度超过 75。

结论：

三元股份连续收出 6 个涨停板的概率预估值为 80%。

结果：

2008 年 9 月 19 日起，连续 3 天开盘前以涨停板价格挂单排队买入，该股最终拉出 9 个涨停板。

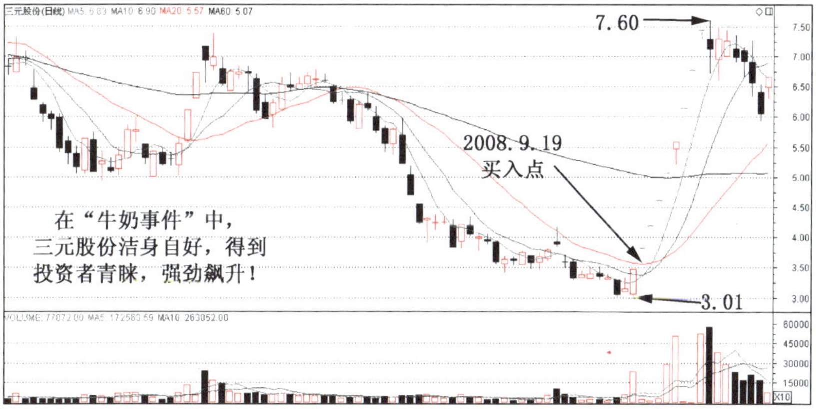

图 21　三元股份(600429)走势图

实战案例二　三联商社(600898)

买入时间：

2009 年 2 月 3 日，见图 22。

买入理由：

(1)国美强行召开股东大会，解除了原公司董事会，接管了公司，这将为市场炒作该股提供了难得的题材。

(2)大盘处于强势横盘期，热点不断，市场温度高于70。

(3)该股一旦涨停，将突破长达3个月的潜伏底，技术形态堪称完美，预估市场认同度超过90。

结论：

该股连续6个涨停的预估概率值为75%，连续3个涨停板的预估概率值为95%。

结果：

2009年2月3日，开盘前以涨停价挂单买入，引来数百万股跟风盘，后该股连拉6个涨停板，遗憾的是2月3日开盘前账户中只有370万元可用资金，若有2000万元可用资金，当日该股的所有抛单将全部成为落升的囊中之物。

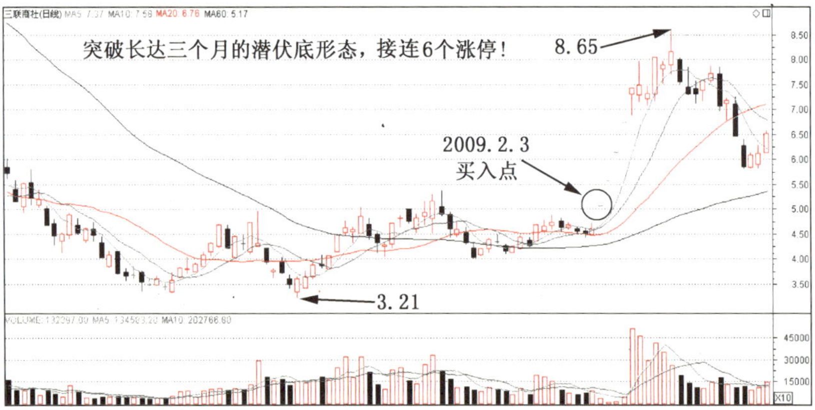

图22　三联商社(600898)走势图

两个失败的案例

2008年以来，落升在捕捉市场热点中战绩可谓“辉煌”。虽然屡屡取胜，但他说："股市没有常胜将军，任何一个环节考虑不周都难以获得成功，教训往往比经验更有价值。"

他一定让记者把他操作中出现的两次失误记录在案：

失败案例一 风竹纺织(600493)

买入时间：

2008年11月20日。

买入理由：

(1)国家提高纺织品出口退税率1个百分点。

(2)大盘暂时不会大幅下跌，市场温度略高于50。

结论：

纺织板块成为近期热点的预估概率为65。

结果：

2008年11月20日开盘前挂涨停价买入，大盘遭遇短期下跌，该股次日低开低走，割肉出局，亏损6%左右。

教训：

题材太小，市场认同度不高，大盘由强转弱，买入此股显得比较勉强。

失败案例二 新华医疗(600587)

买入时间：

2009年1月22日。

买入理由：

(1)新医改方案正式公布，今后 3 年全国在医疗卫生方面将新增投入8 000亿元。

(2)大盘处于横盘阶段，市场温度 65 左右。

(3) 新华医疗(600587)属于医疗器械板块，受益于医改，该股盘整了一段时间，一旦涨停，将强势突破，形态极佳，预估市场认同度在 80 以上。

结论：

医药板块成为近期热点的预估概率值为 80。

结果：

2009 年 1 月 22 日开盘通吃集合竞价的抛单，开盘后继续买入至涨停价，当日以涨停报收，次日高开低走，全部卖出，亏损 2%。

教训：

由于疏忽，没有留意医改方案曾在一个月前发布过征求意见稿，此次并无大的变动，违反了“买入传言，卖出消息”的纪律，市场不够认同。

落升捕捉市场热点的独家秘籍

如何认知和捕捉市场热点？它产生的条件是什么？买入热点股的最佳时机又是什么？他披露的捕捉热点的独家秘籍，堪称股市赚大钱的一个重要法宝与绝招。

抓市场热点是落升熊市狂赚的法宝，想必也应该是绝大多数投资者梦寐以求的事。记者经过一番软磨硬泡，终于获得了落升捕捉市场热点的独家秘籍。现归纳如下要点：

热点产生的必要条件：市场温度不低于 50

就像农民种庄稼要选择合适的季节一样，炒股必须先问大盘：**只有当大盘近期温度将不低于 50 才能进场**。因为，市场温度太低，大家都只想着卖，想着逃，热点就产生不了，再好的题材也会由于市场不响应而被漠视。

评估市场温度的落升指标

- 大盘状态

大盘未来两周如果将处于横盘状态，那么市场温度为 50 左右。若将上涨，则市场温度高于 50；如将下跌，则市场温度低于 50。一般情况下，大盘经历一波连续下跌，下跌幅度超过 25%，将会迎来一两个月的横盘或反弹行情。

- 个股的涨跌比

有些时候，大盘表现一般，可个股行情很好，市场称为“八二行情”，这是由于指标股不动所致；相反，有些时候，大盘表现很强，可个股行情很差，市场称为“二八行情”，这是由于指标股涨其他个股不涨所致。为了弥补这种情况，可采用“个股涨跌比”来评估市场温度。如果750家个股上涨，750家个股下跌，则市场温度为50；如果1 000家个股上涨，500家个股下跌，则市场温度为66.67；如果500家个股上涨，1 000家个股下跌，则市场温度为33.33。

● 涨跌停板个数比

市场活跃度是评估市场温度的重要指标，可用涨跌停板个数比来获得，如涨停板个数为10，跌停板个数也为10，则市场温度为50，涨停板个数为20，跌停板个数为10，则市场温度为66.67，依此类推。

实战时，可综合考虑以上三个指标，得到一个比较客观合理的市场温度，市场温度越高越有利于热点的产生和持续，反之亦然。

决定热点的持续时间和涨幅：题材的大小和新颖程度

● 大题材才能产生大行情

什么样的题材算是大题材？总的来说，凡是对公司可能产生翻天覆地的正面影响的题材都算是大题材。通常，大题材难以量化评估，想象空间巨大。如，收购别的公司，对收购方来说是很小的题材，对被收购方来说是很大的题材，原因是对收购方和被收购方的影响不同。一般来说，政策因素是产生大题材最重要的渠道，这是落升每天收看《新闻联播》的原因。重大事件是产生大题材的另一个重要渠道，如奥运会、世博会、迪士尼等。

● 题材的新颖程度很重要

市场对一个题材的追逐热情基本上遵循“一鼓作气，再而衰，三而竭”的规律。所以，题材一定要新，要有突发性和震撼性，要出人意料。

炒作热点的三个阶段

初级阶段　这个阶段主要是先知先觉者在买，市场对其众说纷纭，莫衷一是。

中级阶段　随着舆论升温，市场的再认识，以游资为代表的短线客开始追逐，其相关板块明显升温。

高级阶段　所有的人都明白这个题材是现在的热点，态度由开始的怀疑变为坚信，大众开始积极买入，而发动行情的主力资金则开始撤退。

显然，最好是在初级阶段买入，最迟中级阶段买入，高级阶段卖出，而不像大多数人那样在初级阶段浑然不觉，在中级阶段迟疑不决，却在高级阶段经不住媒体铺天盖地的宣传而冲动买入。当然，想要在初级阶段买入并不是件容易的事，你得有超强的题材挖掘能力和敏锐的热点洞察力。

捕捉热点的七个步骤

第一步　收看《新闻联播》，网上浏览国际国内各类新闻，浏览个股公告，券商研究报告，查看股市、期市、汇市、黄金、石油、有色金属、农产品等的外盘情况。

第二步　从海量的信息中筛选出可能对股市产生重要影响的题材，进行深入的分析研究，评估题材的大小。这项工作需要有很强的新闻敏感性和题材分析能力。只要坚持做，新闻敏感性是可以培养出来的，题材分析能力也是可以提高的。

落升讲了这样一件事：2004 年 1 月 13 日，媒体报道越南发生严重的高致病性禽流感，并很快在越南蔓延至全国 10 个省市，有 60 多万只家禽被感染致死，有数十人感染了禽流感病毒而致命。为防止该病传入我国，1 月 14 日，中华人民共和国农业部和国家质量监督检验检疫总局立即联合发出“禁止直接或间接从越南输入禽鸟及其产品”等七条公告。看了新闻，落升想，家禽是会飞的，禽流感感染率如此之高，越南是中国的邻国，如果一旦传播到中国，政府将会采取怎样的防治措施？对中国股市又会有什么影响？于是，他立刻找寻到与此有关的上市公司。其中，生产动物疫苗的中牧股份(600195)是他锁定的重要目标股。就在春节长假前的最后一个交易日，即 2004 年 1 月 16 日，他重仓吃进了中牧股份。果然，随着禽流感在全球的传播与防治工作的积极开展，春节长假后一开市，该股便连拉涨停，凌厉上攻。这使具有新闻敏感性提前介入的落升获利不菲(见图 23)。

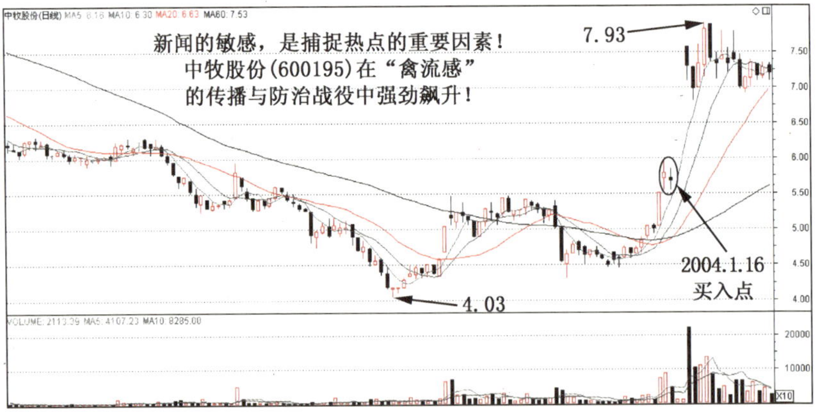

图 23　中牧股份(600195)2004.1.16 走势图

第三步　如果发现大题材，找出相关个股，进行综合分析，确定目标股票，预估市场认同度。

第四步　评估市场温度，市场温度低于50，除非出现惊天的题材，否则不入场。

第五步　预估目标股票成为近期持续热点的概率值，低于65%放弃不做。

第六步　制订操作计划，包括买入价格区间，仓位，卖出的大致时间和价格等。

第七步　按计划执行。根据市场温度、市场的认同度等对计划进行适当的调整。

对于自己没有在第一时间发现已经在市场中涌现出来的热点股票，若涨幅在35%以内可以先追涨买入一些仓位，涨幅超过30%后的第一次回调则是很好的参与机会。

熊市生存术

大盘暴跌，熊途漫漫，该如何回避市场的高风险？又怎样能伺机捕捉到下跌中那些难得的获利机会？他的熊市生存术和盈利法则，堪称一部宝典。

巴菲特有句名言："当海水退去，才知道哪些人在裸泳。"的确，熊市才是炒股水平的试金石，它会将伪高手打回原形，会将新股民打入“地狱”，只有在熊市中资产完好无损的人才能算真正的高手，只有在熊市中赚到钱的人才能算顶尖高手。

落升认为，熊市生存术是股民的必修课。这是因为：股市有牛市就有熊市，中国股市牛短熊长，如果你不懂得如何在熊市中生存下来，即使牛市赚再多的钱，那些钱也只是暂时存放在你那里，熊市一来，不但利润会还回去，本金也保不住，最终的结果就是被股市消灭掉。

可能有人会说，熊市有赚钱的想法本身就是一种罪过，熊市正确的做法就是远离股市。这种说法有个很大的问题，那就是你首先得知道股市什么时候迎来熊市，也就是你得知道大盘什么时候是顶，但事实上，没有人可以准确预测大盘的中长期走势（声称能持续准确预测大盘走势的人不是骗子就是自欺欺人），当然也就没有人知道熊市会在什么时候开始。以 2007 年 10 月开始的大熊市为例，试问：当时有谁知道 6 124 点是大顶？有谁在6 000多点的时候敢说一年后大盘会跌到 1 600 多点？普遍的观点是：大盘下跌的前两个月认为是牛市中的正常回调；双头形成了，又说年线不破还是牛市；年线破了，又有人说只要 2 245 点不破还不能算熊市；等大家都承认进入熊市已经是奥运开幕后的事了，而此时，上证指数已经从 6 124点跌到了 2 500 多点。这个时候明白股市进入了熊市还有意义吗？此时选择离开股市岂不是太晚了？所以，熊市最好的做法是离开股市的说法是一句空话，是事后诸葛亮。退一步说，就算有些人侥幸在 5 000 点以上逃顶了，但有几人真正成功离开股市？这些人中多数又在 4 000 点或 3 000 点杀了回去。

由此可见，面对现实，探索熊市中的生存术才是每个投资者的必修课。

为此，落升总结了熊市生存并盈利的理念与法则。

熊市生存理念

第一阶段　向“左”看齐逃顶。在大盘前期的重要高点附近卖出股票，空仓。为了避免踏空，等跌到颈线附近重新入场。

第二阶段　有效跌破颈线位，离场。当跌势已经形成，一旦有效跌破颈线位，手中如果有筹码坚决止损卖出，这是熊市生存的重要理论指导。

实战案例　深成指走势

2007 年 10 月 10 日，深成指创下了 19 600.03 高点后开始下跌，2007 年 11 月 29 日、2008 年 2 月 1 日，先后回调至颈线位，因当时尚未能确定一轮熊市来临，为避免踏空行情，应是买入点。2008 年 1 月 14 日深成指跌至19 219.89点，已接近走势左侧的最高点，根据“向左看齐”的逃顶方法，此时应离场出局。此后，股指一波比一波低，到了 2008 年 3 月 10 日开始，深成指向下有效击穿了颈线位，此时应果断彻底地抛出手中筹码(见图 24)。

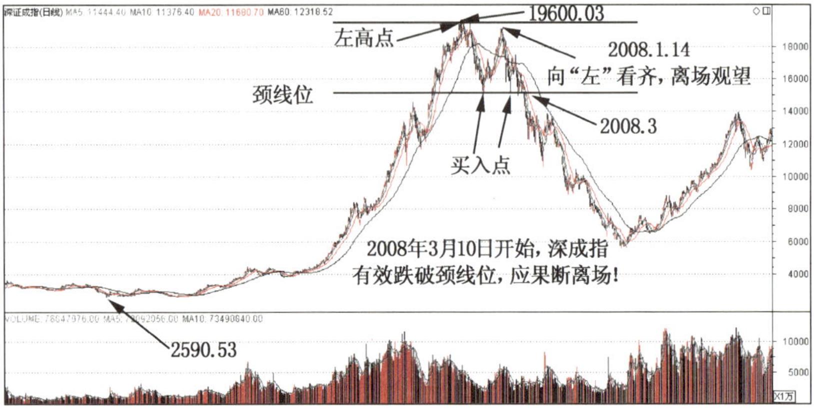

图 24　深成指走势图熊市图例

熊市盈利模式：不轻言底部，超跌抢反弹

把控制风险放在头等重要的位置，不轻言底部，只做超跌抢反弹。这是落升的熊市盈利模式。

巴菲特有句名言："投资最重要的有两条：第一条，千万保住你的本金；第二条，是执行第一条。"

落升重视风险的程度，从他的笔名就能看出。他对记者说，他之所以取"落升"为笔名，包含了两个含义：一是股市有升就有落，二是，姓"落"，就表明他把风险放在第一位。

他说，在贪婪者的眼里，下跌途中的每一根大阳线都是底部的信号，而在职业高手的眼里，下跌途中的每一根大阳线都仅是下跌途中的普通反弹而已。事实上，从 2007 年 10 月展开的一轮熊市，相信已让很多人领教了盲目抄底的危害，也从反面警示了熊市风险的厉害。

落升熊市制胜的法宝就是顺势而为，不轻言底部，不抄底，只做超跌抢反弹。

他说，不抄底不等于不抢反弹，抄底和抢反弹有本质的区别。抄底的前提是你知道哪里是底，而事实上就像没人知道哪里是顶一样，根本没有人能知道哪里是底；抄底的结果是买入后会持有不动，由于真正的底只有一个，抄对的概率不高，而一旦抄早了，后果就是套在半山腰。而抢反弹则不同，抢反弹是因为超跌，超跌通常会反弹。抢反弹的动机只是短线捞一把，只要掌握得好，抢反弹的好处是可以避免抄错底出现的损失，又可以获得抄对底带来的利润。

所以，在落升的字典里，没有抄底，只有抢反弹。他认为，底不是抄到的，而是抢反弹抢到的。

落升熊市抢反弹秘诀

大盘 6 日乖离率超过－6％，12 日乖离率超过－10％，24 日乖离率超过－16％，进场抢反弹，24 日乖离率接近 0 时卖出。他在这轮熊市中，用这个方法抢反弹的成功率几乎是百分之百。至于买什么股票，重点是最超跌的股票或可能成为近期热点的股票。

实战案例 上证指数走势

2008 年 9 月 18 日，在上证指数的走势中，24 日乖离率已超过－16％（当日收盘数值是－15.94％，其实盘中早已超过－16％），当日起，便产生一波强劲反弹。

这一天上午，24日的乖离率超过了－18%，落升急切地感到一个超跌抢反弹的绝佳机会已经来临，他甚至担心管理层会因股市暴跌过于惨烈，而突然采取紧急措施临时停止交易，以至恐怕到下午无法再买到廉价筹码。于是，他在上午收盘前几乎全仓杀入当时已经13连阴的浦发银行（60000），下午大盘神奇逆转，晚间关于印花税改为单向征收和汇金入市在二级市场增持三大银行股的利好消息公布，浦发银行连拉两个涨停，落升3天获利20%多。与其说落升的运气好，不如说他超跌抢反弹的指标发挥了巨大的威力（见图25）。

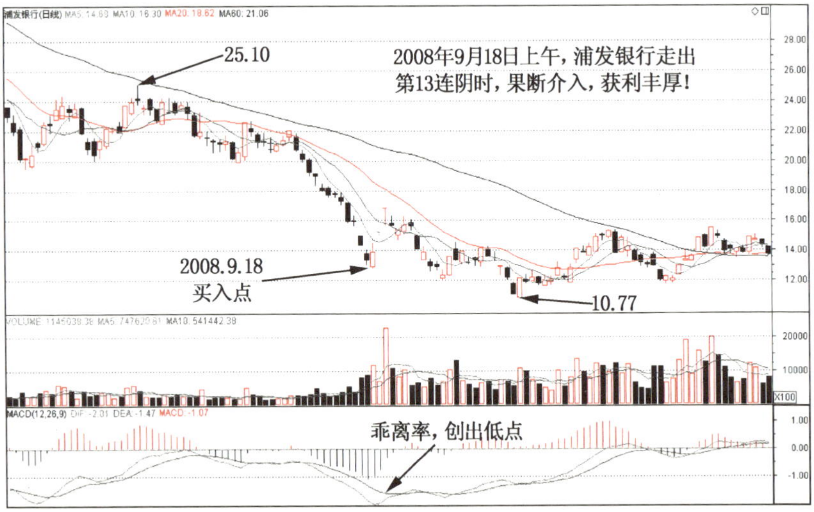

图25　浦发银行（600000）走势图

同样，2008年10月27日，上证指数24日乖离率指标超过了－16%，发出了买入信号，落升看到短线抢反弹的机会再次出现，果断入市，次日一轮反弹行情展开，他又一次成功地抢在了最低点（见图26）。

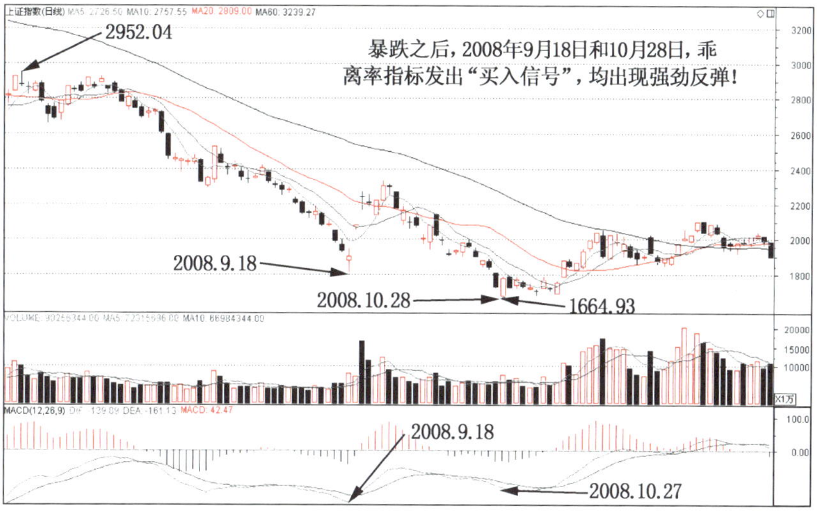

图 26　上证指数走势图

据此模式入场抢反弹，落升在熊市中屡试不爽，收益颇丰。由此看来，他的这套熊市生存术堪称一部宝典，既可以回避熊市的高风险，又不放过下跌途中出现的获利机会，而且，最后的底部也会被抢反弹抢中，不存在踏空的风险。

落升特别提醒

熊市风险很大，机会较少，要多忍，少盲动，同时，应该降低获利目标，抢反弹要快进快出，打得赢就打，打不赢就跑，严格执行纪律，错了要坚决止损，千万不要短线做成中线，中线做成长线。

股市赚钱的“金字塔”要诀

从势，到热点，再到好心态、波段操作、擒贼先擒王，再到……在他那座金字塔里，蕴藏着多少赚钱的秘密？“落升十诀”，道出了他在股市稳赚大赚的天机。

下面的这座“金字塔”，是落升稳健大赚的十条要诀。他对这座铭刻在心中的“金字塔”，详细地进行了诠释。这既是一座**财富宝塔**，也是一棵**智慧树**。

势

热点

好心态

波段操作

擒贼先擒王

听党话明方向

自古圣贤皆寂寞

静如处子，动如脱兔

截断损失，让利润奔跑

不会空仓，等于不会炒股

势

炒股最重要的是什么？如果只能用一个字来表达，落升选择的是“势”。

有句炒股的格言说：涨时重势，跌时重质。可是落升的观点却是：涨时重势，跌时还是重势！

因为势是容易看清楚的，而质则是雾里看花，花旗银行，两年前还是全世界最大的银行，你能说它的质不好吗？可一场金融危机下来，股价下跌超过95%，一度成了股价低于1美元的垃圾股。

这样的例子在中国市场也比比皆是。6 000点的时候，中国神华上市，被爆炒了3个涨停板，瑞银给出了150元的“合理估值”，质地不可谓不好，现在却只能长期徘徊在10多元。

无论对大盘还是对个股，趋势都是“纲”。趋势的形成是所有因素共同作用的结果，影响股市的其他任何单个因素都只能对趋势产生暂时的局部影响。而趋势一旦形成，将维持数月至数年，轻易不会改变。因此，牛市不言顶，某著名私募在2 000多点逃顶，错过了2007年的大牛市；熊市不言底，无数投资者因早早抄底被打入“十八层地狱”，甚至世界公认的股神巴菲特也因过早抄底而损失巨大，承认自己犯了错误。这些都是深刻的教训。

可以说，顺势者大赚，逆势者大赔，顺势而为是炒股的第一铁律。

热点

“热点，就是股市里的提款机。”

“对于炒股的重要性而言，无论用什么语言来形容热点的重要性，都不为过。”

这是记者在采访落升时，听他讲得最多也是最深刻的两句话。

在牛市里，抓到热点，可以赚到数倍于大盘涨幅的大钱；熊市里，抓到热点，可以逆市赚到不少开心钱。上证指数从 6 124 点跌至 1 600 多点，其间每一波阶段性的下跌之后都涌现出一个短期翻倍的热点板块：创投，农业，抗震救灾，奥运，迪士尼，水泥，电力设备，工程机械，新能源……如此之多的热点板块先后登场，可谓好戏连台。这些热点板块的主要股票都在 1 个月左右的时间里实现了股价翻番，甚至翻几番。

6 124 点开始的下跌，在别人的眼里是一轮超级大熊市，可在落升的眼里，虽然是大熊市，但却有着牛市一样的获利机会。如果有超强的热点捕捉能力，只要能抓到其中的一些机会，进退得当，实现资产翻番甚至翻几番并不是难事。

他认为，作为一个股市职业投资者，如果你的资产没有超过 3 亿元，这一轮大熊市完全应该获得翻倍的收益。一些五六千点侥幸空仓的私募基金或大户，其实并无得意的资本。因为，这轮熊市给你的机会太多了。在落升看来，不管是牛市还是熊市，做不做的问题，取决于有没有可以持续的热点，有就做，没有就不做；选股的唯一标准，看它是不是热点，是就选，不是就放弃。

好心态

良好的心态对于做股票起着至关重要的作用。好心态能让一个只有60分能力的投资者发挥出100分的水平，坏心态则让一个有100分能力的投资者只能发挥60分的水平。投资者的头号敌人不是股而是他们自身，即使你拥有很强的数学、金融、财会知识，但不能很好地控制自己的情绪，那么你是不可能在投资过程中获利的。

什么样的心态算好心态？第一，客观。股票有涨就有跌，有赚就有赔，七分水平三分运气，不在亏钱时过分强调运气不好，不在赚钱时忘记运气的作用。第二，冷静。行情疯狂上涨时不贪，能想到风险，行情极度低迷时不惧，能看到机会。坚持严格执行自己的盈利模式，该买则买，该卖则卖，不因结果不好而后悔。第三，乐观。这里说的乐观并不是指对股市行情要永远乐观，而是指心情。炒股只是手段，幸福快乐地生活才是目的。因此，应该想方设法让自己开心，赚钱时不奢望卖在最高，知足常乐，亏钱时给自己一个安慰：幸亏没有更糟。

如何能培养自己有一个好心态？落升开有两剂“药方”：第一剂“药方”，他用一个公式表达：

快乐指数＝收益/预期值

如果收益是相对固定的，那么预期值越大，快乐指数就越小；预期值越小，快乐指数就会越大。有的人之所以天天不开心，根源就是把公式里的分母（即预期值）调到了最大，对收益的预期寄予太高的期望。

落升说，痛苦来自于比较，幸福和快乐也同样来自比较。是痛苦还是快乐，问题并不出在比较本身，而是取决于怎样进行比较，以及确定比较的基准值。如一个账号的某个时段，起始资金是100万元，最高到过300万元。现在是200万元。你如果与300万元相比，就觉得现在少掉了100万元，当然会很不开心。如果与100万元相比，仍然还有100万元的利润，心情应该还不错。遗憾的是，百分之八九十的人，都会与300万元相比。这是导致多数人炒股赚了钱也会不开心的原因。

公认合理的比较基准是大盘。如果大盘涨了30%，而你的收益是40%，你应该感到快乐。同样，2008年大盘跌了68%，你如果亏损了50%，你也应该感到欣慰，因为你战胜了大盘。据统计，美国有60%～70%的基金跑不赢大盘，巴菲特每年给自己定的目标也不过是战胜道琼斯指数15%。而人们产生坏心态的原因主要有两点：一是“分母太大”，也就是预期值太大；二是比较的时间周期太短。比如，有的人见大盘今天涨了，他持有的股票没涨，就不快乐。正确的做法是，以一个相对较长的时间段来考核自己的投资成绩，如一个月。这样，可以避免过程当中自己的情绪指数似K线图一样，频繁起伏波动。

落升开出的另一剂“药方”，是经常看一些相关佛理的书。如他自己就比较喜欢看《佛度有心人》这本书。他说，看这样的书，能使人对财富比较超脱，淡泊名利，保持一种平和的心态和豁达的人生观。他经常说的一句话就是：“涨跌不惊，闲看庭前花开花落；得失无意，漫随天上云卷云舒。”

波段操作

长线和短线谁是金？这个问题一直存在争议，甚至连持股多长时间算长线、多长时间算短线也都存在争议。落升把持股在一周以内算短线，一周至一个月算中线，一个月以上算长线。

他的观点是：长线是赌博，短线难获大利，中线波段才是金。

他认为，没有人能准确预测股市的长期走势，现在没有，今后也不会有，就连世界投资大师巴菲特和罗杰斯也不可能准确预测股市长期的走势。所以，长线持股无异于一场毫无把握的赌博。日经指数 1989 年达到 39 000 多点，时隔 20 年后，是 7 000 多点，长线持股的结果是什么？上证指数 1993 年就到过 1 559 点，时隔 15 年，2008 年 10 月份又回到了 1 664 点，如果不算因新股上市而虚增的部分，恐怕已回到千点，十几甚至二十年的持股，换来的是原地踏步甚至亏损，长线持股的好处何在？

至于短线，落升认为，优点是熊市可以比较好地回避风险，缺点是交易成本高，行情好的时候赚钱速度不够快。而中线波段操作则是他最推崇的盈利模式。原因是大多数热点板块主升浪的持续时间都在 1 周至 1 个月之间，小热点一般持续一周左右，大热点一般持续两周左右，超级热点可以持续一个月。中线波段的目标是专吃主升浪，与短线相比，可以获大利；与长线相比，可以锁定利润，避免坐过山车。

落升大熊市里赚 5 倍采用的基本的操作策略是短线和超短线。虽然业绩已经很好了，但他算了一笔账，所有参与过的股票，如果持股时间延长一至两周，获利就不是 5 倍而是 10 多倍了。为此，落升将自己的操作风格定为：擒贼擒王，波段操作。

擒贼先擒王

这里说的“王”，是指每个阶段里最强势的股票，通常是主流热点里的龙头股。龙头股可以一呼百应，可以呼风唤雨，龙头股是板块的统帅，是大盘的指挥官。如果说热点是股市里的提款机，那么，龙头股就是印钞机。

落升说，2008 年尽管是大熊市，但先后涌现出了丰乐种业(000713)、隆平高科(000998)、登海种业(002041)、复旦复华(600624)、龙头股份(600630)、同济科技(600846)、北京旅游(000802)、界龙实业(600836)、中路股份(600818)、太行水泥(600553)等几十个“王”。抓到其中任何一个，持有两至三周，都可以赚到翻倍的利润。

因此，研究龙头股的产生以及运行规律是每个炒股人最重要的课题。评判一个人是不是职业投资高手，关键看其捕捉龙头股的能力。如果一年中市场先后出现了 10 只龙头股，你不能抓到其中的 6 只以上，那么你就算不上职业投资高手。

听党话，方向明

在中国，党和政府的方针政策对股市的影响力，仅次于趋势的影响力，排在第二位。

1992 年邓小平南方谈话对股市给予了正面的评价。受此影响，上证指数一天从 600 多点涨到 1 200 多点，上演了大盘一天翻倍的奇迹；1994 年 8 月 1 日三大政策救市，上证指数仅用了一个半月就从325点暴涨到1 052点；1996年12月著名的“十二道金牌”和“评论员文章”，导致大盘三个跌停；2001年以后有关国有股减持的政策把股市搅得“翻江倒海”；2007年以后交易印花税的大起大落导致了2007年“5·30”的暴跌、2008年“4·24”的暴涨以及2008年“9·19”的大盘涨停板。

有鉴于此，中国股市有政策市之说。正因如此，炒股要听党的话，才能方向明。

为了准确、及时了解党的方针政策，落升每天坚持收看《新闻联播》。他说，听党的话，有一个问题必须先弄清楚，那就是党的话是怎样对股市产生影响的。早期，1996年以前，政策的力量大于趋势的力量，政策对股市的影响巨大且基本是同步的。1996年以后，政策的力量让位于趋势，退居次席。直接针对股市的首个重大干预政策出台后，股市会受到短暂的影响。之后，仍会按原来的趋势运行3～6个月才会见到真正的顶或底。也就是说，市场顶(底)比政策顶(底)要晚四五个月左右。如1996年底《人民日报》评论员文章让股市摔了重重的一跤，可大盘又顽强地涨了5个月，于1997年5月才见顶；又如，2007年5月30日大幅上调交易印花税导致“5·30”暴跌，可大盘从4 300点又涨到6 124点，于10月16日才见顶。这一次市场顶比政策顶又晚了近5个月时间。底的情况也差不多，2001年10月23日暂停国有股减持，而阶段性的底部则出现在2002年1月22日，滞后3个月；2002年6月24日宣布废除国有股减持政策，2003年1月6日大盘产生阶段性底部，时间相差半年多；2008年4月24日印花税由3‰下调到1‰，而大盘的阶段性底部出现在10月28日，晚了6个月。一个有趣的现象是，绝大多数政策的出台都是在那个月的下旬，其中，24日附近出现的次数最多。掌握了这些规律，对于逃顶和抄底非常有用，对于利好或利空出台时如何应对也可以做到趋利避害，善加利用。

正确的应对之策应该是：牛市的第一次政策打压可以借机低吸，四五个月后再清仓。而熊市的第一次利好救市应该逢高卖出，四五个月后准备抄底。

党的话除了对大盘产生重要影响，对选股也有很强的指导意义。2008年的4万亿经济刺激政策引发了股市很多热点和无数牛股。总之，炒股不但要听党的话，还要会听党的话。

自古圣贤皆寂寞

自古圣贤皆寂寞。成功总是要付出代价的。香港著名国学大师饶宗颐教授的一番肺腑之谈，或许对我们不无启发。他说："要深入了解问题，不孤独不行，吃喝玩乐只是凑热闹的活动，对自己没什么好处。要研究一个问题便要回到孤独，清静地想，从孤独中发掘光芒……"

巴菲特选择孤独，方成股神。股市里，只有经得住孤独和寂寞才能成为职业高手。换言之，真正的股市高手都是孤独和寂寞的。股市是少数人赚钱、多数人赔钱的地方，你的观点如果不孤独，而是和大多数人一样，那么炒股的结果也只能和大多数人一样——赔钱；你的生活如果不寂寞，而是沉迷于吃喝玩乐，那你岂能感受到大盘的呼吸？又岂能听到热点的呼唤？

记者在和落升朝夕相处的日子里，发现他确实甘于寂寞。股市收盘后，他不打麻将，不进歌厅，极少应酬，总见他喜欢一个人静静地独处，与他相伴的常常是一台电脑，一本书，一杯清茶。电脑，让他虽居僻静处，尽知天下事；书，让他阅而有思，思而有悟；茶，让他眼明心清，宁静致远。

股市是喧闹的，但想成功必须静下来，坚守寂寞，享受孤独，冷静思考。超级大户中，却没有手机的人，我想，除了落升，很难再找到第二个了吧？

落升从股市赚了很多钱，但他身上却常常没有一毛钱。采访中，记者听他妻子说了这样一件事：一次，他出门打的，下车时，摸遍全身，却没找出一块钱，搞得很尴尬。落升说，他只热衷和陶醉于股市赚钱的过程，对于花钱不但没什么兴趣，反倒觉得那是件很累的事。

落升在股市中能够挥洒自如，做得这么好，也许与他对金钱比较超脱不无关系吧？！

静如处子，动如脱兔

股市里的机会是等来的，熊市更是如此。要成功，必须有超强的定力，没机会的时候要做到“静如处子”，机会一旦出现，则要“动如脱兔”。

股市高手和狙击手很相似，优秀的狙击手，必须忍受长时间的孤独与寂寞，抵御各种干扰，耐心等待，神情专注。一旦目标出现，时机成熟，便以迅雷不及掩耳之势一击中的。

2008年6月3日至17日，上证指数出现了罕见的十连阴。落升直到第十根阴线还静如处子，第十一天开盘后却动如脱兔，半个小时内将全部资金打进几只奥运概念股中去，准确抄到了阶段性的底，留下了一篇处子变脱兔的成功之作。

截断损失，让利润奔跑

Cut loss short，let Profit run（截断损失，让利润奔跑）。这是华尔街炒股格言中落升最喜欢的一句。意思是一见股票走势与自己的预想不符，就必须止损，把损失缩得越短越好！一旦有了利润，就必须让利润奔跑，把小利润跑成大利润。

这句著名的华尔街家训道出了一个投资的头号规则：及时止损。不管你是新手还是老手，你不可能每次都判断正确。如果你不能快速止损，迟早你会遭到非常重大的损失。美国著名投资大师欧奈尔是这样理解止损的——其实止损如同买保险！请你自问，你去年为你的住宅购买了火险吗？你的住宅失火了吗？如果没有，那你为浪费钱投保感到难过吗？你明年将不再买火险了吗？你为什么还会买火险，难道你知道你的住宅会失火吗？当然不是，你之所以买火险，是为了保护自己免遭火灾带来的巨大损失，虽然这种可能性很小，但一旦发生，将使你元气大伤。

这句著名的华尔街家训还道出了一个投资的另一个规则：让利润奔跑。美国最伟大的炒手之一杰西·利维莫尔（Jesse Livermore）说："在股票这行，能够买对了且能安坐不动的人少之又少，我发现这是最难学的。忽略大势，执着于股票的小波动是致命的，没有人能够抓到所有的小波动。这行的秘密就在于牛市时，买进股票，安坐不动，直到你认为牛市接近结束时再脱手。”落升把这段话的最后一句修改了一下，改为：这行的秘密就在于抓到好股票，安坐不动，直到你认为主升浪接近结束时再脱手。

不会空仓，等于不会炒股

持币时自己说了算，持股时则是市场说了算，当你对市场没有把握时，还是自己说了算比较好。很多的时候，什么都不操作（空仓）就是最好的操作。

有道是：老手多等待，新手多无奈。2007 年 10 月以来的大熊市，很多投资者一直满仓，有永远看多的死多头，有满眼是底的乐观派，有担心出利好而踏空的救市幻想症患者……

不会空仓的原因五花八门，各有不同，但结果都一样：巨亏！落升在大熊市中，有近一半的时间是空仓的，正因为这一半时间的空仓，使他回避了很多风险。仔细观察他成功操作的很多个股，共同点都是在大盘暴跌了 25%～30%以后，将迎来一段时间的稳定期才进场买股票的。

落升的空仓秘诀

一是向“左”看齐卖出，当大盘来到前期重要的高点（即 K 线走势的左方高点）附近应该空仓；二是大盘 24 日乖离率超过 18%应该空仓等待回调再进；三是大盘中期趋势一旦向下，应该以空仓为主，只有当大盘暴跌，24 日乖离率超过－16%才能进场做反弹。

路漫漫其修远兮，吾将上下而求索

在创造辉煌的战绩面前，他选择的是不骄不躁，不断求索，永无止境地追求，使自己的盈利模式更加完美。

“在股市面前，我们永远是学生；对股市的探索，永无止境。”落升说。

采访中，他告诉记者他正在探索的重大课题有两个。

完美的盈利模式

他说，股市有个规律：熊市表现好的投资者在牛市表现往往不好，在牛市赚大钱的人到了熊市通常亏得也多。赵丹阳的基金在2004年的熊市中赚了一些钱，声名大振，可到了2006年却因谨慎过度，3 000点以下就清仓出局，错失了2007年那一轮波澜壮阔的大牛市。6 124点以来的大熊市，一些死空头固然躲过了大跌，但也错失了2008年10月开始的中线反弹行情。还有，一些牛市里盈利排名靠前的基金，到了大熊市，却排在亏损最大的前几位。

有没有一个盈利模式可以做到熊市稳定盈利，牛市超常盈利？落升的回答是：有，这个盈利模式是什么样？他在探索中。

热点的卖出时机

俗话说:会买是徒弟,会卖才是师傅。此话一点不假。在落升看来,卖出股票是炒股中最难的环节。6 124点开始的这轮大熊市,落升几乎抓到了90%的大热点,如果多数都能卖在高位,那么获利会非常惊人。他说,遗憾的是,大多数股票卖得都太早,这虽然有熊市谨慎心理的影响,但也暴露了对市场心理的把握还有待提高,对热点股票的运行规律还需研究。

尾　声

汽车穿行在连绵起伏的山道上,云雾中,绵绵春雨继续地下着。

当我与落升朝夕相处半个多月后,怀着依依惜别的心情即将告别风景如画的滨江小城时,我向为我送行的"江南神鹰"问了采访中的最后一个问题:

"落升,如果用一句话来概括一个职业高手的盈利模式必须达到的目标,你认为是什么?"

"第一是稳定获利,第二是在稳健获利的基础上获大利!"他不假思索地回答道。

哦,这可以说是投资者进入股市炒股的最高目标!

落升这只翱翔在美丽江南上空的“神鹰”，在熊市中狙击热点，稳赚大赚，创造出5倍收益的“神话”，不正是对他的这一追求最生动的体现吗?!

山城
“股侠”
70倍传奇

徐蓓

重庆职业投资人徐蓓22个月狂赚7000%的传奇故事

事在人为。只要具备过硬的投资能力，每个人都能找到书写传奇的舞台！

盲目和无知，曾使他坠入股海深渊，理念的转变和执着的追求，又让他重拾信心，取得22个月资金翻70倍的佳绩，谱写了14年来股市人生新的一页！

徐蓓

1974年3月11日生

重庆人

大专文化

入市时间

1994年

投资风格

精选个股，重仓出击，

波段操作，持续盈利。

投资格言

人在股市，开阔的是眼界，

丰富的是知识，锻炼的是品行，

增值的是财富，完美的是人生！

红色的朝霞，绿色的竹海，白色的云朵，如画般的景致，笼罩在雾都山城的苍茫之中……

置身于重庆素有“小峨眉”之称的缙云山狮子峰顶上，望着山下飘浮翻滚的云海，徐蓓不禁触景生情，向记者讲述起他搏击股海14年那充满辛酸血泪和执着追求，最终走向胜利坦途的坎坷历程。

那是一部苦难史。

从1994年11月，他陆续向股市投入了260万元血汗钱，至2005年7月，赔得竟只剩下了6万元。

那又是一部欢乐史。

从2005年7月至2007年4月底，他奇迹般地又从6万元，赚回到460多万元。

历时仅仅只有22个月，他竟狂赚了7 000%！资金整整翻了70倍！

这惊人的盈利幅度，不光在中国的西南地区，就是在华夏大地近1亿的股民中，也属罕见！

“为何原来赔得那么惨，后来赚得那么凶？仅仅是因为行情的走牛？”记者问。

“并非如此。”徐蓓说，“我从1994年入市至今，已经历了几轮的牛市和熊市，但过去不论牛市熊市都赔钱，现在理念变了，又掌握了正确的投资方法，才使我走向了今天的成功。股市是个舞台，演悲剧，也演喜剧。它更是所学校，在交织着激烈搏杀、成与败的‘沙场’上，有多少惨痛的教训和走向胜利的感悟，让我一辈子都忘不了！”

此刻，环视着连绵起伏的群山，望着嘉陵江上不停翻滚的流云，顿时，他14年股海博弈沉浮的如烟岁月，犹在眼前……

百万梦，覆灭在无知中

从1994年至2005年的11年间，他儿时的百万梦想几次梦圆，又几次破灭，实业的成功和股市的失败，让他在人生之旅中备受折磨和煎熬……

“工农家庭”走出的“小精灵”

1974年3月11日，徐蓓出生在缙云山下的重庆市北碚区龙凤桥镇联龙村一户“工农家庭”。

他的父亲在区里的银行工作，母亲在家务农，算是工农结合型家庭，当时乡下流行着一句话：“一工一农，一辈子不穷”，说的就是这样的家庭。

徐蓓从小极聪明，传承着父亲精明会算和母亲节俭持家的美德，六七岁就跟着妈妈到集镇上卖自家种的小菜、苹果、广柑，不仅给自己攒了零花钱，商品意识的烙印，也深深地留在了他幼小的心田。

上中学时，学校门口有个卖麻辣串的商贩，有的同学零花钱不够，常用学校的“饭票”顶钱用。徐蓓见了，心里一转悠：饭票是用粮票买的，而粮票，只有城市的学生家里有，农村学生没有。我何不把它收购过来，卖给那些农村来的同学呢？于是，他与卖麻辣串的小商贩做开了“交易”。每次，他从卖麻辣串的商贩那里低价收购“饭票”，再以比学校食堂卖出价稍便宜一点卖给需要饭票的同学，这样，同学也高兴，卖麻辣串的小商贩兑成了现钱也乐意，而徐蓓，用自己的聪明和商品意识赚了些“点子费”，上学期间他从没向父母要过零花钱。

“长大了，我要赚很多钱，也要成为百万富翁、亿万富翁！”幼年的徐蓓从报上看到世界首富的排名榜后，常常涌动着这样的念头。

1993年8月，徐蓓高中毕业后便子承父业，进入工商银行重庆北碚支行工作。

也就在那时，19岁的徐蓓开始与股票“有染”。

当时，银行的同事炒股人很多。他们买重庆的“老三家”：渝太白、西南药业、万里电池都赚了不少钱。有一个职员买了西南药业的债券，几年不到，发了大财。耳闻目睹这一切，徐蓓这个小精灵的心里痒痒的。

他跃跃欲试，可是那时，他没有一点股票市场的知识。

一天，部门经理喜滋滋地对大家说，快到年底了，工行的行长要给大家发“利是”。说着，经理给每人发了一本书，徐蓓一看，原来是工行重庆市分行行长蒋心仁主编的《股票·股东·股市——股票知识通俗问答》。他欣喜若狂，如获至宝，昼夜苦读。

1994年11月22日，苦读“修炼”了一年多的徐蓓，怀揣万元，正式开户。

当天，他在炒股多年的一位同事的指导下，买入了第一只股票——闽闽东。没几天，就赚了几千元。

“这炒股赚钱，真像刮风一样，比银行的钱还来得快！”徐蓓陶醉在首战大捷的喜悦之中。同时，他也在想：下一战，怎么能赚更多的钱？

“要想赚大钱，获暴利，买权证！”有人点拨他。

“权证可是一只虎，可要小心！弄不好，它可能会变成一张废纸！”有人劝他。

“舍不得孩子套不住狼，我干了！”当时，被胜利冲昏头脑、连权证为何物都不知晓的徐蓓，贸然杀入给他带来喜气的闽闽东股票的权证。

然而，喜气没有再次眷顾于他。他在闽闽东上赚取的利润，两天之内，竟全部丧失殆尽，最终扯平出局。

那一刻，徐蓓这个“小精灵”的心里很不是滋味。

20岁，他当了一夜的“百万富翁”

虽然打了个平手出局，但股市赚钱的魅力，已攫取了徐蓓的心，让他欲罢不能。

他回家软磨硬泡父亲和舅舅。最终，让父亲、舅舅把家里多年几十万的“老底儿”拿给了他。

徐蓓开始在股市追梦。他要实现儿时立下的要当富翁的理想。他开始寻觅能实现他梦想的“摇钱树”。他的目光瞄向了海南板块。当时，在中央大力发展特区政策的支持下，海南板块的股票十分活跃。

徐蓓经过一番选择，最终把琼海德A(现海德股份)作为他猎击的首发对象。那天，他以5.80元的价格，全仓买入这只股，把“宝”押在了它的身上。

买入后，仅隔了一夜，第二天上午，徐蓓打电话查询。当他听到话筒里传来股价一下子窜到了8元多的消息后，起初，他愣了片刻：“这是真的吗?”他有点不相信自己的耳朵。

但当他第二次用有点颤抖的手，再次拨通查询电话得到证实后，他再也抑制不住心中的喜悦和快乐，在办公室狂跳起来：“啊！海德真伟大！我赚大钱了！”

下午，他无心在办公室待下去。他向领导请了事假。

他挤到证券交易所大屏幕前，盯着海德不断向上翻动的股价。当他查看着自己账户上已拥有百万时，心里像打翻了蜜糖罐一样甜！

那是他儿时的梦想，没想到在股市里实现得这么快！如梦一般。

晚上，他守着电视，想听听有什么“好消息”，听听股评专家对后市的点评。果然，他听到了对海南板块的热评，尤其对琼海德一片的赞扬声，几位股评家都认为它还要继续大涨，大加推荐。

这一夜，实现了“百万梦”的徐蓓，失眠了。

次日，按捺不住激情的徐蓓，没开盘早就守候在了大屏幕前。他企盼着琼海德今天能有更好的表现。

上午9点半，开盘了，琼海德果然如专家所料，高举高打。徐蓓看得喜滋滋的。

然而，使他没想到的是，半小时之后，“乌云”开始笼罩，琼海德的股价直往下掉，徐蓓一下子蔫了。

当琼海德的股价很快从8元多又打回到5元多时，他傻眼了。

他不敢再把目光盯向屏幕，也不愿意承认眼前发生的事是真的。

为什么会是这样？为什么？为什么不在一开盘就在高位卖了它呢？失落的徐蓓此刻懊丧不已。

两天的兴奋，顷刻之间化为了乌有。

“股市可真让人喜，又让人恨啊！”只在“账户”里那片“纸”上当了一夜“百万富翁”的徐蓓，发出一声叹息，迅即离开了证券公司……

嘉陵江边的抉择

前进的路途是曲折的，也是平坦的。徐蓓进入股市，虽然并不顺利，但这个"小精灵"的事业发展却是异常火红。他在银行工作期间，先后独创和兼职办了7个公司。他与人合办过石子厂，开办了皮鞋连锁美容院，营销玉米、黄豆和煤炭的物资经营部，玻璃钢研究所，重庆川陕玻璃原料有限公司等。几乎没有一项失败过。

事业的成功，使他春风得意，但对于始终都钟情于股市的徐蓓来说，尽管亲戚朋友都称赞他是办实业不可多得的能人，但他的心里却始终不能忘怀股市，总想着自己脑袋瓜子不笨，为什么老在股市里败走麦城呢？

他不服输。他开始了大胆的行动，加大对股市的投资，在股市里亏了"窟窿"，他就用生意上赚的钱填进去。但还是赚少赔多，甚至越填亏得越多。但他仍不停手。

厄运终于向这个"雄心万丈"的年轻人袭来。

采访中，他把记者带到他家附近的嘉陵江边，忆起那不堪回首的一幕时，七尺男儿的他竟也泪水涟涟……

那是2002年的冬天，天好冷好冷。他的股票账户"一片冰雪"，只要看一眼，就令他战栗！

可就在这时，他在几百公里外的达州投资的一个项目，因缺乏异地投资经验，意外招致重创，投入的资金灰飞烟灭。

闻此消息，债主纷纷逼上门来，其中一位债主借款期限临近，徐蓓与他协商想缓一段时间，但债主不同意，最后竟拿着刀架在他的脖子上逼他立马还钱。

走投无路的徐蓓，此时备感世态炎凉。他是个讲信义的人，过去不论向银行贷款或向朋友借钱，都从没拖欠过一天。此刻，是苦，是泪，他要往自己肚里咽，他不愿负朋友。

就在借款期限到达的前一天，万般无奈的他走进了令他心灰意冷的证券交易所。看着绿油油的大盘和腰斩一半的股票，他的心在流血。但为了还清债务，他最终狠着心，挥泪出局。

已经落难的他，怎么也没想到祸不单行，苦难不止于此。就在这极度困苦的时候，他交往多年的女友向他提出了分手。

事业、股市和爱情的多重打击，将他击倒。他把自己关在屋里，想忘却一切。他饭吃不下，觉睡不着，几天工夫，一个壮实的小伙憔悴得像变了形。他呆呆地望着四壁发愣，不知道今后的路怎么走。

一天夜晚，暴雨如注。他冲向了嘉陵江边。此时绝望到了极点的他仰望苍天，泪如雨下，他想抱石沉江，了却一切痛苦……

但在那一刻，父母关爱他的一幕幕又呈现在眼前，耳畔又听到体弱多病的母亲在呼唤着"蓓阿仔，蓓阿仔……"

"我不能这么沉默，倒下，消失！我要对家庭负责，对自己28年的人生负责！"他回忆着多年来曾有的"辉煌"，困难中永不言败的他，狠狠地将双拳砸在江滩上："哪里倒下哪里爬起来，我要堂堂正正坚强地做人，走出一条成功的人生路！"

战车，再度陷入泥潭

重新振作起来的徐蓓，伺机寻找着再度崛起的机会。经过对市场的充分调研，他发现当时石英砂是玻璃生产中的主要原料，市场需求很稳定，是个比较好的投资机会。在好友青年企业家马勇的支持下，他于 2003 年很快创办了“重庆川陕玻璃原料有限公司”，并先后在安徽、陕西等地收购了数条石英砂生产线。诚信的经营，使他再次迎来事业的发展。

虽然实业又发达了，但徐蓓一刻也没有泯灭对股市特有的那份感情。2004 年初，他见股市有了一些起色，便想方设法再次筹集资金百万余元投向了股市。

但是，那时徐蓓虽然办实业精明，投资股市却仍处在盲目状态之中，热情有余，理智不够，尚缺乏正确的投资理念和方法。这使他很快又再度失利。

那是 2004 年的 3 月 19 日，他所在的证券交易所的一位朋友悄声神秘地告诉他，说兰陵陈香（600735，现名 ST 陈香）有大资金介入，消息非常可靠，证券公司的大户们都在买入。当天的股价是 6.54 元。

徐蓓听到这个“可靠”的消息，想博一把，把过去的损失补回来。周一开盘后，他见该股直往上冲，便立马在 6.70 元左右全仓杀入。没想到，他刚刚买入几分钟，股价往上只涨了 5 分钱，便开始掉头向下，当天收盘 6.51 元，立马把他套了进去。第二天，他企盼着股票反弹，但股价拉到最高价，眼看着离他的买入价只差 2 分钱了，不料该死的兰陵就又拐头向下跌，但跌是跌，当天收的毕竟还是红盘。

“明天总该涨了吧，这么多大户可都在里面啊！”他想。

可第三天，股价竟不如他愿，又下跌了。此后，整整十多个交易日，天天阴跌，徐蓓的账户在急剧地缩水。

“你说的消息可靠吗?”他急得像热锅上的蚂蚁,问朋友。

“绝对可靠噻! 啷个会骗你?! 你就等着赚大钱请客吧!”朋友劝慰他耐心持有。

想割肉出局的徐蓓听信朋友一番话,守着兰陵陈香,没有撤退。

他万万没想到,一个用谎言编织的陷阱就在他眼前。

2004年4月14日,该股跳空低开,当日股价凶狠地砸向跌停!

次日,又是一个跌停! 徐蓓一下懵了:“这只股,啷个搞得嘛?”他问朋友。朋友对他说:“马上就要反弹了。”

果然,第二天反弹了2个百分点。就在徐蓓企盼它往上涨时,没想到,接下来,又是3天下跌!

更大的打击在4月22日。这天兰陵陈香停牌,公布业绩严重亏损,并戴上了“ST”帽子。此后,在连续三个跌停后,步入了绵绵下跌途中。股价飞流直下,势不可挡!

看到天天下跌的股票,徐蓓每天都抱着期望它“回心转意”的美好幻想,不断往里加钱,但兰陵陈香这个扶不起的阿斗,再也不回头,至2004年8月,股价跌得只剩下2元。

此时,徐蓓投资的资金已损失百万元,听消息,让他在股市的“战车”再度陷入泥潭! 他欲哭无泪。

但,此次失利的徐蓓并不甘于失败。他决定吸取教训,不听消息,靠自己选股票。当时,他分析了国家经济形势,特别是看到中央振兴东北老工业基地的战略政策,他兴奋不已。他决定在东北板块中寻找战机。

2004年10月8日,他见长春一东这只股票在弱市中异军突起，一根大阳封于涨停，便于次日在6元左右大胆介入这只表现突出的东北股。

第二天，长春一东再创新高6.28元，徐蓓一阵欢喜。可就在他激动不已，以为这下自己可抱上了个金娃娃时，该股以再次的下跌，击碎了他的梦想。

随后大盘一江春水向东流，长春一东股价也一泻千里，徐蓓“咬定青山不放松”，但熊市中的下跌是无情的，到2005年5月10日，长春一东最低价已跌至3.02元。徐蓓实在忍无可忍，又一次割肉出局。

一次次连续的失利，不光给他经济上造成了巨大损失，更给他精神以重创。

他痛苦不已，不知道，脚下的路究竟在何方?!

迷茫中，千里学艺

在屡战屡败的迷途中，他幸遇投资大师，一波三折拜师学艺，诚恳和勤奋，让他从失败的低谷中走了出来，开始叩响财富的大门。……

为求真谛，拜师学艺

低迷的行情，操作中的屡屡失利，使徐蓓如坠深渊。但有着倔强性格的他不愿就此倒下，在经过无数次的苦苦磨砺后，他深知自己缺乏股市博弈的知识和本领。他决心寻找股市高人指点，寻找股市的真谛。

2005年4月22日，这是他的股市人生中难以忘怀的日子。

那天，他到成都出差。晚上，在宾馆刚住下，对股市情有独钟的他就急切地打开电视，寻找证券节目。

这时，正巧成都有线著名的“证券之夜”正在热播。主持人是吕冲，嘉宾是来自上海的国内证券业的知名人士钟麟先生。

“现在中国股市行情这么低迷，你对后市如何发展，怎么看?”主持人向钟麟先生提问。

“现在的市场，应该说是黎明前最黑暗的时候了。”钟先生回答说：“以我看，大家现在可以卖完自己手中所有的股票，保存好实力，不要在这期间被消灭了。我认为只要能够再熬过两个月的时间，到6月底7月初时，大家只管准备好资金，再去买股票，那时候就是牛市真正开始起步的时候了!”

“你敢这样断言?”主持人吕冲用疑惑的目光望着钟麟。

“肯定。”钟麟果断地说，“我认为股权分置是推动牛市的基础，股权分置改革的开始，必将是中国股市牛市的开始!”

此时，主持人吕冲先生略显激动，他站起身来，特地用洪亮的声音对在场的投资者说：“大家都要记住了，钟麟先生说的，股市的牛市会从7月底开始上涨，我们到时候验证一下，他到底说得准不准!”

主持人激动了。在场的投资人激动了。电视机前的徐蓓更是兴奋不已。他曾读过钟麟先生著的《大操盘手》、《善战者》、《胜战者》、《智战者》和《庄园牧牛》等著作，曾被他博弈股市的智慧和技艺所吸引。今天听了他一番颇有见地的话语，心中就像注入了一股清泉，酣畅淋漓。

“他就是自己找的股市中有独到见解和高超技艺的人！”第二天，徐蓓就到电视台打听钟麟，想当面向他求教。可是，得知他已离开成都时，徐蓓不免觉得有点失意。

但寻求股市真谛拜师学艺的恒心，让他不愿放弃眼前的机遇。他放下手头的生意，连夜乘车赶赴上海。

但是，茫茫上海，上哪去找？他跑到电视台、证券机构四处打听，最后终于找到了钟先生的公司所在地。他的诚意，感染了钟麟先生，他决意收下这位学生。

树立正确理念，拥抱大牛市到来

“精诚所至，金石为开。”面对如此诚恳学习的小徐，钟麟把自己多年在主力机构当操盘手的感悟和操盘技艺，一点一滴，毫不保留地全倒给了勤奋学习的徐蓓。并且对着盘面，帮徐蓓具体分析了他过去在股市中为何屡战屡败的原因。

他的言传身教，使徐蓓感受到在股市十多年迷茫中所从未有过的收获。他不仅操盘的感悟和技艺提高了很多，更主要的是，在理念上发生了天翻地覆的变化。

通过恩师的指点，他看清了，眼前的市场将发生一场巨变。随着股权改革的推进，中国股市将进入一轮超大级别的牛市。

2005年6月底，重新回到嘉陵江畔的徐蓓，从理念到操作思路上都发生了很大变化。他抛弃了散户的短视眼光，改掉了盲目进出、追涨杀跌的恶习，他要用全新的理念和正确的操作方法，挑战自己，迎接和拥抱即将来临的中国大牛市。

绝地反击，狂赚70倍

他用崭新的理念和方法，去拥抱大牛市。22个月，中国股市从漫漫黑夜中，终于迎来了曙光，迎来了满天朝霞。他同样实现了绝地反击，从低谷走向辉煌，创造出一年多时间资金翻了70倍的奇迹。……

操作心得一

赚身边熟悉股票的钱

实战故事　翻身仗，从嘉陵江边打响。

在山城采访的日子，徐蓓几乎天天傍晚带我到嘉陵江边漫步。那里留有他挥之不去的痛苦记忆，洒有他惨烈失败的泪水。但是，从2005年7月开始，嘉陵江畔竟成了他的“福地”。

他绝地反击的战斗，就在这里打响。

那是他从上海学成归来之后。市场仍处在低迷之中，踌躇满志的他正日夜筹划着如何迎接新的“战斗”，打一场翻身仗。

当时，他的玻璃原料生意做得挺火。由于铁路运输车皮紧张，他改用水运。于是，他经常到嘉陵江边的航运公司办业务。一天，他途经位于江北区嘉陵江畔时，发现有一大片废墟待开发的土地。隔江相望，就是重庆市的中心地带——渝中区解放碑。

“这是一块黄金地啊！”有商业头脑的徐蓓行驶在这拆迁后待开发的土地上，一路感叹。回来，他一打听，那块地有334亩，是属于上市公司重庆东源公司的，最近，第二大股东重庆钢铁集团已对该公司的这块地进行了置换资产，置换价为每亩70万元。

徐蓓立即算了一笔账：股改前该公司总股本为2.5亿股，流通盘为7 370万股。当时每股价为1.7元左右，算下来，流通市值约为1.2亿元。也就是说，稍大一点的机构就可做庄。再从这块地的价值来看，隔江的渝中区每亩至少在250万元，远远超过重钢的置换价。如果保守点，就按200万元一亩计算，这块334亩的土地也值6亿多元。除以总股本，每股应在2.6元。而眼前该股的价格才1.7元左右。加上股改对价支付，它的真实价格应远远高于现在的股价才对。

算清了这笔账，徐蓓心里有了底，他决定把投资ST东源(000656)作为自己打翻身仗的突破口。

但此时，ST东源正在凶猛地下跌。从2005年7月11日破位后，连续下跌，市场几乎无人问津。7月14日跌停，7月15日该股又是一个跌停！徐蓓瞅准了战机，就在这天，他在跌停板1.82元的价格下了第一笔买入单。买入后，虽然该股还在天天下跌，但今日的徐蓓已不是往日追涨杀跌的徐蓓，他感到该股这种无理性的下跌，是主力在刻意打压股价。于是，他采取越跌越买的策略。

2005 年 7 月 19 日，ST 东源最低价已跌至 1.70 元。徐蓓心想：这是多么好的战机啊。他忍不住向妻子“求援”，希望她把家中的积蓄和公司的钱再拿出来投资这只股。但目睹他连年失利的妻子没有答应。徐蓓理解妻子的心，他不再说什么，只好用现有的六七万元操作。

上帝总会眷顾用心的智人。ST 东源就从 7 月 20 日开始上涨，一路强劲拉升，徐蓓一直坚定持有，并进行波段操作，直到 9 月 21 日，随着东源股价创出了新高，徐蓓的资金账户也实现了翻番。

首战告捷，使多年赔钱的徐蓓的信心大增。卖掉 ST 东源后，徐蓓将第二个出击目标瞄向了沱牌曲酒。同样，他的操作是有的放矢的。当时，有一天，用他公司玻璃原料的制瓶厂的一个业务员对他说，他供货的四川射洪县沱牌曲酒厂的生意十分火爆，供不应求。说者无心，听者有意。徐蓓通过进一步的调查了解，在 2005 年 9 月，以 3.6 元的低价买入该股，使他再次获取了丰厚的利润。

✻ 操盘感悟

1. 炒股票要想制胜，切不可盲目。要做自己熟悉的，能算清账的，看得懂的股票。

2. 别人恐惧我贪婪，别人贪婪我恐惧。这是股市制胜的又一至理名言。2005 年，我能在 ST 东源和沱牌曲酒这两只股中获取暴利，是我遵循了以上两条制胜法则。当时行情低迷，恐惧心理笼罩着市场。在这时能进场买股票，需要有一股勇气。我做到了这一点，同时又是做自己熟悉的股票，取胜便是必然的事。

操作心得二

炒未来，从亏损股中找"金子"

实战故事　买股票，甘愿买那"八分钱的邮票"。

在徐蓓打翻身仗的整个战役中，有一部分"金子"他是从一些"亏损股"中挖掘到的。

他曾多次操作过业绩严重亏损的北京巴士(600386)和焦作万方(000612)。

记者采访过不少高手，大多对ST股和业绩亏损的股票都不太感兴趣，常常不屑一顾，而徐蓓则不同。

"你为什么对北京巴士和焦作万方这两只亏损股这么情有独钟呢？难道你不怕踏到'地雷'？"采访中，记者问徐蓓。

他回答说："北京巴士属奥运板块，它是奥运经济最大受益者之一。买入前，我多次打电话到北京，对它做过详细了解，它的亏损主要是燃油涨价、更换新车和增加职工工资。这些，我认为都是暂时的。北京市政府每年都对其有补贴，让它减少亏损。有政府政策这样大的支持和未来奥运经济发展的前景，作为北京和2008年奥运窗口的北京巴士，表现能差吗？再说，我看过它的十大股东，几乎全是社保资金。如果它的未来不好，作为养命钱的社保资金敢冒这个险吗？

“至于焦作万方，2005 年半年报它每股的亏损是－0.07 元，第三季度亏－0.16 元，谁看了都不敢碰。可我想，它是属于有色金属材料板块，国际上有色金属材料在不断地涨价，它虽暂时亏损，但它的未来不可限量，所以我很理智地买进了它，并从中都获取了丰厚回报。”

徐蓓在谈及他的这一操作理念时，还向记者讲了这样一个故事：

有两个盒子，里面分别装着两样东西。一个标的原价为 8 000 元，现价为 300 元；而另一个盒子标的是原价为 8 分钱，现价为 6 000元。

“如果是你，你会买哪一个盒子呢？”徐蓓问我。

“当然，会买比较便宜的那个盒子啦！”

“是的，一般人都会这样选择”。徐蓓说。

“但是，如果现在打开这两个盒子，你就会发现你的选择错了。我告诉你，当打开这两个盒子，你会发现，原来标着 8 000 元现价标着 300 元的盒子，里面装的是台 386 的老式电脑，而另一个标着原价为 8 分钱现价为6 000元的盒子里面，装的则是一枚在不断增值的邮票。从长期趋势看，你说，此刻你又该选哪只盒子呢？”

记者无语。结论，当然是不言而喻的。

“要我，我一定会去买那‘八分钱的邮票’！”徐蓓说。

✲ 操盘感悟

做股票抓本质，重趋势，才是最重要的。许多人光看表面现象，

对亏损股一概排斥，失去了许多投资机会。我们在分析问题时，一定要透过现象看本质，炒股炒的就是未来。只有站在高处，看到股票未来发展的趋势，看到它的成长性，你才能在它“落难”之时进场，捡到便宜的筹码，之后，一定会随着它一起“发达”！

操作心得三

关注资金动向，摸准主力脉搏

实战故事　炒“中材”、“攀渝”，重圆百万梦。

市场是实力的市场。股票的上涨是靠资金的推动。因此，对市场资金流的监控，是窥测主力动向，摸准庄家脉搏极其重要的一环。为此，徐蓓在操作中，十分关注市场资金流的动向，监控着股票资金的进出情况。记者发现，在他的盘面中，有一个“神秘”的指标，专门用来监控主力资金流的动向，一旦发现某只股有大量增量资金入驻，他会从指标的变化，立马捕捉到这种增量资金介入的股票，择时介入，其成功率极其高。

他对中材国际(600970)的成功操作，就是一个典型的实战案例。

那是2006年3月31日。这天开盘不久，徐蓓便从他那资金流的动向指标中发现，有大量增量资金入驻中材国际这只股票中。他立即查阅该股资料：次新，小盘。再看盘面，该股自上市以来，长达近一年的时间，基本“卧”在那不动，目前的股价基本在庄家的成本附近。大量资金介入的这一迹象表明，主力即将运作启动这只股票。于是,他于当日迅即重仓杀入中材国际,买入价格为 16.25 元。

他的判断是正确的。该股在增量资金的青睐推动下,当天强势封于涨停。第二天,又高开高走。此后,在雄厚资金的推动下,升势强劲,至 2006 年 5 月 12 日,该股再拉涨停,股价创出了 32.33 元上市以来的新高。徐蓓见已翻番,便于当日落袋为安,暂先退出该股。这一成功的操作,使他的资金账户再拉“大阳”,重上百万大关(见图 1)。

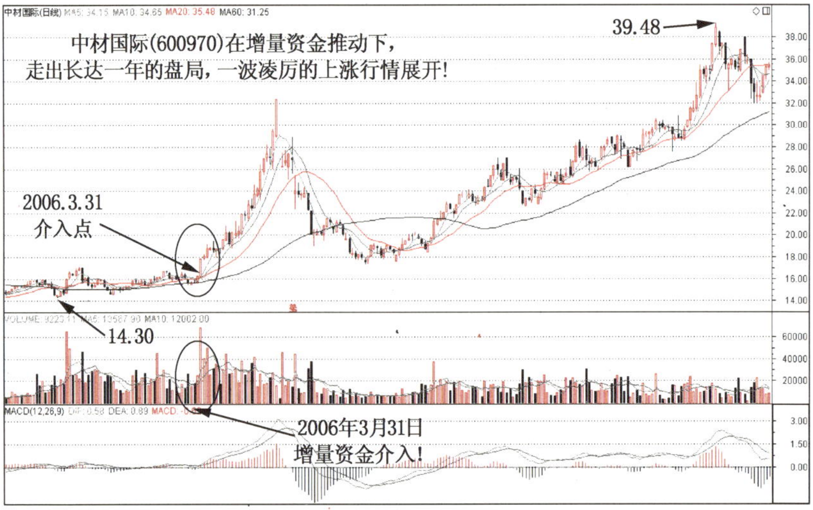

图 1　中材国际(600970)走势图

类似发现资金流变化,及时捕捉异动股票的案例,在徐蓓的操作中,尚不止中材国际这一例。他对攀渝钛业(000515)的操作,同样基于此。

攀渝钛业(目前已被攀钢钒钛 000629 吸收合并)是重庆市的一家上市公司。由于业务上的关系,徐蓓曾多次到过这家上市公司,对其基本面了如指掌。从盘面上看,他发现从 2006 年 1 月就有大量资金入驻该股,随即股价从 3 元多拉升至近 5 元,之后经过一个多月的充分调整，到3月中旬，徐蓓从资金频率上看到再次有大量新增资金流入，开始密切关注。3月31日，该股以强劲走势放量突破前期高点，他便果断以4.8元价格介入该股。之后，他熟悉的攀渝汰业以翻倍的行情，同样给予了他以丰厚回报(见图2)。

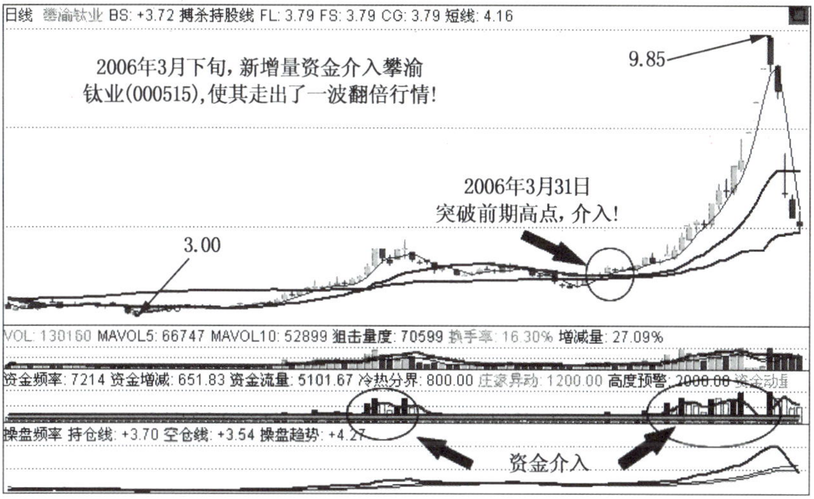

图2 攀渝钛业(000515)走势图

✲ 操盘感悟

在激烈的博弈中，掌握市场的资金流向，是投资取胜的前提和关键。只有关注主流资金动向，把握市场的主流脉络，才能把握市场机会。投资者在实战中，要善于**培养自己良好的盘面感觉，及时发现、追踪资金异动的潜力股票，做到与庄共舞，方能坐享主力拉升的欢乐。**

操作心得四

紧跟热点，勇擒“龙头”

实战故事 “水中捞月”，捉拿“双龙”。

抓热点，炒“龙头”，骑“快马”，是牛市中赚大钱最快的一种捷径。采访中，徐蓓在实战操作中始终坚持紧跟市场热点，勇擒“龙头”的故事，给记者留下了深刻印象。

2006年七八月份，房地产行业在全国处于炽热状态之中。尤其北京、上海、深圳更是如此。随之，地产板块的股票一时成了市场的热点。思路敏锐的徐蓓实战中紧盯这一板块不放，除了万科这只龙头外，他捉拿天宸股份这只“潜龙”，更显得有勇有谋。

天宸股份是上海的一家房地产管理与开发公司。2006年夏天，就在地产股的龙头万科开始缓缓启动之时，徐蓓就开始同时关注到了这一只尚未启动的地产股。可是那时，天宸股份仍没有摆脱长期盘整的走势，死一般的沉寂着。2006年7月28日，天宸股份突破放量上涨，徐蓓看到沉默已久的潜龙就要出水了，他要股友们开始建仓。可第二天一根阴棒击来，许多人又被吓跑了，一些人被套，问徐蓓咋办。徐蓓让大伙沉住气，莫慌。是金子，总要发光！接下来，天宸像有意与他作对，趴在原地调整，再也没涨。更让人意想不到的是，8月7日，本来股价3元都不到的天宸，竟又来了个跌停，徐蓓看好的这条“龙”，一下子沉到了水底！跟徐蓓一起做股票的股友们急了：“你说它是条龙，啷个像塞？我看它像条咬人的毛毛虫！”“要腾飞，先入水，这就是龙头股的特征。你看我怎么捉这条潜龙！”徐蓓说着，在人们恐慌之时，他又勇敢加仓，他要深入海底，把水中的月亮捞上来，乘着这条巨龙腾飞！

就在他买入后的第三天，天宸一根涨停的大阳线，标志着它腾飞时日的到来 。之后，连续上攻，强势风范尽显。一个多月后，当股价走出翻倍行情时，人们都禁不住夸徐蓓抓龙头有胆有识、有魄力！

在那段时间里，徐蓓勇捉界龙实业这条“怪龙”也让人备感折服。

2006 年 3 月中下旬，界龙实业(600836)以连续涨停上攻，吸引了万千投资者眼球。徐蓓虽然当时没有介入，但他记着这笔“账”，想着日后一定要在它这条怪龙身上淘点“便宜”。4 个月后，他终于等到了这一机会。那是 2006 年的 7 月末，题材龙头股界龙实业已经调整了整整 1 个月。徐蓓和股友们都想着它该梅开二度，又要腾飞了，正准备伺机介入，没想到，界龙实业又像天宸股份一样，逆市场思维所动，开始凶猛的破位下跌，盘中连拉阴线。难道这条龙要彻底沉没了？徐蓓看盘面，问自己，他不信！就在它拉出第六根阴线时，股价已经腰斩一半，徐蓓根据他设置的各种指标，分析这条龙跌势已竭，不会再往下沉了。于是，在这天他带领他的学生、股友在低位勇敢介入。之后，界龙实业的暴涨，证实了他的独特见解和胆识，短短十几个交易日，界龙上涨了 60％以上，再次让他获取了抓龙头股的暴利。

✲ 操盘感悟

强者恒强。股市之中，许多人总是在劝诫股民切忌追涨杀跌，应以观望为主，这使一些股民往往对瞬间所出现的机会驻足不前。其实，无论是股市出现了大幅度的震荡，还是大盘在进行横向整理之际，市场上获利的机会仍然很多。关键是在于我们能不能够抓住机会，善于在庄家资金运动的过程中，**勇擒"龙头股"，与庄共舞，获得强势股带来的极大利润。**

操作心得五

逆向思维，狙击异动股票

实战故事　利空中，狙击泥潭中的"万杰"（鲁商置业，600223）

从 2006 年 12 月至 2007 年初，市场中关于万杰高科的利空传闻不断。

2007 年 1 月 22 日，上交所发布了一条公告：根据山东省济南市中级人民法院签发的（2007）济民四初字第 3、4 号协助执行通知书，关于上海浦东发展银行济南分行与山东万杰高科技股份有限公司第一大股东万杰集团有限责任公司的借款保证合同纠纷申请财产保全，分别轮候冻结万杰集团持有的公司限售流通股 23 895.625 万股，冻结期限均为 1 年，自 2007 年 1 月 18 日起至 2008 年 1 月 17 日止。根据这一通知，中国证券登记结算有限责任公司上海分公司均已办理了以上有关冻结手续。万杰集团持有的公司限售流通股

23 895.625万股(占公司总股本的44.56%)已全部质押并被冻结。

紧接着,万杰高科所有的借贷银行都陆续通过法院向其发出了财产保全的通知书,冻结了公司的股权和财产。

……一个接一个的利空公告传来,许多投资人恐慌地抛出万杰高科。

按理说,利空加抛售,股价应飞流直下,可是细心看盘的徐蓓却发现,在利空不断袭来之际,该股股价不仅没有大幅下跌,反而逆势稳步地悄然上涨。

为什么?这是为什么?徐蓓百思不得其解。但他心里明白:这种异动背后肯定有“文章”!介入这只股的主力实力非凡,志存高远!善于逆向思维的他决定狙击陷入泥潭的万杰高科!他翻阅了万杰高科的有关资料,看到该股净资产2.38元。而此时2.8元的股价距净资产价已很近,向下的空间很小。同时,他从技术图形上看到,至2007年2月5日,已是旗形整理的末端,是介入的好机会。他年初曾做过的鲁银投资和东方宾馆均是在旗形整理末发动了一波行情。在经过一番周密细致的思考后,他于2月5日当天,开始了反市场操作,别人抛出,他大胆买进。果然不出所料,实力强大的主力志存高远,借着利空充分收集到廉价筹码,然后,出其不意地拉出一波翻番行情,令市场大跌眼镜。而逆向操作的徐蓓却在这波拉升中再次获得了100%以上的丰厚利润(见图3)。

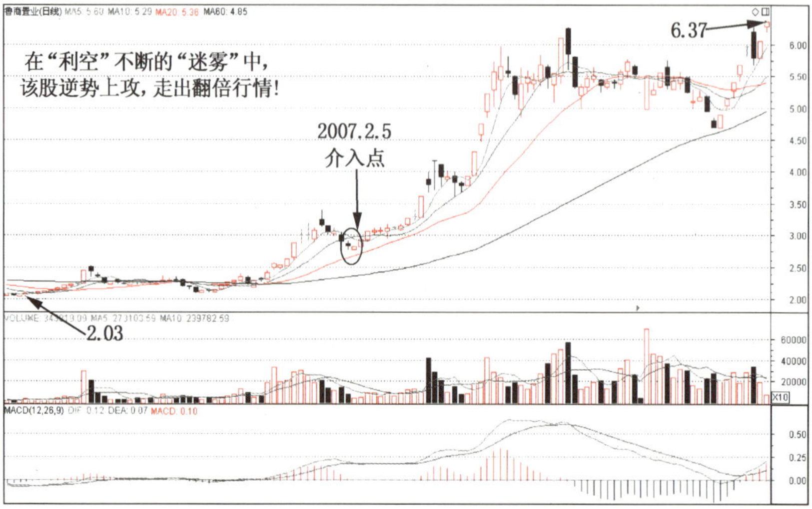

图3　万杰高科(鲁商置业,600223)走势图

✲ 操盘心语

反市场操作是主力常用的一种方法。而坚持**逆向思维**,不放过任何一点可疑的蛛丝马迹,及时发现和市场行为其背的“异动”迹象,是近年来我捕捉超级黑马股的一种常用的操作思路。只有抛却散户思维,站在主力的角度考虑问题,才能寻找到股票上涨背后的真实原因,从而也才能在多变的市场中胜出。

操作心得六

从大熊股中找牛股

实战故事　岁末,他吹响向“十大熊股”进军的冲锋号。

2006年岁末,眼看大盘逼近了2 700点,若从2005年夏天发动行情时的1 000点算起，大盘已上涨了1 700点。有不少投资人都赚到了钱，甚至翻倍。可徐蓓的一些朋友却向他说，自己在这波声势浩大的牛市中没赚到钱，甚至还深套其中。

徐蓓很纳闷：这是什么原因呢？当他把朋友所持有的股票一只只翻看时，才发现这些个股在万紫千红的中国股市的春天里，却被“冷落”了。它们身上没有春天的气息，仍是冰雪满身，令人颤栗！

是它们业绩不好？还是无主力问津？

难道这些“冷门股票”真的没有机会？

整整一周时间，他开始把所有的冷门股的基本面资料翻看了一遍又一遍，把它们的技术走势分析一次又一次，然后把“十大熊股”打入了他的自选股中。它们是：金宇车城（600803）、金德发展（000639）、北生药业（现为慧球科技，600556）、ST创智（000787）、S*ST生化（000403）、S*ST朝华（000688）、S*ST聚友（000639）、S*ST星美（000892）、凯恩股份（002012）、北方国际（000065）。

徐蓓认为，在大牛市里，所有的股票都有投资机会。当时，他想起他去成都出差时，一位老总想借壳上市，问他壳资源能否找到。他曾打听过，一个壳资源至少要1个亿。由此看来，一些被冷落的“熊股”的内在价值还是巨大的。一旦被市场认识，它们上涨的潜力是不可估量的。基于这种思考，他从十大熊股中最后精选出了ST生化、北方国际和北生药业，作为第一出击目标。但由于ST生化停牌无法买入，最后他只买入了北方国际和北生药业。最终，北方国际涨了3倍，北生药业的涨幅也达200%以上（见图4）。

图4　北方国际(000065)走势图

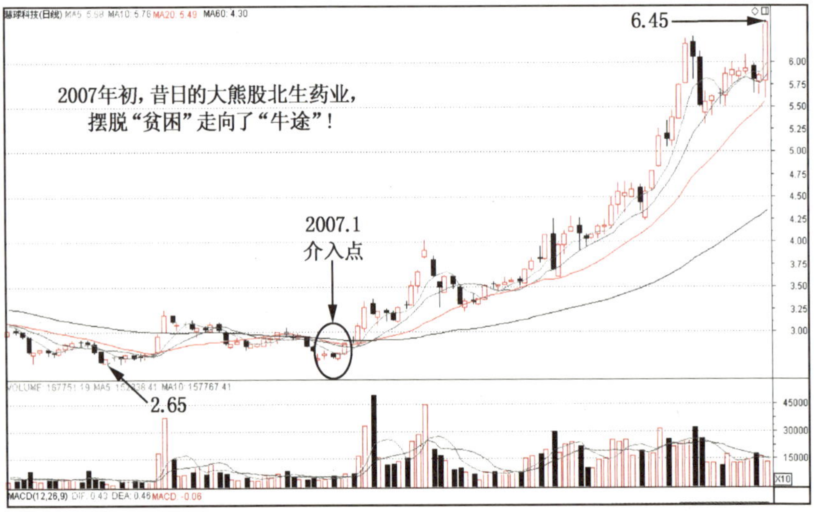

图5　北生药业(现为慧球科技,600556)走势图

✲ 操盘感悟

我们大部分投资者总是不停地在追涨杀停中追逐热点，而往往忘却那些被市场“冷落”的所谓大熊股。其实，天下没有只跌不涨的股票，这一浅显的道理，人们却常忘在脑后。大熊股里照样有机会。**“人弃我取，人取我弃”**这一经典的哲学思想，任何时候都要铭记在心。

操作心得七

动中取胜，一击必杀

实战故事　灵活机动，一箭射“双雕”。

许多人在牛市中炒股，采取的策略是打持久战，一捂到底。而徐蓓采取的不是把鸡蛋放在一只篮子里，而是一种动态中的“组合法”。他说：“动则取，击必杀，是我操作的风格。我决不与手中的股票长期谈恋爱！”

2007 年 3 月，他先后买入了强势股莱钢股份和西藏天路。由于这两只股的盘子不同，股性各异，启动的时间也不同，他便抓住各股的不同特点，把握好节奏，一会儿出击这只，一会儿出击那一只，高潮迭起，收益颇丰。

2007 年 3 月 30 日，莱钢上攻，连续猛涨了 3 天，涨幅达 18%。徐蓓及时落袋为安，莱钢转入盘整。而徐蓓此时回头转战西藏天路，加大西藏天路的仓位。不久，西藏天路进入急速拉升，连续涨停。而当天路完成拉升转入调整时，徐蓓又再次转战莱钢。他风趣地对股友们说："养的两个孩子都赚钱，好不痛快！"

✲ 操盘感悟

深沪股市 1 000 多只股票，市场板块和个股热点转换频繁，实战中采取灵活多变的战略战术，运用好"跷跷板"的杠杆作用，各个出击，来回赚钱，可在有限时间内扩大战果，从多方取得收益。

操作心得八

波段操作，使利润最大化

实战故事　交割单中藏"玄机"。

在采访徐蓓时，记者查看过他两年多来的实战操作记录。其中，有一张交割单，引起了我的注意。那是他的其中的一个小账户。操作的起始时间是 2007 年 2 月 12 日，截止日为 2007 年 4 月 27 日。资金由 50 万元，到了 162 万元。买入股票两只：一只是万杰高科(600223)(现为鲁商置业)，另一只是亿利科技(600277)。

这两只股票在他买入后至打交割时的截止日这段日子，万杰高科的涨幅为 73%，亿利科技的涨幅为 29%。算下来，他的收益应该为两者之和，为 111.58%(含复利)，而他的实际收益则为 224%。

"为什么会是这样呢？"记者问徐蓓。

"我采取了滚动操作法。"徐蓓回答说："如果买入后持股不动，收益不会这么高。而我做了波段操作，使自己的利润基本上做到了最大化。”

说着，他把交割单摊开，对着盘面详细地讲述他操作的过程。我注意到，只要有差价，他几乎都做。在他买入这两只股票后的41个交易日中，他曾31次买卖，全部是满进满出，有时哪怕只有1毛钱的差价他也不放过。

“这钱赚得可真辛苦啊。这种波段操作可不好把握啊！”

“我已摸准了这两只股的脾性，支撑位和阻力位一清二楚，什么时候该买，什么时候卖，我心中都有底！这是我长期训练和坚持的一种操作方法。”

✲ 操盘感悟

此种方法尤其是对股性活跃的股票更适合。在股票盘整、震荡中，做波段操作时，要注意盘面的分时走势的变化。**对于进入主升浪的股票应谨慎持股，则不宜频繁操作，以防“做掉”，难以低位回补。**

操作心得九

严守纪律，是制胜的重要保证

实战故事　栽在“福建南纸”上的教训。

从2005年以后的两年多时间里，徐蓓在股市里可说是顺风顺水，一路“辉煌”，但他对记者说，他的操作并非百分之百的完美。他曾有过一次失败的经历，至今他都不会忘记。

那是2006年7月10日。由于造纸业受惠于人民币升值，徐蓓准备在造纸板块的股票中寻找投资机会。他在3.5元附近买入了一只当时股价已低于净资产的福建南纸。第二天，该股略微冲高，账面出现盈利，他就掉以轻心。没想到，第三天，即7月13日，大盘狂跌84.23点，该股受其影响，当天跌幅为达－7.67％，趋势彻底变坏，本应止损出局，那是他一贯的纪律。可是当时他抱着"股价低于净资产，我不怕"的侥幸心理，不忍抛出。整整抱了近一个月，心理上也折磨了他一个月，直到狙击天宸股份时，才割肉出局。这次没有严格执行操作纪律，使他付出了大的代价，损失了20％。如果后来不及时修正错误，也不会实现此后的成功和重大的收益。

✲ 操盘感悟

铁的纪律是保障战斗胜利的重要保证。在市场面前，不可能保证永远判断正确，每个人都会遭受失败，重要的是我们要正确面对失败，严格遵守止盈和止损的纪律。当年巴林银行在新加坡的一位交易员就是不承认自己的操作错误，固执地坚持自己的教条经验，一味追加投资，企图扭转大势，结果不仅没能成功，最终导致巴林银行倒闭，这一惨痛的教训，警示后人：在风险投资的道路上，要想获取成功，必须执行铁的纪律，不断修正错误，方能百战不殆。

操作心得十

紧跟大主力，赚最没风险的钱

实战故事　"对话"坚定信念，蓝筹指引方向。

在挖掘徐蓓22个月如何狂赚70倍的绝技时，记者不止一次问他：“在你诸多的经验中，你能谈谈最重要的是什么吗？这22个月，中国股市稳健发展，行情红红火火，可为什么有的人却没有你获取那么多的收益呢？”

“要叫我说最重要的原因是我看对了大势，坚定了心中的信念。”徐蓓回答说。

接着，他向记者讲述了奠定他这种正确理念的一件事：

2006年11月5日晚上，徐蓓观看中央电视台二套的“对话”节目。嘉宾是国家财政部原部长、现全国社会保障基金理事会理事长项怀城。当主持人问他：“社保基金将如何介入当前中国股市？”他回答说：“社保基金进入股市，肯定会把安全性放在第一位。其资金量又大，所以，大盘蓝筹和防御性板块，将是重兵布局的首选。”他接着说：“社保基金是老百姓的养命钱，关系到未来社会的团结和稳定，各方都对其关照，中行、工行发行上市，社保基金都是重要的战略投资者。”听着项怀诚的一番话，揣摩着“对话”的一字一句，徐蓓心里有一种豁然开朗的感觉：中国的牛市现在不是到头了，而是刚刚才开始！这是国家大主力公开透出的信息！我们只有紧跟大主力坚决地做多，才能在这波行情中真正获益。于是，他决定在蓝筹板块上排兵布阵，寻求大的狙击机会，赚取无风险的钱。不久，他重仓买入了大蓝筹股武钢股份。他说，宝钢认购权证到期时，由于认购权证成为了一张废纸，给了持有权证的机构以当前价格轻易收购了大量宝钢股票的筹码，而在收集筹码的同时并不引起股价的盘面变化，顺利实现坐庄所需筹码。在大量筹码完成收集之后，主力在短短两三个月中即将股价拉出翻番行情。而他瞄准介入的武钢股份的认购权证,也很快要变为“废纸”,它的正股肯定会具有宝钢股份同样的机会。果然不出所料,伴随着牛市的强劲脚步,武钢股份从3元启动,稳步攀升,一路高歌。徐蓓跟从着国家队的大主力终获大胜。

✲ 操盘感悟

一只眼看市场,一只眼看政策。炒股要听党的话,跟着国家的大主力走,把握好大的方向,是在股市制胜的根本!

让更多的人赚钱

在山城采访徐蓓的20多天中,记者跟随徐蓓一起到位于北碚图书馆三楼他的公司“上班”。目睹他除了自己做好股票外,他还腾出大量时间和精力,带着他的团队,辅导和帮助他周围的股民朋友。他每天都精心为大家解盘,提示操作中的风险,并在他的QQ群中,及时和大家沟通交流心得体会。

“你每天那么忙,既办企业,又做股票,为什么还这样辛苦地为股民服务呢?”记者问他。

徐蓓诚恳地回答说:“14年,我一路走来,十分不易,在经历过失败之后,人生最痛苦的那一幕时时出现在我的眼前。我尤其十分体谅那些受伤朋友的境遇。我要用我过去心酸的血泪和我现在股市的博弈之术，去启迪和帮助他们。我的宗旨是：以股会友，相互交流，掌握方法，分享天下财富。让更多的人来分享中国牛市这块大蛋糕，这是我的一个心愿！”

听着他的话，记者深深感动：山城股侠，不仅有着炒股的雄风侠胆，更有着无私的豪爽侠义。我祝愿他在祖国西南的这块沃土上，在中国股市万紫千红的百花园中，辛勤耕耘，不断结出丰硕的成果！

重访札记

缙云山下，续写新传奇

近年来，有不少《民间股神》的读者常向我打探：那个当年曾创造22个月资金翻70倍佳绩顶顶厉害的山城“股侠”，如今怎么样了？

说实在的，分别快8年没见了，我也十分惦念徐蓓这个当年曾叱咤祖国西南轰动大江南北的重庆民间炒股高手。这些年，股市风雨飘摇，他的投资是否还顺利？还能那么“牛”吗？

为寻求答案，在2015年即将到来的前夕，我再度飞赴阔别8年的山城，到著名的缙云山下，重访中国股坛这位创造奇迹的传奇人物徐蓓。

放弃，是件很痛苦的事儿

徐蓓一点没变！这是我一下飞机，在重庆江北国际机场再次见到徐蓓时的第一印象。和 8 年前我见到他时一样，浑身焕发着活力，眉宇间始终透着智慧的光亮。

唯有变化的，是他“发达”了，也更成熟了。

虽已是万家灯火时分，但我想急切地看看徐蓓这几年的变化。他先把我接到他的“新家”——那是他在近邻北碚最繁华地段买下的一层楼盘，融操盘、实业与休闲茶楼一体。而当初采访时，他的操盘室和实业公司的办公室都还是在北碚图书馆租赁的。

“小徐，真是鸟枪换炮啦！”看到他事业有成，我由衷地为他高兴：“这些，都是股市给‘报销’的？”

“不全是。有股市赚来，也有实体经济获得的利润。”徐蓓坦诚道：“这七八年，股市行情低迷，我曾退出股票市场 4 年之久，但这期间，我的川陕玻璃原料公司发展很顺利。另外，我还和当年鼎力支持过我的好友、优秀企业家马勇一起搞了许多投资项目，收效也很可观。”

“难怪，你现在家大业大，是双管齐下呀！”我边品着徐蓓茶楼的“大红袍”和特色美食，边问徐蓓说：“有一点我不明白，你从 1994 年炒股至今整整 20 年了，你是那么执着地热爱股市，只是在一次实业项目投资失利，债主把刀架在你脖子上逼你还账，你才挥泪斩仓还债离开股市的。上次我采访时，你已做得相当成功，怎么想起退出股市的？这是哪年的事？”

“我是2008年退出股市的。”

“哦？2008年股市暴跌，你是为了保住胜利果实？真明智啊。”我感慨地称赞道。

“是明智，但当时也是痛苦的抉择呀！”重访中一天晚上，徐蓓带我又漫步到8年前我首次采访他的位于北碚图书馆的那个“战斗指挥部”。

当时这儿真是“激情燃烧的岁月”，自打《民间股神》的热销和网络传播，创造70倍业绩传奇的徐蓓，成了全国众多投资者心目中的“明星股神”，从广东、深圳、四川、河南……涌来许许多多前来学习取经的读者朋友，徐蓓以股会友，以诚相待，义务给他们帮助，手把手教他们炒股，他的“团队”发展到几百人。徐蓓在图书馆租的一层楼，被挤得满满的，大家一起学习，交流，炒股，其乐融融。

而如今，“繁华景致”过后，已是人走楼空。

“放弃，我真切地感到，有时真是一件痛苦的事呀。”回忆着当年的往事、盛事，灯光下，我看到徐蓓的眼圈红了。

“怎么想到从股市撤离的？是偶然所想，还是……”

“我是经过慎重再三考虑的。”徐蓓说：“还记得当年我们一起爬缙云山吗?”

“记得。那是2007年5月中下旬。”

“是。当时股市多火呀。还记得我们爬山途中路过一个绍龙关，听几个道士都在热烈地谈论买股票的事儿，我俩都笑了，说股市真是太过‘热’了。”

“是。没几天，‘5·30’的连续跌停，给火热的行情和给忘记风险的投资者敲了警钟。我从那时就十分警觉，就有随时撤离的意想。”

“你是在中国股市几度熊市的‘苦难’中走过来的，夺得70倍收益来之不易，有高度的风险警觉，是对的，也是理智的。”

“保住胜利果实是很重要的一个方面，特别是大盘越是往上狂飙，不断创出新高，当时真是一地鸡毛都飞上了天，别看许多股票质地不咋地，照涨，有人开玩笑说，猪在风口上也能飞，只要风足够大。哈！”

“的确是这样，那时股价几倍、几十倍地往上翻，人们都有点忘情了。”

“可越是这样，我心里越发毛，不踏实。”徐蓓说，“我曾在投资交流会上多次讲，让大家随时准备撤离。另外，还有一点，就是我后来随着盈利的增长，我操作的资金规模也比原来大多了，特别是到了2008年初，股市虽仍有脉冲式上涨行情，但我感到已很难做了，盈利变得也艰难了许多。原来常用的短线模式，感到已不适用大资金的操作格局，需要休整一段时间，摸索新的投资思路和投资方法。”

“就这样决定撤离？大家都愿意吗？”

“我说痛苦就是割舍太难啊。一是我执着追求了十多年的股市我要离开了，二是我带领的团队在一起共同战斗，亲如兄弟姐妹，谁愿意离开呢？但为了在暴风雪来临时保存自己，告别的晚宴上，许多人都落泪了。”

正是这痛苦而智慧的抉择，让徐蓓和他的团队在2008年中国股市灾难性的暴跌前，全身而退，实现了“胜利大逃亡”，保住了来之不易的辉煌业绩。

让“福克斯”，永远为我敲“警钟”

在大牛市中打了翻身仗，获得了巨额利润的徐蓓离开股票市场后，用赚来的钱把原先的巨额欠款连本带息全部还清，然后把剩余的资金全部投入到了实体经营中。

从此，他开始在实体经济的战场上，开始了一场新的博弈。

重访中，徐蓓开车把我带到了他离开股票市场后度过4年的“家园”。泥泞的道路，偏僻的山庄，那里有一个偌大的院落，院外的田野长着绿茵茵的蔬菜，院内的场地上堆满了如山的玻璃原料，他和妻子、儿子在这里整整住了艰苦的4年。在股票市场中“功成名就”的他没有去追求享受，而是以厂为家，把一颗心全扑在了实业上。

辛勤的汗水换来了丰厚的回报。他炒股是高手，干实业照样是风生水起。这年，股市在暴跌，而他的纳税产值却在往上直翻数倍，从原来一年的几百万达到了几千万，令人赞叹不已。

然而，干企业如同炒股票一般，并非事事顺意，仍然存在着风险。在从机场接我的路上，徐蓓开着一辆“福克斯”坦诚地对我说：“白老师，有人说我开这辆破旧的车与我现在的身份不符，许多朋友都劝我买部豪车耍耍。说实话，我不是买不起，而是舍不得换。因为这辆‘福克斯’，记载着一段故事，让我永不能忘。”

他向我讲述了这样一件事：

那是2009年9月份，事业正是顺风顺水的徐蓓，了解到主营业务从事华润雪花鲜啤酒的重庆渝金创卓商贸有限公司濒临破产，他用 3 天时间就收购了这家企业，从而获得了在重庆独家经销雪花鲜啤的授权。

那时，他揣摩着，重庆有 3 000 万人，当时市场的需求量每年在 30 万吨以上，而且在考察青岛时看到鲜啤是人们盛夏最喜爱的饮品，重庆又是鲜啤的一个刚刚兴起的空白市场。哪怕每年就卖几千吨，就有几千万元的利润。想到这诱人的广阔前景，徐蓓异常兴奋，每天早出晚归，跑遍山城的大街小巷，就像当年抓到一只大牛股，天天都乐呵呵的。

然而，他的这种举措太过匆忙、太过盲目了，意想也有点太简单幼稚了。

在欢乐的意想中，他遭遇了“重创”。

“原来我只想到，鲜啤是啤酒之王，是啤酒中的茅台，重庆有 3 000多万人，巨大的市场诱惑是那么强烈，雪花啤酒又有着丰富的销售渠道，借此契机，也能完善自己从玻璃原料产业到玻璃产业再到酒厂和销售终端产业链的建立。而却对被收购的标的公司存在的问题有所忽视，对当时不良的企业团队状况、企业文化和市场销售的情形并不了解，加上自己的跨行业经营能力也没跟上，所以很快就以亏损而告终。”

采访中，徐蓓拿着如今已落满尘土的独家授权书感叹地对我说：“搞实业和炒股票一样，防范风险永远是第一，投资过程中，要想取得成功，必须对投资标的了解非常清楚，而我仅仅用 3 天时间就匆忙做出决定，大胆而草率地收购一家企业，遭到一记重创是必然的事。现在我开的这辆‘福克斯’就是那次收购企业中的一个产物。我不抛弃它，是让它伴着我，时时为我敲警钟，警示我：投资的路上，风险无时无处不在，任何时候脑子都要保持高度冷静。只有这样，在市场中才能活得更久，路也才能走得更远。”

慧眼识“金”，捕捉到增值10倍的“大牛”

失败造就成功。在实业投资中经历了挫折历练的徐蓓，从此更加趋于成熟。

如今，在山城北碚龙凤桥头那座生意兴隆的“圣喜茶楼”正是他失败后一个“佳作”，也是他在实体经济中捕捉到的3年翻了10倍的“大牛”。

2010年8月，在雪花鲜啤中喝了“苦酒”的徐蓓并没就此倒下，而是吸取教训，寻找更好的投资机会。就在这时，他听说重庆联合产权交易所正在拍卖龙凤宾馆的房产，说来也巧，这处房产的位置就在徐蓓上小学的旁边，这个地段他再熟悉不过了，通过仔细反复阅读和分析拍卖资料，他胸有成竹，志在必得，便踌躇满志地积极报名参加竞拍活动。

2010年9月17日上午10点15分，拍卖开始。当场有十几人参加竞拍。

徐蓓根据多年的经验，十分看好这座当时非常具有投资价值的房产，准备充分，很快从众人激烈的报价中脱颖而出，从85万元的竞拍底价，直到131万元竞拍成功，终于将这头极具潜在提升价值的“大牛”牵回了家。

经过精心设计、改造，一座600多平方米的圣喜茶楼不久便正式开业。由于市口好，服务好，经营项目定位准确，几年来生意一直很兴隆。当地银行多次主动上门为徐蓓办理抵押贷款，该茶楼经评估，为其提供1 000多万元的授信贷款，支持他实体经济的发展。

2013年底，当实体经济危机来临，徐蓓果断地还清所有银行贷款，在大量实体经济倒闭"跑路"的浪潮中，他却无负债稳健经营实体，驾驭着增值10倍的"大牛"，安全度过了2014年的"寒冬"。

重返股市，再展宏图

徐蓓重返股市是在2012年。

自打2008年他离开股市，当年大盘暴跌了62.5%。次年8月，沪指反弹至3 478点后，再次向下狂泻。一年，又一年，丝毫没有"回心转意"的意思。

徐蓓虽说离开了股市，停止了操作，但在股票市场执着追寻梦想十多年的他，心底里没有一天放下股市。看到大盘的一天天的狂跌，他的心里很不是滋味：中国经济发展迅猛，但作为晴雨表的中国股市为何如此低迷？何时能走出困境？

2012年初，当大盘从2011年11月的2 536.78点跌至2 132.63低点时，徐蓓感到股市的机遇渐渐来临，此时在实体经济中已获得丰厚利润的他，决定再返阔别4年之久的股市，重振雄风，续写新的传奇。

从2012年初重返股市，到2014年11月，经过3年股市征战，徐蓓总结出在新经济、新环境下投资股市五条心得体会。

徐蓓投资心得

投资心得一　尽职调研，重在炒“质”。

实战故事　千里考察，打响重返股市“复牌”的第一仗。

徐蓓事隔 4 年之久重返中国 A 股市场，已今非昔比。不光是他的资金规模大了，更重要的是他的投资理念发生了质的变化。4 年前，徐蓓凭着他敏锐的思路和超短线操盘技艺，创造了 22 个月狂赚 70 倍的传奇。而如今，当他再度重返股市，已是判若两人。他不再是“今天买，明天卖”，也不是“听故事，选股票”了，而是运用自己多年经营实体经济的体会，在对投资标的作出详细调研分析判断后，方决定介入。

他要赚明明白白的钱，赚“心里踏实”“能让自己睡安稳觉”的钱！

他选择投资的第一“目标”，便是他最熟悉的上市公司——德力股份(002571)这只“票”。

那是 2012 年年初，他因欲收购一个石英砂矿，前赴千里之外的安徽凤阳——中国最大的高品位的硅砂生产基地调研。那里的远东石英砂有限公司是徐蓓长期的生意伙伴。他与该公司董事长刘锦银很有缘。而这位刘董事长因给德力股份有限公司长期供货关系，又与该公司的董事长施卫东是非常要好的朋友。他常对徐蓓说起他所了解的德力公司的生产经营方面的情况。

当徐蓓得知德力股份是个上市公司，又是中国最大的玻璃日用器皿生产厂家，便开始对该公司作深入的调查研究。

他了解到这家上市公司是 2011 年 4 月上市的，当时生产所需的纯碱价格是 2 300 元/吨，而到了 2012 年，每吨的平均价已下降至 1 300 元至1 600元，生产的成本降低了，致使企业经营利润得到大幅增长；其二，该公司采购的原料离产地近，比同类企业每吨要低二三百元；其三，当地政府还为他们配置了一些矿产资源，为加速企业发展注入了新的活力。再加上该公司良好的管理体制，徐蓓在调查中欣喜地看到了这家上市公司的前景。

这年的 10 月间，徐蓓带着公司的会计到凤阳办业务，再次到德力公司做尽职调研，为了全面了解公司的产业链，他又从安徽凤阳千里迢迢到浙江义乌小商品城，调查该公司的玻璃器皿在市场上的销售情况，发现虽然生产成本大大降低了，但销售价格没有降，且生意兴隆。经过长期跟踪多次深入了解，徐蓓对德力股份从里到外，从上到下都“吃透”了。2012 年 6 月，该股在 10 送 10 之后，走出了“填权”行情，股价从 11 元左右步步震荡上扬，徐蓓密切关注它的走势变化，12 月中旬，当股价放量突破盘局时，徐蓓看到介入的时机已到，指导股友们在 15 元左右大胆介入。一路持有，至 2013 年 3 月 7 日股价创出 29 元高点，仅 3 个月时间，就实现了翻倍的收益（见图 6）。股友们都夸徐蓓火眼金睛，抓牛股有绝技，其实，在其成功的背后，人们并不了解，这一切，都是徐蓓用汗水和心血换来的。

✲ 操盘感悟

股票上涨的“根基”在其内在的“质”。在投资中要想获得成功，就要在“尽职调研”上下功夫。要成功操作一家上市公司的股票，就

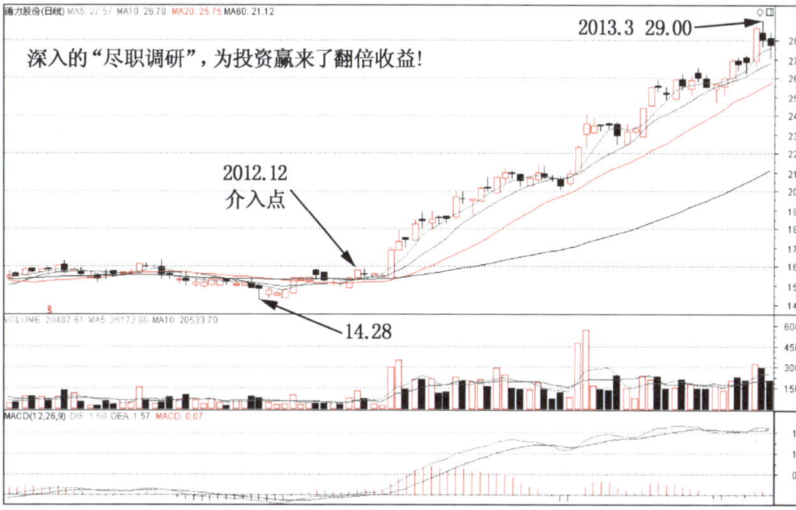

图 6　德力股份(002571)走势图

要弄“懂”这家上市公司 。了解它的原材料价格，生产成本，管理成本，销售渠道，产品价格，中间的毛利润等等，都要很熟悉，归根结底，要了解这家上市公司“是怎么赚钱的?”，这一点相当重要。

投资心得二　梦系“百年复兴”，深度挖掘“军工黑马”。

实战故事　投资中国的“伯克希尔·哈撒韦”。

重访徐蓓到达山城的头一天晚上，徐蓓就把自己操作的账户当作“见面礼”给我看，只见上面就一只重仓股：中航资本，买入时间已有两年了，而且因重大重组，该股票已从 2014 年 8 月 22 日停牌至重访时。

当时，我边看边感到很诧异：徐蓓投资股票的思路和方法确实变了。记得我在 2007 年 5 月首次专访他时，在他的操作室，呈现出的短线交易单简直是堆如“小山”，一摞一摞的。而如今，他的资金多了,操作的股票反而屈指可数。

“我现在重点在寻找和投资全中国最伟大的公司,这样的公司能给自己和广大投资者以丰厚的回报。就像巴菲特投资的伯克希尔·哈撒韦公司一样,它的质地非常优秀,股价是全球最贵的,每股突破了20万美元,在世界股坛上是遥不可及的。”徐蓓说。

“你买入中航资本,就是奔着这个目标?”

“是的。我认为它就属于非常有潜质的伟大公司。”

“它给你的收益多少?”

“两年来,我就抓着这匹黑马反复做,虽然资金翻倍了,但这并不是我的终极目标。现在停牌了,它实现了‘脱胎换骨’的变化,公司志在高远,我的目标也是要和这个伟大的公司一起成长!”

“两年前,你在众多的股票中,为何选中了它的?那时,它可是还戴着ST的帽子呀?”

“是的。在股市中不少人一提ST,就摇头。记得有一个股民朋友单迅奇来找我交流证券投资经验,我很坦诚地把如何做ST航投(中航资本)向他细细地进行分析。他回家后对他父亲说了我给他讲的ST航投,他父亲说,‘我从不炒ST’。那个朋友给父亲解释这是只通过重组已经盈利的股票,只是目前还没摘帽而已,未来发展的前景不可限量,具有成为伟大公司的潜质。但他的父亲仍然固执地说:‘我不炒ST,不管它怎样!’直到股票在那年底从9元多涨到20元附近,他父亲还不认输。

“那时,你重仓投资ST航投的思路究竟是什么?”

“我毫不夸张地说,最根本的就是来自于心系百年复兴的中国梦。我正是在2012年党的十八大召开后，深深地体味了习近平主席的讲话而全面重返中国股市的。党的十八大开启了民族复兴的百年征程，全面深化国防科技工业改革箭在弦上。当时，看到钓鱼岛争端加剧和中国周边海域不断遭到挑衅，我想，我们必须更加坚定我们的强军之梦，在深化改革的浪潮中，军工行业正处在追赶式发展时期，在未来必将迎来大的发展和大的机遇。

至于为何把投资标的选择中航资本，除了它属于军工板块，更重要的一点，它是中航系中的一只具有巨大潜力的成长股：

中航资本隶属于中国航空工业集团公司。该公司下设三个平台——金融控股平台、航空产业投资平台和新兴产业投资平台。这几个平台都极具潜力。

首先，中航资本作为中航工业重要的金融平台，它担负着发挥产融结合优势、探索航空产业发展模式的重要使命。中航工业早在成立之初即对内部金融资产进行整合，通过股权划转与托管方式，将证券公司、财务公司、租赁公司、信托公司、期货公司、产业基金、保险公司置入中航资本。同时，通过收购和参股的方式涉足银行业、寿险业。公司借助大股东的资源优势，将紧密围绕产融结合的发展战略推进集团资产的证券化及创新投资。

其次，中航资本作为新型战略产业投资平台，以价值为投资导向，积极拓展新材料、新技术、新能源领域，探索战略产业发展方向，包括进军干细胞产业、介入3D打印技术等，抢占产业发展的制高点，转变经济发展方式，打造未来经济增长概念，促进公司可持续发展，这将为公司带来超额回报且持续的利润增长点。

再次，公司坚持依托集团、服务集团，积极参与集团的并购、重组，拓展产融结合深度与广度，延伸航空产业的价值链，助推集团“两融（融入世界航空产业链，融入区域发展经济圈）、三新（新三位一体，即品牌价值的塑造、商业模式的创新、集成网络的构建）、五化（推进市场化改革、专业化整合、资本化运作、国际化开拓、产业化发展）、万亿（到2020年挑战收入一万亿元的奋斗目标）”战略目标的实现。航空主业发展中也为中航投资提供了广阔的业务空间和持续不断的创新概念。中航投资下属的金融企业可以通过服务中航工业内公司获得低风险、稳定的业务收入，同时航空产业各板块优质项目向中航投资开放，中航投资可通过下辖各金融子公司或两个实业投资公司投资于这些优质项目，并通过IPO、三板市场或注入中航工业旗下26家上市公司，实现顺畅的退出和获利渠道。通过上述三个层次的合作，中航工业的产融结合、产融共赢已经走在国内各央企的前沿，该产融结合道路完全可能成为未来央企实现产融结合的标杆和模范。

“扎实的基本面，巨大的成长空间，正是我坚定选择投资中航资本的最根本原因。尽管当时它还戴着ST帽子，但我十分看好它的发展，它的未来。”采访中，徐蓓说。

“你曾是短线高手，有着很厚实的技术功底，在介入时，从它的技术走势上有没有考虑？你是什么开始买入它的？”我问。

“当然有。当我锁定好一个标的后，我就开始关注ST航投的走势。2012年8月30日该公司重组北亚集团复牌后，便开始构筑一个漫长的‘平台’调整，我从11月开始，便在9元左右的价位逐步吸纳，直到12月中旬完成建仓。12月25日，该股放量向上突破，至2013年2月6日摘帽创出19.27元高点，仅一个多月，股价就走出了翻倍行情。”（见图7）

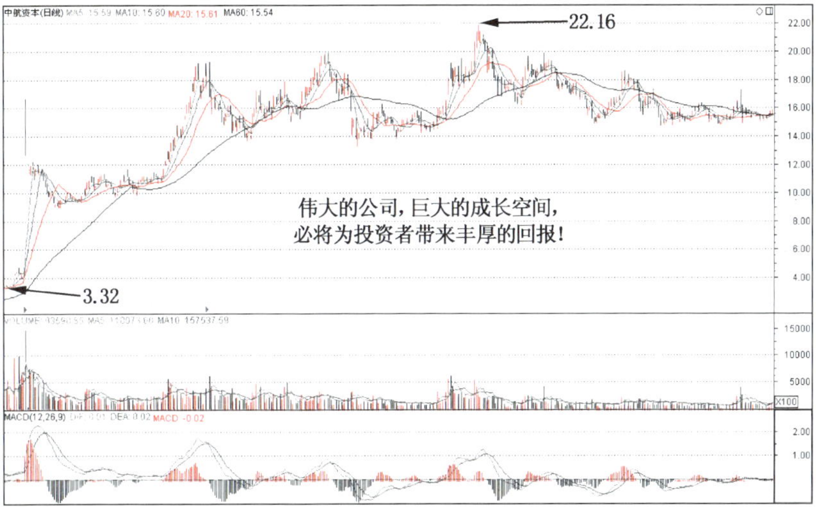

图7　中航资本(600705)走势图

“投资两年来，你一直没走？”

“是的。我一直坚定地持有着。两年来，任凭它‘风吹浪打’，我就是咬定中航不放松！”徐蓓信心百倍地回答说。“中航停牌期间出了很多利好，我期待着我认定的中国‘伯克希尔·哈撒韦’这个专业的投资公司，在这次牛市行情中有不俗的表现！”（注：正值本书即将出版之际，中航资本于2014年12月22日重组后复牌，强劲飙升，连续涨停，高送配后，继续走强势填权之路。作者得知此时已获利颇多的徐蓓，借该股随大盘调整之际，再次投入巨资加仓，以期待他心中这一伟大公司更加美好的未来。）

✲ 操盘感悟

投资就是投"未来",投"希望",投"成长"。我们投资付出的全部汗水和心血,就是要竭力去寻找那些开拓创新、具有高成长性未来能带给股东高回报的伟大公司。这是投资人长期追寻的使命。只有做到了这一点,你才能获得高额的利润,你的投资才能算是真正取得了成功。

投资心得三　揣透主力心思,在众人"遗弃"中反向操作。

实战故事　猎击低价"三鑫",从"恐慌"中捡"皮夹子"

在投资中航资本的过程中,徐蓓对"中航系"的股票进行了逐个研究,当时股价只有3元多的中航三鑫进入了他的视线:"中航系这么强大的集团化公司,旗下竟有这么便宜的股票,值得关注和研究!"

中航三鑫主营业务是建筑幕墙工程设计、施工和生产、销售幕墙玻璃制品、家电玻璃等,和销售玻璃原料的徐蓓可以说是"同行"。由于近年生产玻璃的原材料不稳定,造成中航三鑫连续亏损。股价走势一直很"疲软"。2014年一季度报表公布继续亏损,中航三鑫像扶不起的"阿斗",遭到市场"遗弃",股价绵绵下滑。多年来,一直在营销玻璃原料的徐蓓深知三鑫的"苦衷"。

经济环境的困扰,众人的唾弃,很快引发股价大幅暴跌。4月29日,深交所对其实施"退市风险警示"特别处理,股票戴上了ST加"*"的帽子,股价出现了连续跌停,从3元多一直"砸"到了2元多。

虽然看好军工股，看好中航系，可是又有谁敢“冒天下之大不韪”，去接*ST三鑫这把天上掉下的“刀子”?!

恰巧此时，徐蓓到安徽凤阳办业务，中航三鑫有一个玻璃生产基地就在离凤阳不远的蚌埠，他的一个朋友还专门负责为三鑫的这个厂子提供生产原料。徐蓓了解到，虽然三鑫亏损，但随着原材料市场趋于稳定，企业的困境会逐步得到好转，尤其是三鑫开发生产的国际高端特种玻璃，国内需求很广阔，在航空工业中应用的价值极高。再加上它背靠中航系实力强大的集团公司，可以断定：“这是一个很有潜质的公司，也是一只最终能‘咸鱼翻身’的股票!”

此时，他还发现了一个重要的异常现象：众人在抛售，股价在下跌，然而，股东人数在减少，筹码却越来越集中。这只能说明一点：主力正趁机在低位收集廉价筹码，后市必有动作。

“知己知彼，百战不殆。”既了解了企业的经营状况及前景，又窥探到主力的心思，徐蓓决定在市场的恐惧中反向操作，准备伺机狙击下跌中的*ST三鑫。

2014年5月下旬，股价在2.8元至3元间进行“一字型”盘整，5月29日这一天，该股放量涨停，徐蓓认为机会来临，他果断以3元的价位勇敢介入，并在股友交流会上鼓励大家大胆买进这只“其貌不扬”的ST股。

不久，*ST三鑫不顾人们的“世俗偏见”开始稳步上涨，2014年8月末，股价进入了拉升期，强势飙涨，连续涨停，牛气冲天，至2014年10月10日创出8.40元的高点，股价翻了近两倍，在中航系和ST家园中，堪称为一颗闪亮的“明星股”(见图8)。

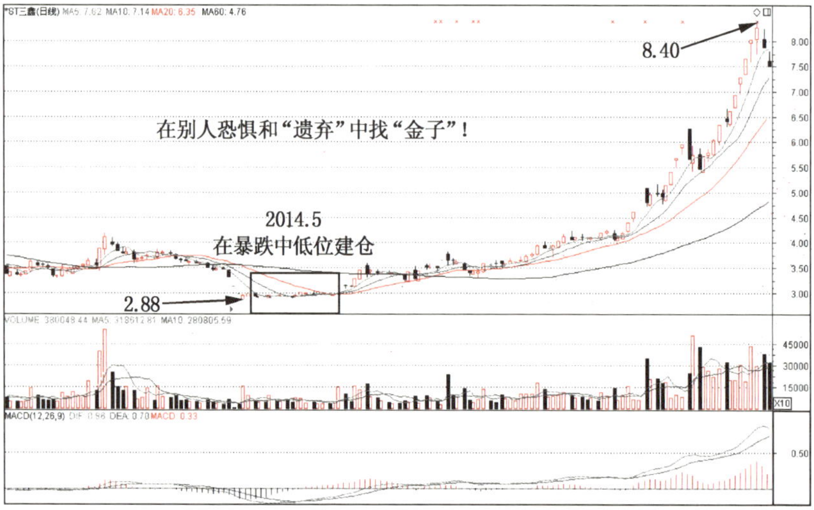

图 8　*ST 三鑫(002163)走势图

✲ 操盘感悟

股市迷雾重重，投资中要时刻保持头脑冷静。股票走势中的任何异常，都可显露市场主力运作的蛛丝马迹。只要善于去观察、揣摩，就能摸准主力的“命门”。世上万事万物皆是物极必反：“不在沉默中爆发，就在沉默中死亡！”往往最不被人看好的，却常常存在着咸鱼翻身的潜质和希望。别忘了，也许，众人“遗弃”的时候，正是你去捡“皮夹子”的好机会。

投资心得四　抓龙头，在“鸟语花香”中觅“黄金”。

实战故事　三进“和邦”，挖掘 K 线背后的故事

这是徐蓓在低迷行情中走进上市公司淘金，捉拿飙涨“黑马”的一则故事。

重访徐蓓中，我在查看他重返股票市场的“征战簿时，发现有一只非常“耀眼”的股票，它对于徐蓓近年来在股市所取得的“辉煌业绩”，可以说功不可没。这家上市公司就是西南地区的化工龙头企业和邦股份。

近年来，徐蓓创办的重庆川陕玻璃有限公司作为和邦股份的战略合作伙伴，他曾多次代表公司到和邦股份考察。采访中，徐蓓打开和邦股份的K线图，向我介绍说，和邦股份在西南三省享有一定盛誉。不光在纯碱、氯化胺等传统化工上占据着龙头地位，在高端精化工的发展中也一直走在前列，双甘磷产品在世界的产能排名中独树一帜，名列前茅。

2014年12月5日，在我重访他期间，他特意带着我驱车300多公里，再次走进给他和他的股友们带来丰厚利润的这家优秀上市公司。这已是他在2014年第三次来到这里。

徐蓓为何对和邦如此情有独钟呢？仅仅是业务合作关系吗？

当我们走进这家上市公司后，才明白了在这只稳步上涨股票的背后，竟有着许多令人惊异的故事：

偌大一个占地2 000多亩的化工厂，被岷江、涌斯江环抱着，闻不到一点刺鼻的味道，道路两旁，绿树成荫，花木散发着一股股沁人心脾的芬香。即使当我们走进繁忙的生产车间，也一样闻不到诸多化工产品的异味。4.5万平米的包装车间，一尘不染。这是一座花园式的化工厂，是国家授予的“零排放”无污染的优秀企业。

公司不光环保好，产品也是供不应求，我们看到许多仓库都是空的，产品刚一“出炉”，就被拿着现金来买货的客户“抢光”。徐蓓每次来到这儿，都会被和邦这种欣欣向荣的经营状态和公司良好的管理模式所感染。

“花香鸟语”代表的不只是和邦的“现象”，更是企业的底蕴，是企业文化的深度体现，也是一个优秀团队带领企业励精图治，不断走向辉煌的一种内在理念的体现！在它美丽外表的深处，更有着投资人所渴求的“财富”！它，也记载着徐蓓在这片“花香鸟语”中寻金的一段经历：

2014年年初，大盘低迷，然而和邦股份却震荡逆势上行，走出了一段独立行情。但从4月30日开始，该股却突然连续下跌，这引起了一直关注和邦的徐蓓的密切注意。他想，公司基本面向好，而主力却在“挖坑”，显然有“名堂”。透视盘面的背后，徐蓓不能忘记那座诱人的“花园”，不能忘记那繁忙的现代化生产流水线，也忘不了工厂那充裕的现金流，不事先打预付款就拿不到货的情景，更忘不了和厂领导及员工交谈中他们留下的誓言：“外面的待遇再诱人我们也不愿意走，我们为是和邦人而骄傲！”

“这么好的公司，这么好的投资机会，不可错过！”徐蓓望着连续地下跌的股价，心里想。5月下旬，和邦股份走势开始企稳，徐蓓毫不犹豫选择了勇敢地介入，他带领股友以12元多的价位买入该股。之后，股价稳步攀升，涨到13元多，传出实施10送10的“利好”，主力“挖坑”的目的昭然若揭。

采访中，当我亲临和邦股份的所在地，才真正了解到徐蓓投资所寻求的真谛。

他的选择是对的。和邦股份没有辜负他，也没有辜负信赖她的投资者。它强势走出填权行情，股价从除权后的6元多，仅4个月就翻了近一番，坚定地走完了“填权之旅”。这使徐蓓取得了“双利”：他不仅在生意交往中获得了丰厚的收益，而且在投资和邦股份的股票上也淘到了一桶重金（见图9）。

徐蓓难以忘怀，这一切，都是他用脚板“踩”出的和邦这匹“黑马”给予他的，也是岷江河旁那片花香鸟语的“圣地”送给他的厚礼！

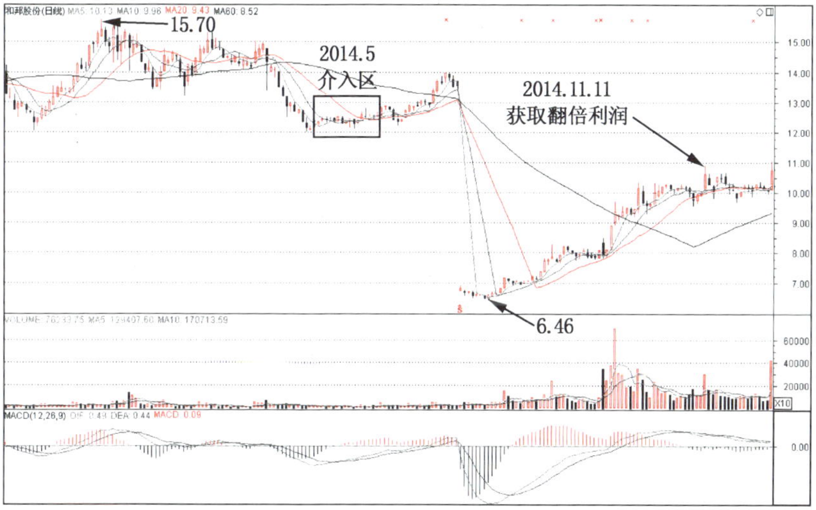

图9　和邦股份(603077)走势图

✲ 操盘感悟

投资股票，不光看股价的涨跌，更要深入到K线背后，了解它的“内核”和企业发展的驱动力。当你了解了它的生产经营状况，了解了它的企业文化和它的管理团队，投资才会变得心中有数，操作便不再盲目。岷江河畔那片诱人的芬芳地，不正透视出和邦这家上市公司吸引徐蓓去坚定投资的“内秀”吗?!

投资心得五 重大新闻事件中捕捉短线黑马。

实战故事 现场“考问”，交出三个涨停的“优秀答卷”

2014 年 11 月 24 日，当我到达重庆重访徐蓓了解到他已改变原来的短线操作方法，我心里揣摩着：这个当年用 22 个月凭超人的短线技艺创出 70 倍辉煌战绩的徐蓓，如今不知短线水平怎么样了？“宝刀”是否还锋利？

我想“考考”他。

当晚，我面对徐蓓电脑上打开的 K 线图，问他：“小徐，如果我想买只短线能赚钱的股票，不知你能否推荐一只？”

“虽说现在我注重中长线价值投资，经营管理企业和各种投资每天都很忙，但让我选一只短线能暴涨的股票也不是难事。”徐蓓说着，翻看着他的“股票池”：“我给你选一只吧。就是小商品城，前天拉出个涨停，今天在调整，明天就是一个买点，不信，你买上 1 000 股或者 10 000 股试一下，这只股十有八九短线会暴涨！”

“真的？”

“我有足够的把握，赔了算我的。”

第二天，小商品城开盘后，我按徐蓓的短线“指令”，果断买进了 1 000股。这天，小商品城收了一个十字星，开盘价和收盘价一分不差。

次日，小商品城低开 5 分钱，一分钟不到，冲高到 9.05 元后就开始盘跌。

“这只股靠谱吗？”看着已套住的账户，我问徐蓓。

“没问题。”

第二天，小商品城收了个阴十字星。“从短线看，三天的调整已经到位了。”徐蓓胸有成竹。

11 月 27 日，上午开盘，我紧盯着它的走势看，果然应验了徐蓓的“预见”，分时图上，只见该股稍一下探，便高歌猛进，一根冲天的直线拔地而起，全天强势上涨，收于涨停。第二天，表现再续强势，以 10.73 元又牢牢封在了涨停上。

“小徐，你真是火眼金睛，短线判断功力不减当年啊！”我兴奋地夸他。

事情不止如此。

12 月 4 日，该股“故伎重演”调整三天后，再拉涨停。当晚小徐在复盘时说：“这是一只好股票，但从短线角度看，若明天开盘冲高，可考虑先出来，盘中有低点，可以接回，做个 T+0。”

第二天，实盘又验证了徐蓓的“神机妙算”。小商品城开盘后大幅震荡，最高冲至 12.65 元，最低打到 11.13 元，收在 11.49 元。

“我没说错吧。这种走势非常适合短线。你知道，我过去都是这样来来回回做的。收获还是不小的。只是有点‘累’罢了。若不想做短差，就拿着，它还会震荡上行。”当天，因我跟随徐蓓到几百里外走访上市公司一早出发，而没有操作。但他的短线功底，我通过考问和实践，已经十分佩服。

“你为何对小商品城的短期走势判断得如此料事如神呢？你的灵感从何而来？”事后，我刨根问底地问徐蓓。

“挖掘小商品城这种爆发力强的短线黑马，完全来自于‘一带一路’这一重大的事件题材！”徐蓓说：“一带一路现已上升为国家重要的经济战略。位居浙江中部的义乌背靠全球最大的小商品市场，在‘一带一路’建设上好事连连，先是国家主席习近平点赞‘义新欧’开通，接着李克强总理用‘义乌上河图’称赞义乌市场，手握‘国际贸易综合改革试点’特权的浙江义乌，已经在‘一带一路’建设上先行试点，运载82个义乌小商品标箱的首趟‘义新欧’(义乌—新疆—欧洲)班列，将抵达西班牙马德里市。此外，为了推进‘一带一路’建设，义乌正在规划建设丝路新区、陆港新区和科创新区三大新区。同时，当地还在开发跨境电子商务，计划加强与沿线国家和地区的经贸合作，把义乌打造成为‘丝绸之路经济带’的新起点，以及沿线国家和地区商品进入我国市场的桥头堡。有这些重大的新闻题材，这只股票能不涨吗？岂是一个涨停板能挡得住?！所以，我让你在这波上涨行情的第一个涨停后调整之际买入，后面大涨的几率没有100%把握，也至少有百分之八九十的把握！”(见图10)

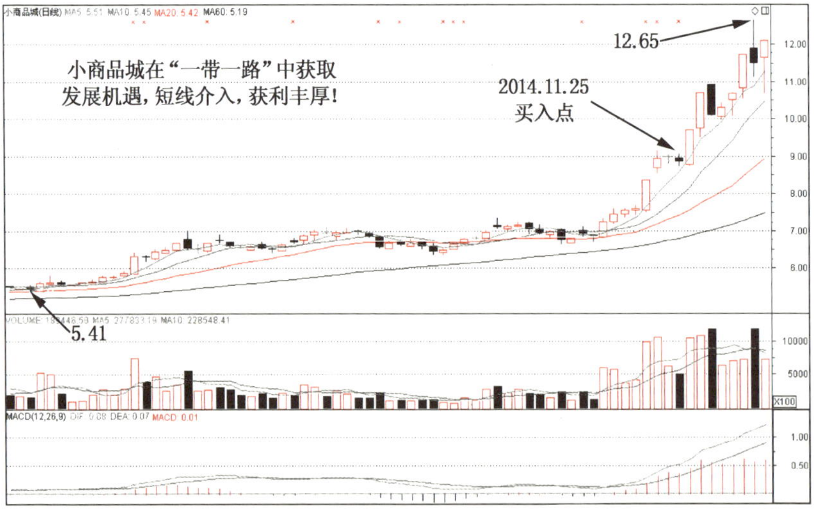

图10　小商品城(600415)走势图

✲ 操盘感悟

市场热点往往产生于**重大新闻事件**之中。我们要做好投资，就要具有全球视野，时时关注和了解国内外各种财经新闻传递出来的产业发展信息、方向及相关政策和对上市公司的影响变化。只要有具备大智慧大思维，摸准市场脉搏，无论做长线还是做短线，成功的把握才会更大。

为兴趣而工作，驶向新的航程

8 年后当我再访徐蓓时，深深地感到，和 8 年前不同的是，如今已实现财务自由的徐蓓，不再为生计而奔波，而是为兴趣而工作。

他喜欢股票，更喜欢投资，手握数亿资金，和朋友一起合作运营投资公司、经济实体，常常通宵达旦，不知疲劳。我的追访，真变成追着他的人去访了。

在中国股坛上，徐蓓是很幸运的。遇到这么好的一波行情，他又是那样成功地把握住千载难逢的绝佳机遇，能把一切债务全部还清。

他不再向任何人借钱。因为他尝够了“刀架在脖子上”被逼还债的辛酸滋味。

重访中，我看了这样一幕：有一天，我见到一个当年曾借钱给徐蓓的朋友找徐蓓“扯皮”，争得有点“面红耳赤”。一问，原来，徐蓓过去炒股投资实业曾借过这位朋友的钱，徐蓓早就要还他钱，他硬不要，坚持要放在徐蓓那儿给他“钱生钱”。但已经转变投资理念的徐蓓，坚持在今后的投资生涯中奉行“零负债”原则，他说可以合伙共同管理投资，为朋友赚取更大收益，分享财富，但绝不再借钱，因而多次劝他把钱“债转股”学习投资，他死活也不同意。这不，又上门“磨”徐蓓，一个劲地说，“我就信得过你”，弄得徐蓓哭笑不得。

“过去，我是站着借钱，现在是跪着还钱呀！”事隔近8年后的徐蓓感慨地对我说：“今后，打死我，我也不敢再借钱炒股了。借钱炒股，巨大的心理压力，最终必然会把你带向失败的深渊，也希望广大的投资朋友能谨记。

“今后除了帮助创业者投资项目外，在股票市场，还有什么打算？”我问徐蓓。

他回答说：“我们现在打算做自己的私募基金，并希望和全国的民间高手合作，为自己，也为更多的投资者创造更多的价值。”

告别山城，我和徐蓓再次登临重庆北碚的“小峨眉”缙云山：还是那么美的景致，红色的朝霞，绿色的竹海……透过那翻滚的云朵，我仿佛看到了徐蓓8年来谱写新的传奇所留下的足迹。

那是一条艰辛的路，也是一条快乐的旅程。

如今，它正向着前方延伸——

那儿，正是他扬帆的新的航程！

“股市农民”滚雪球

黄志伟

黄志伟从 1.8 万元“滚”到 1000 万元的传奇故事

积累财富就像滚雪球，只做加法不做减法。

2003 年他怀揣 1.8 万元踏入股市，10 年间，他自谦“股市农民”，在中国证券这片土壤上默默地辛勤耕耘，用“滚雪球”的方法，将自己的资金“滚”到了 1000 万元。这里揭示的正是他 10 年间如何将雪球滚大的秘密。

黄志伟

生于 1977 年 5 月 12 日

湖北武汉人

大学本科学历　管理学学士　会计师

网　名

股市农民

入市时间

2003 年 10 月

投资风格

控制风险为第一，

用投资的眼光去投机。

投资格言

专心，专注，专业，

一辈子只做好投资这一件事！

引　子

2011 年 2 月 11 日。这是我到达江城采访的头一天。

上午，天还好好的。没想到，午后，纷纷扬扬的鹅毛大雪突然从天而降。

不一会儿工夫，美丽的江城银装素裹，分外妖娆。

透过窗子，我看到外面有两个小孩在风雪中正掷着雪球嘻戏“打雪仗”，还有几个孩童将滚动的雪球堆成一个“雪人”，并为她燃起节日的鞭炮。

室内，伴着那漫天飘舞着的雪花，我正在聆听着谦称自己为

“股市农民”的年轻职业投资人黄志伟讲述他在股海中“滚雪球”的故事。

“哇，你真不简单，就靠区区1.8万元在股市中滚雪球打拼到今天，7年增长了200倍，了不得啊！”在电脑上，翻看着他打开的历史交易记录，亲验着那一页页浸染着他那艰辛与欢乐的交割单，我夸赞着面前的小黄，“可我不明白，有这么好的业绩，为什么还调侃自己是股市农民呢？”，我望着眼前这位34岁的职业投资人，不无疑惑地问他。

“白老师，我这不是调侃。之所以我把自己称之为股市农民，一是因为这些年太辛苦，在股市里赚每一分钱，都像农民种田耕耘一样辛苦；二是我的这点财富，和股票市场众多的大腕们相比，那真还算是个‘穷人’呐！”黄志伟坦诚地回答说。

的确，他没有说错。

当初，有谁能想到，他仅以1.8万元的微小的起始资金在充满险恶的股市征途上，艰难前行，硬是靠着自己的智慧、毅力和辛劳的汗水，打拼到了500万元的市值，短短几年时间，资本增值率竟高达20 000%！

在风雪迷茫的股市沙场上，黄志伟是怎么做到“小钱致富”的呢？

他制胜的秘密又在哪里呢？

朋友，你一定和我一样，渴望知道。

你看，那片片飘落的雪花，正在涓涓地诉说着面前这位“股市农民”入市多年来的风雪历程——

渴望财富

父亲背回了一年的辛苦。那只装满钱的蛇皮袋,一直在他眼前晃动。家境由富变穷,他对财富产生了一种不安全感。

1977年5月12日,黄志伟出生在武汉一个普通殷实的家庭。父亲在粮食部门工作,母亲在茶厂当厂长,都是科级干部。在同龄人中,他家境还算得上比较"优越"。

至今,他都清楚地记得:那年,父亲承包了粮食局下面的一个门市部,"生意"特别火,辛苦一年下来,挣了不少钱。

"有一天,我爸拿回的钱,装满了整整一蛇皮袋,大概得有10多万元吧,在1989年,那可是个天文数字。"黄志伟说:"那会儿我爸不懂去投资,不久随着父母单位不景气,家境每况愈下,由一个很富裕的家庭到我和妹妹上大学学费都紧张得要借钱的地步,这一方面使我特别渴望财富,另一方面让我对财富有一种不安全感。即使有很多钱,不去'滚雪球',钱也会很快消失。"

打那以后多年,那个装满钱的蛇皮袋,就一直在黄志伟的眼前晃动着……渴望财富的愿望,在他心中强烈萌动着。

1996年他以优秀的成绩高中毕业,考入了湖北大学会计专业。他决意从学会计起步,手执金融这把"金钥匙",去撬开人生的财富大门。

大学生当“货郎”丢份？他学偶像李嘉诚，走街串巷去卖货，靠自己“苦”到了第一个1 000元。

“人生的路很漫长，财富的积累也是一件很漫长很艰难的事，要靠自己去努力，一点点用汗水去苦。就像巴菲特说的那样：人生就像滚雪球，最重要的是要找到很湿的雪和很长的坡。”黄志伟对记者说。

也许，受家庭影响的缘故，黄志伟比同龄的大学同学，商业意识更强烈些。上大学4年，他一边学习，竟一边做起“生意”。

那是他上大二的时候。一家企业来校招聘业余兼职销售员。同学们抹不开“面子”，躲得远远的，可黄志伟不怕，第一个报名去当“货郎”。

他把笔记本等文化用品从厂里批发出来，拿到学校和一些单位去卖，赚得一点点的辛苦费和跑路费。不光如此，他还兼做另一家日用品公司的营销员，利用星期天和平时的业余时间，走街串巷，送货上门。

有人笑话他，有人不理解他：“是不是这阿仔家里穷的没饭吃了？”

“靠自己的汗水挣钱不丢人！”黄志伟笑答：“当年李嘉诚不是从卖塑料花做大的吗？巴菲特不是在13岁靠送报纸赚取了自己的第一个1 000美元吗？”

上大学的4年间，就这样，黄志伟利用业余时间一点点地挣“苦钱”，这段经历，让他懂得了，财富的拥有，要靠日积月累，而且还要学会“滚雪球”。

追梦股海

世界投资大师的财富神话让他着迷，但学了一肚子投资知识的他，却一直被证券公司拒之门外。

黄志伟很爱看名人传记。在大学里，一有空，他就到图书馆里，阅读和研究大量投资大师们的成功之路。尤其是世界著名的证券投资大师巴菲特和彼得·林奇创造财富的神话，一直震撼着他的心。

他憧憬着未来，想成为巴菲特和彼得·林奇那样成功的人，拥有很多的财富。

梦想，是激励成长的动力。他立志要在未来的股票市场上做一番大事业。

大三时，他就选修了证券投资课。老师是一个战绩赫赫有名的实战家，引导着他们一步步向着梦想启航。让他们从手工填单，模拟操作，到分析每天大势行情，独立做出判断。为此，他每天都认真地阅读三大证券报，听股评人士分析。

当时，投资理论知识装了一肚子的黄志伟，是那么想在实盘中一展身手。可是，他没有钱去炒股票。他见同班一个学友把几个同学的学费合在一块去买股票，就常和他一起切磋交流。他有一个亲戚在南方证券大户室，他有空就泡在那，那闪烁跳动着红绿数字的盘面，让他魂牵梦绕，久久不肯离去。

2000 年，他大学毕业。找工作，他哪也不想去，怀揣着梦想，抱着厚厚一摞自己写的“股评”，到一家证券公司去应聘证券分析师的岗位，但他立马吃了闭门羹，原因是他没有从业经验。他不泄气，找了一家又一家，但都没有一家证券公司愿意要他，理由都一样。

他只有暂时“放弃”自己的理想，回到生活的现实中，为了糊口，他进了一家电脑公司，后来又给一家公司的老板当秘书，尽管一天下来很累，但他仍放不下心中的梦想，晚上，他跑到网吧，看大盘和股票走势的 K 线图，一看就是大半夜。

一晃 3 年过去了，他终于攒下了 13 000 元，加上女朋友支援他的5 000元，一共 18 000 元，他要用这笔来之不易的辛苦费，叩响股票市场的财富大门。

实战纪实一：从 1.8 万元到 500 万元的实战记录

及时“逃命”，保住“第一桶金”

他用教科书上的“投资组合法”打响第一个战役。下跌时，他懂得及时“逃命”，保住了自己的“第一桶金”。

大学毕业后因没有钱入市，让黄志伟错过了2000年的一波炒科技网络股的大牛行情。而当他在2003年9月揣着18 000元到证券公司正式开户时，大市已处在熊气漫漫之中。

他兴致勃勃，大盘却一片冰冷。

此刻，大盘从2003年4月的1 600多点的高点，跌到了1 300点左右。黄志伟开户后并没有马上买股票。

到了2003年10月，大盘在一段下跌之后有一段时间的横盘震荡。他瞅准机会，认为大盘基本调整到位，开始“下手”。

毕竟是受过专业教育的，黄志伟一开始就按着从教科书上学到的投资组合下单。虽然他只有18 000元，但他没有把“鸡蛋”放进一个篮子里。他买进了4只股票：中信证券(600030)、福星科技(000926，现更名福星股份)、皖维高新(600063)、南京医药(600713)。这4只股有2只是科技股，1只是他喜欢的医药股，还有1只中信证券是只股性活跃的股票。每只股票他各买了500股。

像中国股市千万投资者一样，黄志伟一开始也经历了许多新股民所经历过的一切。

他买进后就赚钱。但大盘在震荡之后，却选择了向下，在他入市后的第二个月，即2003年11月，创出了1 307点的新低。股票市场哀鸿一片。

但，“黑暗”很快过去，大盘从1 307点起，在熊市中展开了一波强劲的反弹，一直反弹到2004年4月的1 783点。就在这期间，黄志伟收获了他的第一桶金。

那天，他正出门下楼，女友从窗口探出头来，冲着他激动地大喊:“黄志伟,你的中信证券涨停了!”“真的?”黄志伟兴奋极了,上班路上,他一直哼着快乐的小曲。

晚上回来,他打开账户,4 只股票共盈利 9 000 元!

但没几天,大盘又开始了下跌。黄志伟的盈利也在一天天缩水,从盈利 9 000 元,到 8 000 元、7 500 元……见此,黄志伟没有再犹豫,他迅速地作出抉择:把盈利留住!

他没有再贪婪,而是果断地下单卖出手中所有股票,终于保住了自己在证券市场上淘到的 7 000 多元的这一桶金。

第一次受挫

在布满荆棘的股票市场,他落入庄家布设的“红色陷阱”,第一次受到重挫,尝到了亏钱的苦涩。

股海恶浪滔天,行船不会一帆风顺。

黄志伟在获得自己的第一桶金不久,踌躇满志,他把猎击的新目标,瞄向了正横刀立马,破“平台”拔地而起的中科三环(000970)。

这只股从 2003 年的 6 月份,一直横盘了整整半年,突然放量飙升,意味着什么?谁都清楚:横有多长,涨有多高!

盘面表现果真如此。中科三环的涨势,吸引了众多投资者的眼球。它从 2003 年 12 月 29 日的 13.98 元开盘后起动,经历了短短 17 个交易日,就飙升至 19.23 元,涨幅达 39.4%!

成熟的黄志伟没有去追高,而是等待更好的介入时机。

很快,中科三环在急促拉升后在高位仅仅待了短短的 5 天时间就开始回落。2004 年 2 月 10 日起，该股开始天天跳空，放量猛烈狂泻，仅 4 天功夫，股价就跌回到上升启动的原点，回调率达到了 100%。而与以往股票下跌所不同的是，该股下跌不是采取吓人的“阴棒”，而天天呈现给人们的是，让人看了喜滋滋的红彤彤的阳 K 线。

黄志伟当时毕竟还算是个新股民，他那时还不知这是庄家布下的“红色陷阱”，是典型的“阳线出货”法。

他没有逃出主力的诱骗行为，当他看到该股在技术上已达到 100%的回调且连续放量，他认为调整已很充分，是介入的好时机，于是便在 2004 年 2 月 13 日，以 14 元的价位买了 500 股中科三环。

哪想到，买进后中科三环的股价只涨了几毛钱，就开始了绵绵下跌之路。亏钱的痛苦，天天伴随着他。

很快，他的资金就损失了 15%。入市以来，他第一次尝到了赔钱的苦涩。

怎么办？困惑中的黄志伟夜不能寐。他想要“营救”被套牢的中科三环。他采用了大众都曾犯过的错误做法：卖掉账户上盈利的股票，对中科三环进行“补仓”。

中科三环还在无情地下跌，从 14 元跌到 13 元，他补，跌到 11 元，他又补，当跌到 9 元时，他已弹尽粮绝。在“绝望”中，他又新增资金 5 万元，全力进行“增资援助”。但中科三环并没有止步，股价向下又砸到了 8 元多。他再也无力还手，动弹不得。只有在凄风苦雨中煎熬着。

侥幸的是，在 2004 年 9 月 14 日国务院召开会议落实“国九条”，引发大盘井喷，他才得以解套并盈利 15%后出局（见图 1）。

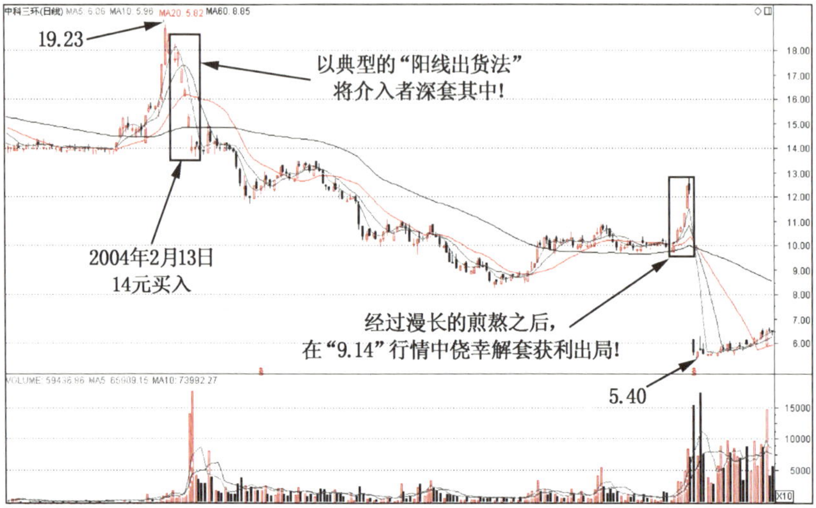

图 1　中科三环(000970)“红色陷阱”

如今 8 年过去了，面对记者的采访，他对自己在中科三环上的操作教训仍耿耿于怀——

受挫的启示　经历了从被套亏损到扭亏为盈，特别是经历了当把能补仓的资金都补完时的特别被动局面后，黄志伟总结道：

小亏就要认错出局，不要让亏损扩大，更不要补仓，越补仓就越被动。留得青山在，不怕没柴烧。对股市而言，留得资金在，不怕没机会。

投机“武钢”，市值达 10 万元

由赚到亏，再到解套获利，黄志伟在中科三环上经历的波折，不仅让他铭记在心，还让他开始转变自己的投资方法——由原来被动的持股获利，逐步转变成主动寻找赚快钱投机的机会。

2005 年 11 月 21 日，是武钢股份(600005)股改复牌后的第一天。武钢股改方案中，赠送了蝶式权证(注:同时发行“认购”和“认沽”权证)。另规定:创新类券商买进武钢正股后，方可创设武钢权证。

面对这一新的制度，黄志伟敏锐地判断:武钢股份的正股可能会因这项新制度的实施而快速上涨，这是投机的好机会。

于是，他果断地以 2.5 元全仓买进武钢股份。果然不出所料，武钢股份其后 4 个交易日逆市上涨，几乎每天都排在涨幅榜的第一板。

7 个交易日后，黄志伟在 2.8 元左右卖出了快速获利的武钢股份，短短一周获利 12%，此时他的市值达到 10 万元。

✲ 操盘感悟

面对一项新制度，能先知先觉地体会到给市场带来的机会，及时把握先机，才能抓住赚钱的机会。

投资热点板块，资金翻倍，市值达 20 万元

2005 年底，黄志伟在成功操作了武钢之后，操作了其他一些股票，账户小赚小亏，没有大的起色。直到 2006 年初，他发现期货市场有色金属的价格持续上涨，他预感到可能会带动有色金属的股票飙涨，他把赚钱的目光投向了这一板块。

他忘不了，那一年是中国股票市场资源股的天下，伴随有色金属价格的快速上涨，有色金属股一马当先，很快成为市场中最绚丽夺目的一道“风景线”。

2006年1月12日，黄志伟以3.20元的价位买入3万股的焦作万方(000612)。他买入后，该股快速走高，很快脱离成本。此刻，他看着账面的盈利不断增长，总想落袋，但他提醒自己：投资大师不是说，“做正确了，要让利润奔跑，要止损不止盈”吗？几次想卖出，都还是忍住了。直到三个多月以后的4月20日，看到账户的资产增长了1倍，他才在6.5元附近抛出(见图2)。此时，他的市值很快达到了20万元。

图2　焦作万方(000612)走势图

事后，当他回想这一案例时说，焦作万方在2007年的大牛市中股价最高涨到了67.98元。当初自己为了兑现一倍的盈利，而错过了以后10倍的盈利，想想，起先是很成功的，但从后面该股的涨幅看，操作还是很遗憾的。而在2008年的熊市中，这只股从最高点又跌回到了6元以下。如果一直捂在手里，不光盈利会丧失殆尽，还会遭到更加重大的损失。

✲ 操盘感悟

投资热点，是在股市赚钱最重要的手段。只有跟上市场热点的节拍，才能在最短的时间里，乘坐"热点快车"获取最大的利润。

买了S武石油，发起股市版"秋菊打官司"

就在黄志伟的投资一路顺风时，在2007年初，发生了一起被媒体称为股市版"秋菊打官司"的股民维权事件。

这一事件的发起人，正是黄志伟。

那是2006年12日5日，S武石油停牌股改。其后，它公布的股改方案引来了媒体和股东的强烈质疑：涉嫌贱卖国有资产，侵害公众流通股东利益。

当时，黄志伟的妻子的账户正好持有3 000股武汉石油。在许多素不相识的流通股东的强烈要求和支持下，黄志伟以妻子的名义，对S武石油提起法律诉讼，请求人民法院撤销S武石油关于出售整体资产的决议。

小小股民，焉能与有实力的大公司抗衡？但黄志伟身负万千中小投资的嘱托，挺身而出。

这一事件被媒体称为股市版"秋菊打官司"。《法制日报》评价为"蚂蚁与大象的抗争"，三大证券报等全国十多家媒体连续跟踪报道。当时，这一事件受到了社会广泛的关注，以致引起了监管层的重视，迫使上市公司两次修改股改方案，提高股改对价，提高整体资产出售价格。

这场轰动一时的“秋菊打官司”，前后历经了三个年头，如今虽然结束了，但黄志伟代表广大投资者那种维护公众小股东的权益，促进上市公司治理的正义精神，却永久地留在众多投资者的心里。

潜伏S山东铝业，攫取“制度性红利”，市值达70万元

2006年11月20日，黄志伟买进9 000股山东铝业（已被中国铝业换股后退市），12月4日进行股改停牌。锁定资金约15万元，可用资金6万元。此时总市值30万元。

随后，在2007年1月至5月，股市行情十分火爆，尤其是市场上的题材股和低价股涨幅巨大。黄志伟不失时机抓住这一战机，将账户的资金再拉大阳。

这是黄志伟资金再次翻番的重要一役。

“据说这只股第一次股改失败，你为何还要买进它？”采访中记者问黄志伟。

“我看重的，正是当时它第一次股改方案失败的机会。”他回答说：“就在山东铝业公布股改方案失败之后，市场传闻中国铝业将借壳山东铝业回归A股市场。我想，这是多好的机会呀，这必然会产生一种‘制度性红利’。于是，我便决定潜伏其中，守株待兔，以期获得超额收益。”

之后，山东铝业于2006年12月4日进行股改停牌。复牌后，连续3个涨停板。随之，进入停牌股改换股程序。黄志伟一直坚定持有。

停牌了近4个月，直到2007年4月30日，由山东铝业、兰州铝业换股后的中国铝业上市，上市首日涨幅较停牌前超过100%。5

月 11 日，黄志伟全部卖出中国铝业，解冻资金 40 万元。此时他的总市值达到 70 万元（见下面交割单）。

成交日期	证券代码	证券名称	操作	成交数量	成交编号	成交均价	成交金额	交易市场
20070427	601600	N中铝	红股入帐	21600	389	6.6	0	上海A股

成交日期	证券代码	证券名称	操作	成交数量	成交编号	成交均价	成交金额	交易市场
20070511	601600	中国铝业	证券卖出	-7800	8037515	20.01	156078	上海A股
20070511	601600	中国铝业	证券卖出	-10000	8059454	20.01	200100	上海A股
20070511	601600	中国铝业	证券卖出	-5000	8386544	20.1	100500	上海A股

猎击低价股，市值达 30 万元后不断拉阳

2007 年 3 月 27 日，他以 4.9 元买进 * ST 罗顿（600209）7 000 股，4 月 13 日，以 5.29 元的价位继续加仓买入 12 000 股。4 月 16 日，以 5.26 元再次买入 11 000 万股。5 月 8 日后，* ST 罗顿这只低价股似脱缰的野马，奋蹄狂奔，连续涨停。就在它疯狂飙升之际，黄志伟在 5 月 24 日，于 10.5 元附近卖出手中全部筹码，狠赚了一笔，盈利超 15 万元（见图 3）。

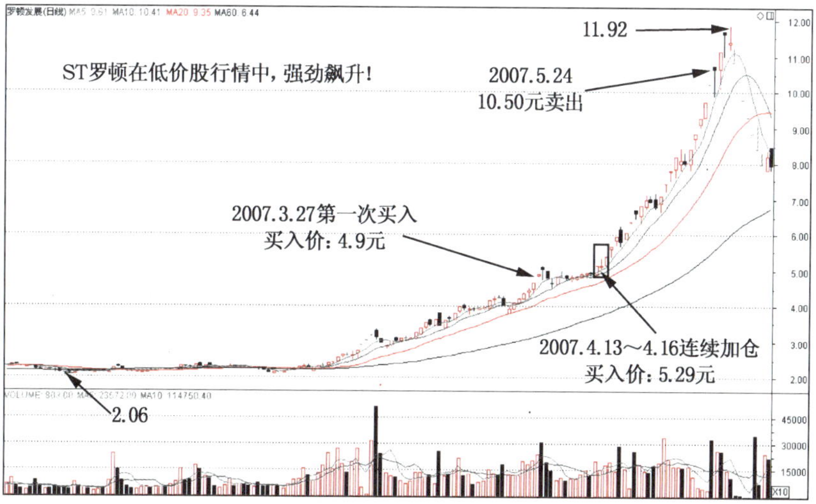

图 3　ST 罗顿（600209）走势图

✲ 操盘感悟

在 2006 年至 2007 年中，股改所带来的**制度性红利**机会很多，只要善于分析和把握这种机会，就能获取短期暴利。

遭遇“5・30”暴跌，开盘半小时清仓，市值 98 万元

在题材股和低价股上涨了近半年时间后，为了抑制市场的狂热的炒作气氛，监管部门在 2007 年 5 月 29 日深夜出台了将印花税由 1‰上调至 3‰。

受此影响，5 月 30 日上午 9 点 30 分，大盘大幅低开，黄志伟见此，趁行情走势瞬间向上反抽之际，开盘半小时内，迅速果断清仓，避免了此后连续跌停造成的重大损失。此时，他账户的资金为 98 万元(见下面的交割单)。

成交日期	证券代码	证券名称	操作	成交数量	成交编号	成交均价	成交金额	交易市场
20070530	600755	厦门国贸	证券卖出	-4000	1031270	24.2	96800	上海A股
20070530	600062	双鹤药业	证券卖出	-6120	2044620	18.401	112617	上海A股
20070530	600682	S宁新百	证券卖出	-2200	2124142	25.18	55396	上海A股
20070530	600062	双鹤药业	证券卖出	-10000	2174457	18.38	183800	上海A股
20070530	600682	S宁新百	证券卖出	-2000	2673410	25.01	50020	上海A股
20070530	554	泰山石油	证券卖出	-15000	3356242	11.77	176550	深圳A股
20070530	554	泰山石油	证券卖出	-5000	3991003	11.82	59100	深圳A股
20070530	554	泰山石油	证券卖出	-5000	4036066	11.81	59050	深圳A股
20070530	999	S 三 九	证券卖出	-5000	4074387	19.64	98200	深圳A股
20070530	999	S 三 九	证券卖出	-5000	4486484	19.5	97500	深圳A股

✲ 操盘感悟

当重大政策出台，可能导致系统风险之时，回避风险一定要放在首位，绝不可有丝毫心存幻想的侥幸心理。一旦感到不安全做出卖出决定的时候，就要果断执行。正如华尔街著名的投资定律所言：**“当船开始下沉时，不要祷告，应该赶快脱身。”**

"5・30"暴跌后5个跌停板上抄底兰生股份，市值120万元

"5・30"的杀伤是惨烈的，在牛市中这种短期凶狠的暴跌，也是前所未有的。

在暴跌中，有不少个股出现三个跌停板时，黄志伟开始小仓位试探性抄底。但第二天，当他发现大盘和个股还在继续下跌中，便及时止损出局。

直到6月5日，盘中有不少个股出现了第五个跌停，他感到暴跌之后"捡皮夹子"的好机会来了。

他选择了主力被套其中没有及时出逃的兰生股份(600826)出击。分批在跌停价15.45元至16.07元之间全仓买入。当天该股由跌停至收盘上涨2.8%。他账户的浮赢超过10万元。随后市场连续几天反弹，他分批卖出手中筹码，几个交易日获利超过20%(参见交割单)。至6月15日，他的市值达120万元(见图4)。

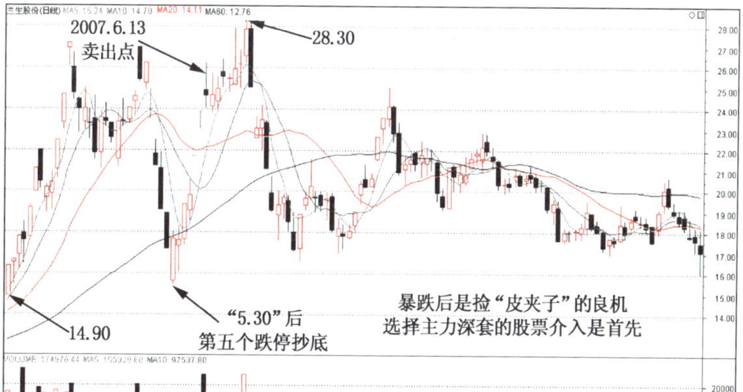

图4　兰生股份(600826)走势图

成交日期	证券代码	证券名称	操作	成交数量	成交编号	成交均价	成交金额	交易市场
20070605	600826	兰生股份	证券买入	5000	6313926	15.95	79750	上海A股
20070605	600826	兰生股份	证券买入	5000	5160250	15.44	77200	上海A股
20070605	600826	兰生股份	证券买入	15000	1825252	16	240000	上海A股
20070605	600826	兰生股份	证券买入	10000	2780461	15.48	154800	上海A股
20070605	600826	兰生股份	证券买入	4000	6769521	16.07	64280	上海A股
20070605	600826	兰生股份	证券买入	3700	2353294	15.46	57202	上海A股
20070605	600826	兰生股份	证券买入	5000	1437081	16.02	80100	上海A股
20070605	600826	兰生股份	证券买入	1300	1811881	15.96	20748	上海A股
20070605	600826	兰生股份	证券买入	10000	5229434	15.45	154500	上海A股

成交日期	证券代码	证券名称	操作	成交数量	成交编号	成交均价	成交金额	交易市场
20070608	600826	兰生股份	证券卖出	-12000	2234407	19.93	239160	上海A股
20070608	600826	兰生股份	证券卖出	-8000	917861	19.29	154320	上海A股
20070613	600826	兰生股份	证券卖出	-9000	4848581	24.81	223290	上海A股
20070613	600826	兰生股份	证券卖出	-20000	4289606	25.15	503000	上海A股
20070613	600826	兰生股份	证券卖出	-10000	4323099	25.007	250066	上海A股

当时，他好激动。至今，谈起这段经历，他仍兴奋地溢于言表。

2007 年“5 · 30”的暴跌，留给万千投资者的是痛苦的记忆，但留给黄志伟的却是励志的一座里程碑。那时，他刚过完 30 岁生日，正是男儿的而立之年，他在股市中赚到了人生中的第一个 100 万元，实现了成为百万富翁的梦想。

✲ 操盘感悟

机会往往在暴跌后，及时逃过“5 · 30”的大跌，才能在超跌后抢反弹。如果不能在第一时间“逃命”，便不会有之后的盈利。而暴跌之后，在对大盘有着明确把握的情况下，选择主力资金被套自救的品种出击是盈利的首选。

反复赚取南京高科的“银子”，市值达 150 万元

2007 年下半年，市场走出一波大盘蓝筹股的行情，上证指数从 7 月份的 3 800 点涨到 10 月份的 6 124 点。11 月底，中石油上市

后，大盘开始逐级回落。12 月底，上证指数收在 5 261 点。

这段时间里，黄志伟主要围绕南京高科这只股票短线反复做波段。南京高科质地优秀且拥有大量上市公司股权，是当时的一只热门股。

记者查看黄志伟的历史交易单，发现他轮番操作南京高科这只股真是数不清有多少回，一直到 2008 年，他都还在反复操作它。他说，“南京高科真是 A 股市场的一座‘金矿’，我的资产中，有不少是它送给我的银子呢！”

那段时间，黄志伟除了频繁操作南京高科外，还操作过同类型的股票如像雅戈尔、吉林敖东等。另外，他还操作了一些像中石化类的大盘股以及尚未股改的 S 股。这样，他的账户市值在 2007 年的 12 月底达到了 150 万元(其间取出 20 万元付购房首付款)。

✼ 操盘感悟

选择股性活跃的个股，把握节奏，反复**高抛低吸**波段操作，远比一直持股获取的利润更大。

珍惜熊市里的“两把火”，资产不跌反赚

黄志伟入市后经历了两波大熊市。但当众多投资者在熊市中经历痛苦地炼狱煎熬时，他却能快乐地赚钱，尤其是在惨烈的 2008 年的大熊市中，他竟还有 50％的收益。若不是遭遇大同煤业意外的三个跌停，收益会更可观。

他熊市赚钱的秘诀就是“两快”：一是止损快；二是机会来了动手要快。

人们都记得，2008 年 2 月以前，大牛市里，让很多投资者赚到了不少钱。可是面对大盘从最高的 6 124 点跌到 1 664 点的大熊市，最大跌幅达 72.8%，不少人又把赚到的钱还回市场。那么，黄志伟在熊市里又是如何操作的呢?

他打开电脑上股市的 K 线图，回忆说，当时也没有想到会有这么大的跌幅。开始时，一路做超跌反弹。效果不是很理想，赔多赚少，从 2008 年的 2 月份到 4 月 22 日前，账户也跟着大盘的下跌在缩水，由最高的 160 万元，跌到 130 万元附近。后来，就常轻仓或空仓，并严格执行止损纪律，等待有好的机会来临时介入。

2008 年 4 月 22 日，大盘第一次跌破 3 000 点，在 4 月 23 日，市场大涨 4.15%，黄志伟似乎感觉到可能会有什么利好出台，当天追涨跟进。果然第二天，政府出台降印花税由 3‰降为 1‰的救市举措。当天市场大涨 9%点多。他的账户短期获利超过 15%。5 月 12 日，汶川大地震爆发后清仓。

2008 年 9 月 18 日，在大盘跌破 2 000 点后，熊市中又燃起了第二把“火”，政府出台印花税单边征收的救市政策，股市又一次迎来“井喷”行情。黄志伟在 9 月 18 日有一些仓位，在 9 月 19 日开盘即追高加仓买入。当天指数上涨了 9.45%，9 月 20 日指数又涨了 7.77%，短期获利超过 10%。

最大的一次挫折，惨遭三个跌停板。

2008 年 7 月 14 日，大同煤业(601001)重组停牌，怀着对其美好的重组预期，黄志伟用 80 万元资金买入了大同煤业。孰料，该股停牌1个月后于8月11日复牌，由于重组注入资产不及预期和同期指数大幅下跌的原因，大同煤业无量跌停，在第三个跌停打开时，面对这一只股上亏损近30%的局面，黄志伟还是选择了在跌停价17.33元附近止损卖出（见图5）。

成交日期	证券代码	证券名称	操作	成交数量	成交编号	成交均价	成交金额	交易市场
20080813	601001	大同煤业	证券卖出	-15000	170784	17.34	260100	上海A股
20080813	601001	大同煤业	证券卖出	-10000	191377	17.33	173300	上海A股
20080813	601001	大同煤业	证券卖出	-10000	223101	17.33	173300	上海A股

图5　大同煤业(601001)走势图

✲ 操盘感悟

面对惨烈的熊市，最好的策略是空仓休息。如果不慎被套其中，要考虑自己的承受能力，及时严格止损。**保住本金安全是上策。**

1 664点附近抄底煤炭股，资金重新开始快速增长

2008年10月下旬，一波更加凶猛的剧烈下跌，上证指数跌到

了 1 800 点附近，整个市场人气低迷。而此时，美国次贷危机正愈演愈烈。不少看空的人认为大盘要跌到 1 000 点。在中国政府4 万亿元的投资出台的背景下，市场跌到 1 700 附近已经跌不动了，开始大幅反弹。

2008 年 11 月 7 日，大同煤业跌到 11 元以下，黄志伟分析股价已经接近净资产，市盈率不到 6 倍，被严重低估，他决定把先前在 17.33 元止损的大同煤业再重新买回来。他在 10.87 元至 11.00 元连续买进大同煤业。同时将剩下的资金全仓买进了煤炭股平煤股份(601666)。11 月 10 日大盘开始报复性反弹，当天指数上涨了 7.27%。黄志伟买进的两只煤炭股都涨停了，接下来几天连续上涨。看到短期账户盈利超过 20%，黄志伟预计市场会短期获利回吐。于是，他在大同煤业涨到 13.6 元附近短线卖出。曾在大同煤业上遭受 3 个跌停板亏了 20 多万元的损失，在几个交易日内就基本挽回来，市值很快从原来的 130 万元恢复到最高时的 160 万元(见图 6)。

✲ 操盘感悟

在雪灾最严重之时，正是滚雪球的好时机。**在熊市最恐惧的时候却是买入良机。**在投资的路上，切莫倒在黎明前。

操作“广发三杰”和浙江医药，12 月底市值达 200 万元

广发证券的三大股东：辽宁成大、吉林敖东和中山公用，被市场称为“广发三杰”，其股性特别活跃。2008 年末因广发证券借壳上市一直迟迟未有进展。在广发证券上市没有公开之前，黄志伟选择

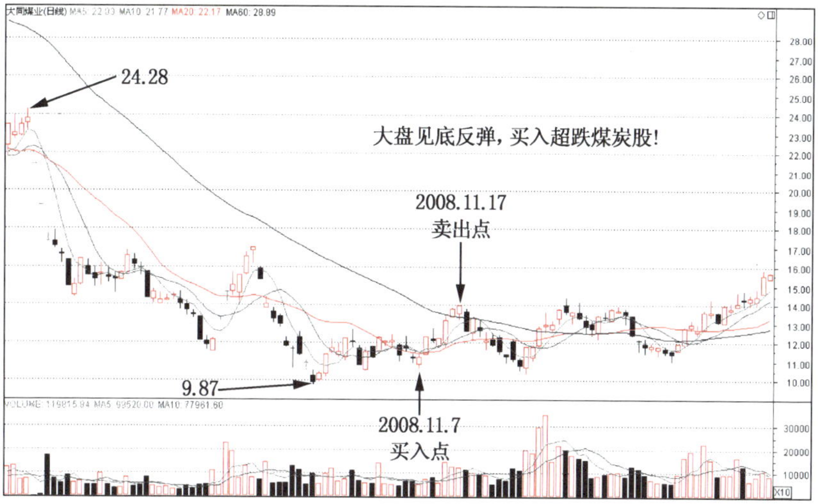

图6 大同煤业(601001)走势图

在"广发三杰"反复操作。他预期着一旦广发证券上市被批准，必然会引发"广发三杰"短期大幅飙升。"买预期，卖现实，选择消息还没有见光时买入，会有超额利润的机会。"

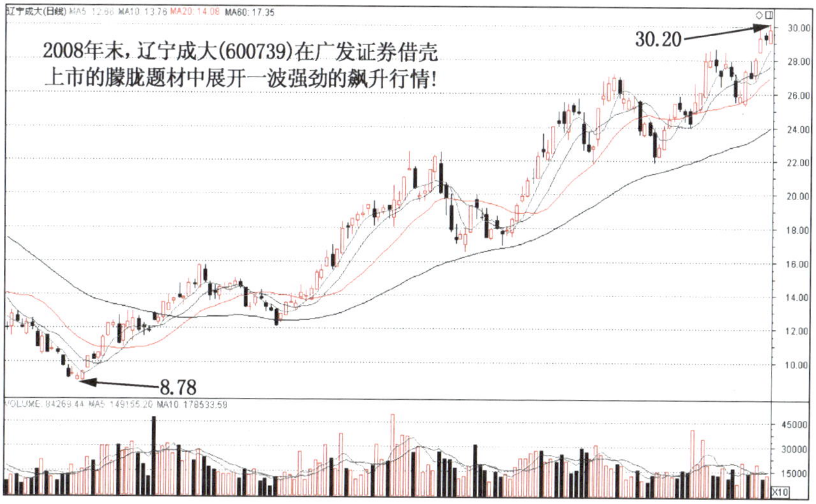

图7 辽宁成大(600739)走势图

在炒作“广发三杰”之际，他又发现浙江医药有资金吸筹，在连续整理5天时间时，技术图像上显现很可能会启动。2008年12月1日，黄志伟分批在12.47元附近买进浙江医药70 000股。第二天股价开始爆发，连续大幅拉起，短期快速获利。在其后几天，他分批在15.8元至16.00元之间卖出（见图8及交割单）。

图8　浙江医药(600216)走势图

成交日期	证券代码	证券名称	操作	成交数量	成交编号	成交均价	成交金额	交易市场
20081208	600216	浙江医药	证券卖出	-25000	1306063	16.18	404500	上海A股
20081208	600216	浙江医药	证券卖出	-23800	1310609	16.11	383418	上海A股
20081208	600216	浙江医药	证券卖出	-10000	7473425	15.78	157800	上海A股
20081208	600216	浙江医药	证券卖出	-10000	7705971	15.81	158100	上海A股

经过在广发系和浙江医药上的两次成功操作后，此时，黄志伟的账户资金达到200万元。

✲ 操盘感悟

股市炒的是预期，炒的是朦胧。市场的大机会总是留给**先知先觉**的人。炒作预计加上技术综合分析，是获利的两把“利剑”。

操作新能源概念股，市值达 280 万元

2009 年是市场大涨的一年。市场赚钱的机会很多。年初，新能源概念股是市场的大热点。

年初，黄志伟刚参加了所在的兴业证券的大客户答谢会。在交流会上，一名私募实战高手和大家交流 2009 年的市场机会，并讲了他赴宜昌调研南玻 A 的多晶硅项目进展的实况。讲者无心，听者有意。晚上，黄志伟回来打开电脑分析其走势，并结合所听到的南玻 A 新能源项目的情况，综合判断后认为南玻 A 会有一波行情，第二天即 1 月 14 日，开始在 9.39 元的价位分批买进。其后，该股果然走出一波大涨行情。此后，围绕着新能源概念股，黄志伟还操作了风电的长城电工（600192）、太阳能的拓日新能（002218）、新能源电池的风帆股份（600482）和杉杉股份（600884）等。到 6 月初市值达到了 280 万元（见图 9）。

✼ 操盘感悟

市场的传闻和消息很多，要经过筛选分析研究后做出研判。必要时还可实地验证考察，这样，出击获胜的把握才会更大。

与“大笨象”一同起舞，在银行股上获利丰厚

2009 年 6 月份后，市场上的题材概念股都已被炒得很高，热度开始逐渐冷却，很难找到比较好的机会。这时，黄志伟把目光投向了人们视为“大笨象”的银行股，而此时银行股才刚刚启动。6 月 3

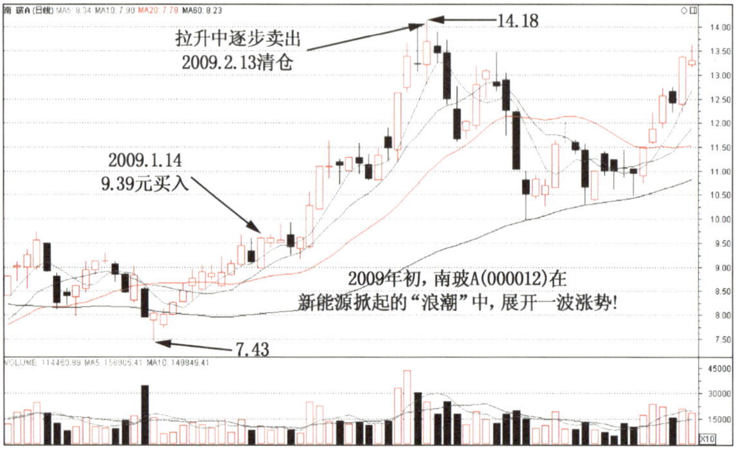

图 9　南玻 A(000012)走势图

日，他开始重仓买进建设银行、交通银行、兴业银行等几只银行股，买进后滚动仓位操作。直到 7 月底卖出全部银行股，正好做了一波银行股的主升行情。与“大笨象”一同起舞一个月，他满仓获利超过 20%，市值达到了 330 万元(见图 10)。

图 10　建设银行(601939)走势图

✲ 操盘感悟

市场的热点总在不断转换中，板块会不断轮动，**“大笨象”也会有起舞的时候**，只要机会抓得好，再笨重的大象也会给你带来收益。

及时逃顶保住战果，账户市值达到了 380 万元

2009 年 7 月 29 日，市场出现了天量大跌，指数跌幅达 5%，很多个股跌停。黄志伟预感到市场有所不妙，之后大盘连续反弹 3 天，指数出现“双头”格局。但随后的 8 月 4 日、5 日、6 日，大盘指数连续收出带有下影线的“阴棒”。8 月 7 日开盘，市场又开始盘跌。事不过三，黄志伟预计大盘不会尾盘再拉起来，即清仓卖出。其后几天，大盘从最高的 3 478 点跌到 2 639 点，最大跌幅高达 24.12%。而黄志伟的市值从最高点缩水不到 4%，有效地保住了大部分利润。

2009 年底，黄志伟的账户市值达到了 380 万元，全年收益 90%（见图 11）。

图 11　2009 年底上证指数走势图

✲ 操盘感悟

牛市里的盈利很容易在快速回调中缩水，**回避市场的大跌和主跌浪**，才能保住牛市的果实。

准确预测股指期货推出后的市场大跌，清仓股票，转战期指

2010 年初，人们普遍很乐观，大多数人认为行情在上半年。可事与愿违，4 月 16 日，股指期货推出。市场迎来大跌，指数从 3 130 点最低跌到2 319点。在这波跌势中，许多投资者在之前获得的盈利，又悉数交回给了市场。

而在股指期货推出前，黄志伟就详细地分析了世界各国的股指期货推出对市场的影响。得出的规律是：股指期货推出前市场上涨，推出后下跌，但是不改变原来的运行趋势。2010 年 4 月 19 日市场大跌，黄志伟再一次清仓，回避风险。

随着股指期货的推出，市场下跌的趋势形成。股指期货上市的第二天，黄志伟的股指期货账户开好了，他开始日内交易，都以做空为主。两年前为了备战期指，他开了商品期货的账户。那时，他用做股票的方法做期货，结果一周亏损超过 60%，幸好当时投入资金不多。而那次交的学费使他在期指上没有重蹈覆辙。他顺下跌趋势逢高做空，并严格控制风险。主跌的那段行情，他小赚 20%。当市场下跌到 2 500 点附近时，他认为市场已没有太多的下跌空间，重新开始做股票（见图 12）。

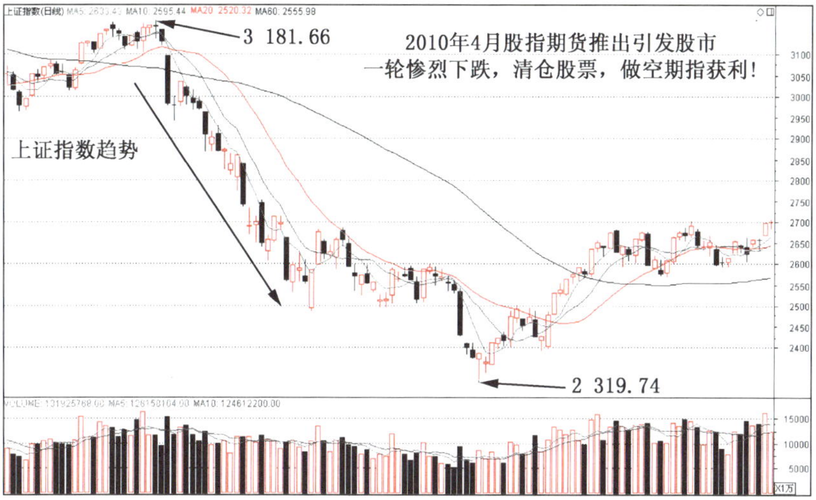

图 12　股指期货推出前后的上证走势图

✲ 操作感悟

上升趋势中只做股票。下跌趋势中空仓股票，单边做空期指，既可以回避同时操作出现的顾此失彼的现象，又可以双边获利。

潜伏稀土磁材概念股横店东磁，市值达 400 万元

2010 年 8 月，黄志伟仔细分析横店东磁(002056)的半年报、业绩预增公告和新投资的晶体硅太阳能电池项目，认为股价会有所表现。于是，他便在 8 月 17 日分批买进，潜伏其中。没过几天，8 月 25 日，横店东磁发布业绩预增公告，开盘即快速封涨停(参见图 13)。黄志伟随即联想到其相关公司太原刚玉(000795)，立即将剩下的仓位追涨买入，直至买到涨停板的价位。随后几天，两只股票均大幅上涨，黄志伟分批卖出，市值超过 400 万元(见图 13)。

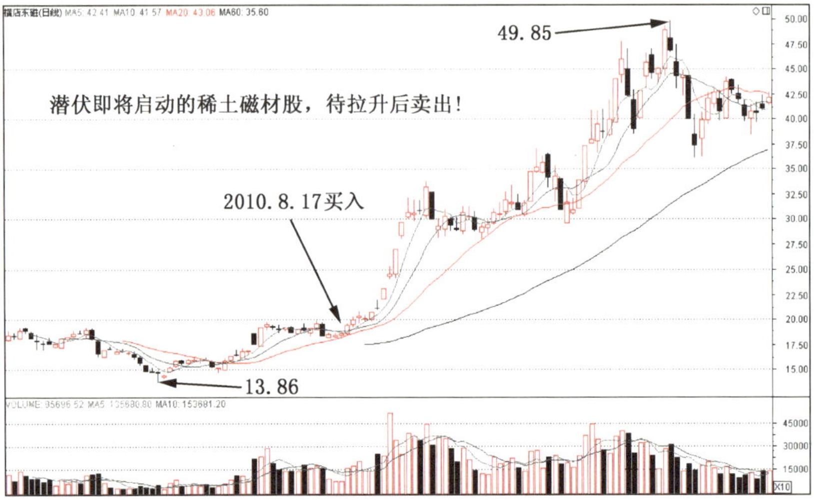

图 13　横店东磁(002056)走势图

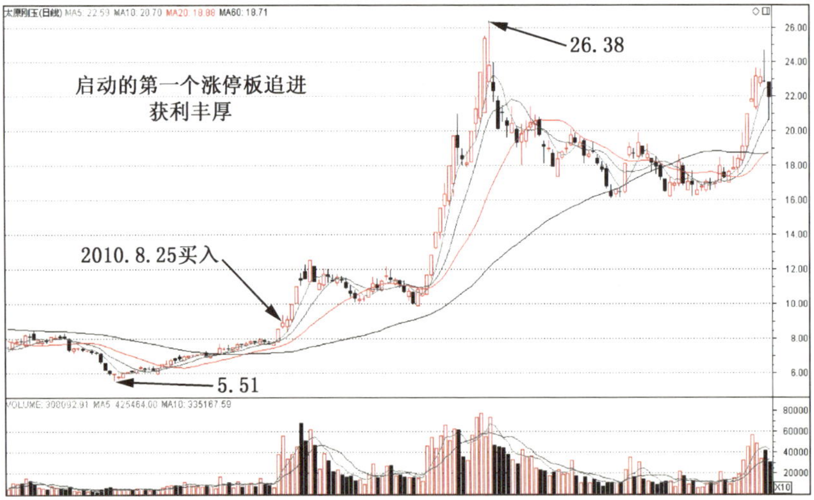

图 14　太原刚玉(000795)走势图

遗憾的是，卖出这两只股票后，稀土概念股又被大资金反复炒作，股价连续拔高，成为 2010 年市场最大热点之一。

✲ 操盘感悟

股价的短期爆发，背后总会存有利好刺激，提前布局，果断出击，方能获取短期暴利。

追涨停风帆股份(600482)，市值 450 万元

2010 年国庆节后，大盘“井喷”。以有色、煤炭为代表的稀缺资源股直线上涨，黄志伟在寻找可以操作的资源股。这时，风帆股份这只有金银矿探矿权的股票进入了他的视线。他分析了风帆股份获得金银矿探矿权时的股价表现和来龙去脉，认为很具有可操作性。当时只要带有色的概念，股价都会飞涨。10 月 13 日，他开始在 15.10 元买进。10 月 14 日该股大幅洗盘。10 月 15 日开盘，他发现风帆股份高开后被大单买进，即再度重仓跟进，直至买到涨停板价，当日该股被巨量封于涨停，全天没被打开。10 月 18 日，风帆股份又无量封涨停。10 月 19 日高开后，黄志伟悉数抛出。几个交易日获利超过 15%，市值达到 450 万元(见图 15)。

图 15　风帆股份(600482)走势图

✲ 操盘感悟

追击股票**启动时的第一、二个涨停板**，是相对安全的赚快钱的好方法。

操作高送配预期的科伦药业，市值达 500 万元

高送配概念股每年的年报前后都会炒作一番。2010 年 10 月 29 日，黄志伟看到科伦药业有启动的迹象，他分析科伦药业每股净资产高达 28.2 元，每股公积金高达 20.4 元，每股未分配利润达 6.46 元，预计该股高送配的概率很大。于是，他当天重仓买进。随后，科伦药业开始启动。11 月 4 日，出现上市以来的第一个涨停板。脱离成本后，黄志伟坚定持有到 12 月中旬，账户市值最高达 500 万元（见图 16）。

图 16　科伦药业(002422)走势图

✲ 操盘感悟

每年高送配的个股涌现不少牛股，选择**高净资产，高未分配利润、高公积金**的“三高”品种出击，就容易抓住飙涨的黑马。

实战纪实二：从 500 万元到 1 000 万元

这里只介绍黄志伟 2011 年至 2013 年资金从 500 万元滚到 1 000万元的股市实战历程，实战记录就不一一赘述了。

2010 年底 市值 500 万元。

2011 年底市值 600 万元，年收益率 20%，同期上证指数跌幅－21%。

2012 年底市值 680 万元，年收益率 15% ，同期上证指数涨幅 3%。

2013 年底市值 1 030 万元，年收益约 51%，同期上证指数跌幅—7%。

2011 年出击次新股正海磁材(300224)，盈利超百万元，市值达 600 万元

2011 年是证券市场整体大跌的一年，黄志伟回顾这一年的操作，对全年的亏损控制和盈利比较满意。全年的操作大多时候是小亏小赚，这是市场大方向下跌时，及时止损止盈的结果，让他抓住机会的是重仓出击次新股正海磁材(300224)，这一次操作让他获利超过 100 万元。

2011 年 7 月 11 日，黄志伟在 26 元附近重仓买入次新股正海磁材(300224)，买入理由是该股技术上突破刚上市时的高点，基本面上业绩情况不错，磁材板块整体走势良好(见图 17)。

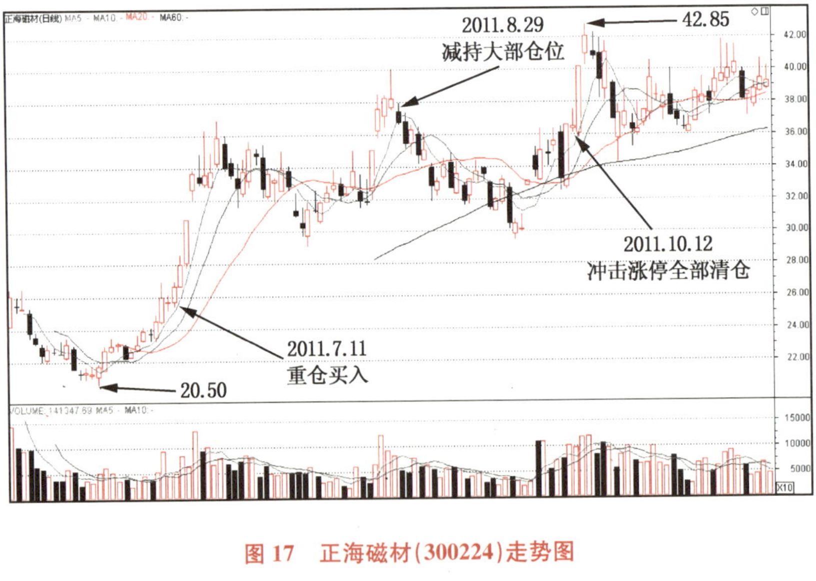

图 17　正海磁材(300224)走势图

附　正海磁材交割单如下：

查询日期 2011- 7-11 至 2011- 7-11 确定

成交日期	证券代码	证券名称	操作	成交数量	成交编号	成交均价	成交金额	股票余额	发生金额
20110711	300224	正海磁材	证券买入	6800	4317604	26.004	176824.000	71500	-176868.210
20110711	300224	正海磁材	证券买入	8000	1172820	26.119	208950.000	29000	-209002.240
20110711	300224	正海磁材	证券买入	900	8947800	26.510	23859.000	80600	-23864.960
20110711	300224	正海磁材	证券买入	1500	8920686	26.482	39723.000	79700	-39732.930
20110711	300224	正海磁材	证券买入	1700	8897736	26.418	44911.000	78200	-44922.230
20110711	300224	正海磁材	证券买入	8300	977404	25.880	214804.000	8300	-214857.700
20110711	300224	正海磁材	证券买入	300	8461363	26.330	7899.000	76500	-7904.000
20110711	300224	正海磁材	证券买入	4900	1087374	25.900	126911.000	13200	-126942.730
20110711	300224	正海磁材	证券买入	500	8433974	26.330	13165.000	76200	-13170.000
20110711	300224	正海磁材	证券买入	7800	1133750	26.108	203641.000	21000	-203691.910
20110711	300224	正海磁材	证券买入	600	8394077	26.310	15786.000	75700	-15791.000
20110711	300224	正海磁材	证券买入	1500	8385447	26.308	39461.790	75100	-39471.660
20110711	300224	正海磁材	证券买入	5000	1184856	26.170	130850.000	34000	-130882.710
20110711	300224	正海磁材	证券买入	8300	1193761	26.213	217572.000	42300	-217626.390
20110711	300224	正海磁材	证券买入	8700	1320538	26.175	227721.000	51000	-227777.930
20110711	300224	正海磁材	证券买入	6900	1387383	26.199	180776.000	57900	-180821.190
20110711	300224	正海磁材	证券买入	6800	1645099	26.333	179066.000	64700	-179110.770
20110711	300224	正海磁材	证券买入	3200	9120761	26.520	84864.000	83800	-84885.220
20110711	300224	正海磁材	证券买入	900	7146507	26.500	23850.000	72400	-23855.960
20110711	300224	正海磁材	证券买入	300	7177676	26.480	7944.000	72700	-7949.000
20110711	300224	正海磁材	证券买入	900	7195271	26.476	23828.000	73600	-23833.960
20110711	600531	豫光金铅	证券卖出	-8500	396729	26.903	228672.000	0	228377.650

8月29日，37元附近，减持大部分仓位，10月12日，36元附近清仓，期间滚动操作。3个月的操作汇总交割单，盈利汇总＝1107733×(32.998－30.042)＝105(万元)。交割单如下：

查询日期 2011- 7-11 至 2011-10-12 确定

证券代码	证券名称	操作	成交数量	成交均价	成交金额	发生金额
300224	正海磁材	证券卖出	-1107733	32.998	36552756.800	36507018.480
300224	正海磁材	证券买入	1107733	32.042	35494284.640	-35503592.450

❋ 操盘感悟

2011年下跌的市场中，尤其是熊市，给我们的启发是短线操作的要诀是**保住本金，止损要快。**亏损的时候基本上是小亏，赚钱的时候能够吃足行情。这样，亏损的时候亏得少，赚钱的时候赚得多，账户很快创新高。**赚钱的时候为保住盈利，进行滚动操作，让账户始终处于盈利状态。**

2012年银行股大涨前全仓潜伏，获利丰厚，市值达680万元

2012年四季度前，A股市场呈现筑底震荡和见底前的最后一跌的走势，这是极具杀伤力的。这一阶段是黄志伟最不在状态的一段时间，可谓做什么，错什么。从2012年9月7日的大阳线开始抄底，连续多次被迫止损出局，大阳线基本上是一阳指，跟进去就亏钱。连续几次失败后，黄志伟都不敢动手操作了，而此时正是市场最黑暗的时候。他的账户亏损也超过了10%，黄志伟的操作谨慎了，不敢轻举妄动了，11月份他保持着空仓的状态，在观察和寻找战机。

他注意到证监会主席郭树清多次在不同场合上强调银行股的投资价值。当时还流传着这么一个故事：著名的华夏基金经理王亚伟在一次证监会的会议上，谈了谈他对银行股的负面看法，被郭树清当面批评"你不懂"。证监会主席郭树清曾任建设银行董事长，对银行行业可谓了如指掌。王亚伟是公募基金的一哥，其执掌的华夏大盘基金业绩屈指可数。这两人的观点可谓针锋相对，颇具代表。到底谁对谁错呢？黄志伟分析道：此前不久，保险资金的可投资额度提升到20%，保险资金是最喜欢银行股的，它们的新增资金首选会买银行股。郭树清主席是务实派，可能会有所动作。再加上银行股已经连跌了3年，跌幅都超过50%，继续大幅下跌的可能性很小，安全性很高。既然做别的股票连续亏钱，黄志伟就决定选择银行股防守。11月底，他把所有的资金，所有的账户全仓买入银行股。他说没有比银行更安全、估值更低的股票了。先至少持有到

2013 年 1 月 4 日浦发银行的业绩快报出来，再考虑卖出。银行业绩不错，届时至少会安全出局。选择什么银行股买呢？不选最大的，也不选最小的，他选了 3 家全国性股份银行，浦发银行、华夏银行、招商银行。它们都有产业资本高位接盘的经历，基本面都不错。2012 年 11 月 30 日的成交记录如下：

查询日期 2012-11-30 至 2012-11-30 确定 取消汇总

证券代码	证券名称	操作	成交数量	成交均价	成交金额
600036	招商银行	证券买入	63000	9.956	627240.000
600036	招商银行	融资买入	95800	10.011	959076.000
600036	招商银行	证券卖出	-10000	9.990	99900.000
600000	浦发银行	证券买入	150000	7.427	1114040.000
600000	浦发银行	融资买入	170000	7.466	1269200.000
600015	华夏银行	证券买入	129900	8.400	1091158.000
600015	华夏银行	证券卖出	-60000	8.420	505200.000
600015	华夏银行	融资买入	90100	8.446	760944.000

12 月 4 日，浦发银行一根 6%的大阳线启动了行情，12 月 7 日又是一根 5%的阳线，银行出现了近 3 年罕见的连续大幅上涨，黄志伟已经开始赚钱了。是继续持有还是卖出回避可能出现的回调？黄志伟告诉自己要拿住。他详细地分析了招行的历史走势，一波上涨只要招行不破 20 日均线，都可以持股。“我要让利润奔跑！”他想。12 月 14 日，浦发银行又是一根 7%的大阳线站上年线并脱离年线，股价已经是 8.9 元，黄志伟从买入的成本 7.5 元到 8.9 元，两周的时间已经浮盈 18%，但他坚定地继续满仓持股。随后，银行股仍保持着上攻的形态，12 月 31 日，浦发银行收盘 9.92 元，黄志伟浮盈 32%，其他的两只银行股招行和华夏也都获利丰厚。

✲ 操盘感悟

重仓出击的时候，首先要考虑投资安全性，即亏损的比例会有多少，是否在接受和承受范围内，先做好最坏的打算。股票市场中上涨和下跌的行情往往会出乎意料之外，因此，实操的思路一定要清晰。**买入的理由是什么，是否充分；卖出的原则是什么，是否应该坚持；要对买入、持有、卖出做出系统规划，动态地审视整个计划，严格纪律执行，才能让投资看对行情，赚到利润。**

2013 年把握热点板块，几次成功操作，市值突破 1 000 万元

(1)跌破 20 日均线的保护线，兑现银行股盈利。黄志伟把 3 只银行股一直持有到 2013 年春节前后，招商银行跌破 20 日均线，卖出大部分银行股。随后围绕着银行股反复做波段，直到一季报业绩披露见光后，彻底卖出银行股。他在 2013 年银行股上获利约 120 万元。

(2)重仓出击苏宁云商(002024)，获利近 200 万元。银行的趋势在 2013 年一季度业绩利好“见光”后，形态和趋势都已走坏，6 月中旬，IPO 的征求意见稿出台后，黄志伟空仓躲过了 6 月底钱慌导致的大幅下跌。7 月中旬，苏宁云商(002024)一则管理层增持的公告引起了他的重视。此时苏宁的股价 5.38 元。他对苏宁董事长 2012 年以 12 元参加几十亿元的定向增发的事件印象深刻。他仔细分析了苏宁云商此时的基本面，净资产 3.5 元附近，盈利有下滑，但是没有亏损。苏宁正在积极转型为互联网线上和线下的零售企业，苏宁易购网上购物的销售额仅次于天猫和京东的规模。基本面同时具备了安全性和攻击性，技术上有止跌的迹象。经过详细分析后，他决定分批建仓(参见以下交割单)。

查询日期 2013- 7-15 至 2013- 7-16 确定 汇总

▲成交日期	证券代码	证券名称	操作	成交数量	成交均价	成交金额	股票余额
20130715	002024	苏宁云商	证券买入	26700	5.340	142578.000	64900
20130715	002024	苏宁云商	证券买入	19800	5.340	105732.000	84700
20130715	002024	苏宁云商	证券买入	22800	5.330	121524.000	107500
20130715	002024	苏宁云商	证券买入	38200	5.340	203988.000	38200
20130716	002024	苏宁云商	证券买入	30000	5.440	163200.000	90000
20130716	002024	苏宁云商	证券买入	500	5.590	2795.000	110500
20130716	002024	苏宁云商	证券卖出	-37500	5.400	202500.000	70000
20130716	002024	苏宁云商	证券买入	5000	5.570	27850.000	120000
20130716	002024	苏宁云商	证券卖出	-30000	5.400	162000.000	40000
20130716	002024	苏宁云商	证券买入	10000	5.580	55800.000	110000
20130716	002024	苏宁云商	证券买入	30000	5.390	161700.000	60000
20130716	002024	苏宁云商	证券买入	10000	5.460	54600.000	100000
20130716	002024	苏宁云商	证券卖出	-10000	5.380	53800.000	30000
20130716	002024	苏宁云商	证券买入	4500	5.592	25161.830	115000

为了体验苏宁易购的运营情况，很少网购的他，开始在苏宁易购网上购物，同时对比天猫和京东上的购物体验，同种商品，价格差不多，尽量在苏宁上买，实际调研苏宁的线上业务。同时，他用大量时间泡在"雪球网"、"股吧"和"论坛"上，关注苏宁的动向。8月份以后，苏宁云商网上的开放平台即将上线的消息在悄悄流传，黄志伟特别注意到了苏宁的副董事长在为开放平台征集名称的活动，奖金是10万元，开放平台意义重大，可能是苏宁向天猫模式看齐的重大措施，标志着苏宁向互联网企业转型的更进一步。苏宁有着强大的线下优势，如果把线上的经营做好，又能把两者有机地结合起来，苏宁将创造云商模式，可能会超越京东和天猫，其想象空间很大。机构买不了天猫的股票或京东的股票，买苏宁也是不错的选择。黄志伟坚定了持股和加仓的决心，他决定要等苏宁公布开放平台上线的利好见光后，才能出货。

直到9月12日和13日，苏宁开放平台(线上和线下同时开放)被媒体大量报道后，黄志伟认为利好兑现应该卖出，参见下面的交割单。

查询日期 2013- 9-12 至 2013- 9-12 确定 取消汇总

成交日期	合同编号	证券代码	证券名称	操作	成交数量	成交均价
20130912	94	002024	苏宁云商	卖券还款	-8009	9.230
20130912	96	002024	苏宁云商	卖券还款	-4700	9.240
20130912	86	002024	苏宁云商	卖券还款	-90000	9.210
20130912	92	002024	苏宁云商	卖券还款	-150000	9.190

查询日期 2013- 9-13 至 2013- 9-13 确定 汇总

成交日期	合同编号	证券代码	证券名称	操作	成交数量	成交均价	成交金额
20130913	50	002024	苏宁云商	卖券还款	-60095	9.330	560686.350
20130913	16	002024	苏宁云商	卖券还款	-110000	9.590	1054900.000
20130913	8	002024	苏宁云商	卖券还款	-49026	9.670	474081.420
20130913	4	002024	苏宁云商	卖券还款	-150000	9.690	1453500.000
20130913	34	002024	苏宁云商	卖券还款	-43279	9.400	406822.600

本来预计苏宁在 10 元附近应该有阻力，应该会调整和整固，黄志伟计划再买回苏宁。可是投资者对苏宁转型互联网的热情巨大，苏宁股价在随后的三周一口气直接冲到了 14 元。黄志伟感叹卖早了，为了回避可能出现回调的风险，错失了飙升的机会。多持有三周，至少多盈利 200 万元。他想想自己的偶像李嘉诚说过的一句话，“我一生的原则是不会去赚‘最后一个铜板’，”以此安慰自己。

操作重组预期的泰山石油(000554)和热门游戏股博瑞传播(600880)的得与失

泰山石油(000554)是黄志伟长期关注的股票，因中石化曾公开承诺重组旗下上市公司，一直有重组预期。2013 年 9 月中旬，他在 4.2 元附近建仓了泰山石油，本来计划持有看看年底是否有重组的机会，结果碰上了“油气改革”的概念，短期飙升，黄志伟在 6 元以上卖出，在这只票上获利超过 100 万元。

与此同时，他还买进了游戏概念股博瑞传播(600880)，一度重仓，浮盈110万元。在手游股回调的过程中，他多次试图抄底博瑞传播多次被迫止损出局，最终从浮盈110万元到亏损10万元。他事后总结，对于抄底下降通道中的股票，要谨慎再谨慎。

✲ 操盘感悟

在买入理由充分的前提下，要敢于重仓出击，但是要注意分批建仓。建仓后，上涨过程中，只要上升形态保持完好，要能够拿住盈利的仓位，让利润扩大。事先选定好20日均线或30日均线作为上升趋势保护线，有效跌破时，趋势可能将改变，注意及时卖出，保住盈利。对于已经形成了下降趋势的股票，哪怕这只股票前几周走势很牛，也要对抄底博反弹，慎之又慎；否则，它会让你到手利润灰飞烟灭。

尝试中长线持股，实盘见证能否稳健盈利

短线和波段的操作，需要长时间盯盘，而且容易受资金规模的约束。黄志伟善于综合分析，能够选出既有安全性，又有上涨空间，同时赚钱很确定的好股票。他计划进行中长线的投资尝试。他做了一个实盘的投资账户，构筑了一个投资组合，他计划不做任何换股操作，从2013年4月8日一直持有到2017年5月，再考虑是否卖出。下面将截图2013年12月29日的实盘账户，只供学习交流，不做投资建议或参考(据此投资，责任自负)。

人民币

资金余额 431.34 可取金额 431.34 最近查询时间:2013-12-29 11:16:27

股票市值 568616.00

可用金额 431.34 总 资 产 569047.34 修改成本价

证券代码	证券名称	股票余额	可用余额	盈亏	市价	成本价	市值	盈亏比例(%)
600196	复星医药	14000	14000	111354.040	19.840	11.850	277760.000	66.917
600015	华夏银行	21000	21000	12661.330	8.200	7.582	172200.000	7.936
300142	沃森生物	3200	3200	-10449.980	37.080	40.279	118656.000	-8.094

买入及投资组合理由:复星医药是投资中国医药健康产业链最完整的企业之一,是中国进入老年化社会后能稳健成长的企业。华夏银行的估值水平很低,买入时,股价为净资产的9折不到,比自己开银行都划算。沃森生物20亿元的超募资金,研发能力强,在研品种有潜力,属于生物医药行业的成长股。

该账户从2013年4月8日至12月29日账户的收益率约25%,期间没有做换股操作,只做过把分红买成股票。虽然比短线账户收益少,但是投资过程轻松,收益总体不错。

让我们共同见证这个实盘账户到2017年5月4年的持股收益情况。

✲ 操盘感悟

2013年股市行情的特点是结构化,冰火两重天。有10个月涨10倍的游戏股中青宝,也有跌跌不休的周期股。在这种行情下,持有上升趋势的股票,卖出下降的股票,才能取得较好的收益。整个过程中最重要的事情是把握趋势改变的临界点。

对于结构化的行情,黄志伟给自己定下的"三不"原则:"不随意性买卖股票,不轻易追高,不听消息买入股票。"这让他回避了许多风险,赚自己看得懂行情的钱。今天追这个热点,明天追那个热点,今天听消息买这个,明天买那个,不成系统的操作,会亏损严重。

结构化的行情,投资者容易心态不平衡。卖出的股票还在涨,持有的股票就是不牛,这样容易让人迷失方向。黄志伟的做法是给自己确定一个合理的投资目标,这个投资目标是"每年都盈利,每年都跑赢上证指数"。这个目标看似简单,事实上一轮牛熊交替下来,盈利就非常可观。这个投资目标,是黄志伟研究巴菲特 50 年投资收益率,总结出巴菲特盈利背后的秘密而制定的。巴菲特 50 年投资年的投资过程中,亏损的年份只有 2 年,而且亏损比例较小。盈利很高的年份也很少。因此,持续稳健的复利,只做加法不做减法才是长期获胜的法宝。确定了合理的投资目标,投资的心态才会更平静,更理性,才能拿住盈利的股票,做中长期的价值投资。

"十年磨一剑"
——完善适合自己的交易系统

黄志伟回顾和总结了 2003 年到 2013 年 10 年间的操作记录,尤其近两年,每年超过 10 亿元的交易量,饱含着太多的汗水和付出。黄志伟把自己比喻是"股市农民",其寓意即为:只有像农夫耕耘一样辛勤的付出,才有从 2003 年初始入市的 1.8 万元,到 2013 年底的 1 000 万市值的回报。很难相信 2007 年的"5 · 30"暴跌,他能几个交易日逆势盈利超过20%，而2008年的大跌，他能全年盈利超过50%，2011年市场跌幅超过20%，他能盈利超过20%。熊市盈利，这是他超越许多投资者的直接原因，专心，专注，专业，一辈子只做好投资这一件事，或许是他成功的根源。

以下是黄志伟交易系统中最核心的三个观点。

改变一个投资习惯——从此告别亏损

如果你的股票账户中，持有2只股票，一只亏损5%，一只盈利5%，此时你决定要卖出一只股票，你会选择卖出哪只股票?

有人会选择卖出亏损的股票，有人会选择卖出盈利的股票，请你总结一下自己实际是如何操作的。对于许多普通投资者来说，让他卖出亏损的股票，是比较难以下手卖出的，那意味着亏损兑现。通常的做法是卖出赚钱的股票，补仓亏损的那只股票。这个习惯是让许多投资者大幅亏损或持续亏损的根源。这让我们看到很多投资者的账户上，没有红盘(盈利)的股票，全是绿的。因为赚钱的股票已经被早早卖出了。

黄志伟的做法是:在亏损的股票跌幅在5%以内时，首先卖出亏损的股票，继续持有盈利的股票。他的账户上很少看见一个亏损的股票还继续持有的。持有亏损的股票，哪怕是100股，都嫌多。只持有盈利的股票，盈利的股票多拿一下，控制住了亏损，这样投资才会形成盈利循环。

不要让鳄鱼咬中你的脚——总仓位10%止损

一位渔翁在湖边钓鱼，一只鳄鱼悄悄地向他游来，渔翁只关注着他的鱼漂，而没有关注悄无声息的鳄鱼，鳄鱼突然跃起，咬住了渔翁的脚，剧痛让他不停地挣扎，渔翁用他的手臂试图挣脱他的脚，鳄鱼嘴巴便同时咬他的脚与手臂，已经来不及砍掉腿和手，渔翁就被鳄鱼拖进了湖中。

一位猎人得知了渔翁的遭遇，他经过湖边的时候，右手拿着猎刀，左手拿住鱼肉，眼睛时刻关注着湖边可能忽然出没的鳄鱼，宁可牺牲一些鱼肉，也不要让鳄鱼咬中了自己的脚。防范了湖边可能出现鳄鱼的风险，猎人安全地经过了湖岸。

“鳄鱼法则”告诉我们，万一鳄鱼咬住你的脚，务必记住：你唯一生存的机会便是牺牲一只脚！亏损就像鳄鱼，会吞噬你的全部，止损就像一把生锈的刀，可是你是否有足够的勇气举起那把生锈的刀，狠狠地砍掉自己的脚。还是做个合格的猎人吧，时刻警惕鳄鱼的出没，宁可牺牲一些鱼肉（利润或小的亏损），也不要让鳄鱼咬中了你的脚。警惕亏损的仓位，及时止损，不要让亏损扩大到危及生存。黄志伟的做法是当账户总体亏损或回撤10％时，停下来，空仓观望，保存生存的实力。2013年底昌九生化的融资者爆仓的案例历历在目。做一个股市猎人，时刻警惕重大的亏损是否危及了你的生存。投资的成功最终比的是谁持续盈利生存的时间更长久。

技术面和基本面“双管齐下”
——买入有利好即将公布的股票

学会了卖出，离成功就更进一步了。可是如何进行买入决策呢？投资者经常看到，某一个公司公告了一个利好消息后，比如年报业绩预增，股价高开低走。这背后的原因通常有两个：一是利好消息提前泄露了，二是利好消息被先知先觉的投资者提前调研和分析出来了。这种股票通常在消息出来前有一段明显涨幅，消息公布时就是“见光死”。

黄志伟买入股票的方法是：先通过技术面分析和基本面分析，找到技术上不是下跌通道的股票，技术形态良好，基本面向好的股票。找到未来一到两个月可能出现对股价正面刺激的事件，比如业绩预增、新产品投放，或者重大投资和重组。通过调研和对公开资料分析，分批买入未来有一个利好等着的股票。当利好被公告时或被报道时，获利卖出。比如，2013 年操作苏宁云商时，即分析到苏宁的开发平台将在 10 月上线，这属于重大利好，提前买入，正式被媒体报道时，获利丰厚卖出。

股市中没有一种方法能够“一招鲜，吃遍天”。资金规模不同，操作者性格不同，市场的状况不一样，盈利的交易系统会不一样。比如，巴菲特的投资模式不一定适合小的个人投资者。黄志伟的交易系统也不一定适合大多投资者。但是，他的交易系统中卖出原则、持仓时间和买入股票的方法或许值得借鉴和学习：买入有利好待公布的股票，在利好兑现时卖出；只持有盈利的仓位；及时止损止盈。

这些，是他 10 年操盘的精简总结，也是投资者应该学习的。

雪球滚大的秘诀

秘诀一

积累财富就像滚雪球
——只做加法不做减法

财富的积累靠的是复利,复利的过程就和滚雪球一样。巴菲特曾说:“复利有点像从山上往山下滚雪球,最开始时,雪球很小,但是当往下滚的时间足够长,而且雪球粘的适当紧,最后雪球就会很大很大。”如果年复合增长率达到26%,10年增长就是10倍,第二个10年,初始资金的增长就达到100倍。而复利增长的关键是只做加法不做减法。黄志伟在2008年的大熊市,还能取得近50%的收益率,在2009年大盘在3 478点见顶后及时逃顶和2010年股指期货推出后的清仓,有效地回避了损失。没有减法,是他资金增长的关键。

7年间,他一点点地用小钱去滚雪球,去积累财富,获取复利的增长,而其中最重要的,就在于他能把握市场机遇,提高做加法的收益率;同时,他规避了市场的风险,避免了做减法,这样,持续滚动下去,复利增长的威力就很惊人。

秘诀二

雪球滚大的基础是要具备坚实的“内核”
——用投资的眼光做投机

黄志伟多年来能把雪球越滚越大，还在于他的全部操作，有一个坚实的“内核”，这个“内核”就是投机。他认为，对于小资金，投机比投资更有吸引力，投机的收益可能比投资收益高很多。

黄志伟说，用投资的眼光去投机，会使投机更安全，收益也更大、更快。但投机需要把握一定的原则和度。风险很高的盲目投机不可取。他说他也曾交易过招行认沽权证和南航认沽权证，这种最终会全归零的品种，曾吸引大量投机资金参与博弈，这种投机也导致很多投机资金受到重创。在国内市场缺乏合理的投机品种，缺少合理的交易机制下，更需要判断投机品种是否具有基本的投资价值，即使是概念性炒作，也需要判断概念的投资价值。

当然，绝不能用投资的方法去做投机，否则将会炒股炒成股东；而用投资的目光选标的去投机，却会让投资收益更高和更有乐趣。

所谓投资的目光，是指对投资标的做出价值判断，是用价值投资的目光选标的做投机。比如，在现阶段市场沽值洼地银行股上做波段操作，节奏踏准了，就让价值投资更有意义。比如，在风险可控相对安全的前提下去投机，去追击第一二个刚启动的涨停板，效果就会很好。

一些投资者喜欢炒概念。但概念性炒作，也要判断被炒作概念的价值状况，以做出与之适当的投机。有些概念股，只能短期参与炒作，而有些概念股，背后有很高的成长性，就具备成为中长线概念性反复炒作的热点。因此，要敢于拿一部分仓位参与炒作。操作这些热点概念股的资金，往往是市场最敏感、最凶猛的游资，波动大，获利快，而其中不少股具有长期价值，非常适合投机。

秘诀三

时刻警惕雪球崩塌，保住本金安全

止损与止盈，是指始终把控制风险放在第一位。

止损与止盈，是股市投资的安全带。止损与止盈，都是讲卖股的时点。因为卖点的把握更难，所以人们常说会卖的是师傅，这是因为最佳卖点出现的时间很短，而下跌的速度又很快，往往是上涨速度的3倍，因此卖股要快，毫不手软，大不了卖错了再买回来。

黄志伟止损的原则是：个股亏损5%就止损出局，等待下一次机会。一旦个股连续亏损发展到总仓位亏损10%，就出局观望。止盈的原则是跌回成本，铁定保本出局。通过止损与止盈对卖点的控制，保住本金安全，从而有效控制风险。

他认为，执行这个纪律要非常严格；否则，小亏损会变成大窟窿，盈利会变亏损，后果不堪设想。采访中，他说亡羊就应该补牢，丢了一只羊不去补牢，到跑了一群羊，你才想起去补牢，为时晚矣！

7年多来，他正是因为非常严格地执行了止损与止盈的纪律，才快乐地“活”到今天。2009年大盘从3 478点跌到2 639点，大盘跌幅达24.12%，黄志伟只损失了最高总市值的4%。2010年大盘从3 181点跌到2 319点，大盘跌幅达27%，他只损失了最高总市值的5%。为此，他才有了“活下来”的资本。所以，保住本金，控制住风险，为下一次盈利打下良好基础，是非常重要的。

仓位管理是风险控制的另一个很重要的方面。其核心内容简单说是股价低位保持高仓位，股价高时对应低仓位。而黄志伟多年习惯一直满仓操作，他感到这样收益最快、最大。他认为只要做好止损、止盈和仓位管理工作，就能有效控制住风险，当下一次盈利的机会来临时，才能把握得更好，当别人还在弥补上次的亏损时，你可能已经开始盈利了。

秘诀四

找到属于自己的最湿的雪和最长的坡
——不断完善适合自己的“交易系统”

巴菲特对此的解读：最湿的雪是不断增长的资金，最长的坡是不断成长的公司。而黄志伟把这理解成：最湿的雪是最好的投资标的，最长的坡是能让利润奔跑的买点和卖点。买什么，什么时候买，什么时候卖，就是“交易系统”。最好的理论和经验不一定适合自己。适合自己的成功的交易系统，才是最好的。

黄志伟总结自己的“交易系统”是：牛市里的盈利秘诀是捂股，止损不止盈，尽量持股时间长一些，直到市场趋势转变或市场狂热时卖出。熊市盈利秘诀是超跌抢反弹,快进快出。熊市里,市场跌跌不休,不操作空仓休息是大资金的上策。但是,对于小资金,做超跌抢反弹,把握机会,快进快出,盈利也不错。一般熊市的反弹日线不超3天,周线不超3周,把握这样基本的规律做超跌抢反弹,设好止损止盈点,快进快出,盈利也会不错。

"买什么?"黄志伟一般运用综合分析的方法选出标的,先看基本面,再看技术面,在切合市场热点或其潜在的题材,来选择个股,一般不随意买股。"什么时候买?什么时候卖?"这是很有讲究的。

(1)追涨杀跌和买跌卖涨。追涨杀跌的关键是在上涨和下跌的初期追涨杀跌,而买跌卖涨的关键是跌了要敢买,涨了舍得卖。2007年"5·30"大跌,当印花税上调的消息公布,黄志伟满仓损失3～4个百分点割肉杀跌出局。个股在3个跌停时,他试探性操底介入,第二天平盘出局。个股在5个跌停时,黄志伟满仓在跌停附近15.5元左右买进兰生股份。当时,个股大面积跌停,这时要有勇气敢去买。当天兰生股份从跌停到反涨3个点。随后6～7个交易日,市场大幅反弹,黄志伟在兰生股份25元附近全部出局,几个交易日,盈利超过20%。

(2)"潜伏"和"亮剑"。这是黄志伟对股票"买点"的形象归纳。"潜伏"是指对较长时间盘整的股票,在爆发前潜伏其中,待大幅拉升后出局。

"亮剑"是主力资金经过了一波拉升后(表明主力资金亮剑在其中运作),盘整的5～6个交易日买进,等待第二波、第三波拉升后出局。

而之于"卖点",一般是成交量一旦放得过大或出现头部迹象就果断卖出。

秘诀五

雪灾最严重的时候，正是滚雪球的良机
——不在黎明前的黑暗中倒下

股市风雪飘摇，充满坎坷。有些人经不起风浪，在暴风雪最肆虐、最“黑暗”之际倒下了。他们忘了，寒冬过去就是春天。作为一个投资者对未来要有乐观的态度和充满信心。当大盘在 1 000 点、1 664 点、2 339 点市场处在最迷茫的低点时，黄志伟没有倒下，他铭记着，走过严冬就会迎来春天。市场总是在牛熊市里转换，切不可在黎明前的黑暗倒下。回顾美国历史上的著名的经济危机和大型股灾，每一次雪灾最严重的时候，正是滚雪球的良机，也是布局买股票的时候。暴风雪来临时，我们需要的是把握危机中的机会，而不是恐慌地倒下。黄志伟研究了近 20 年来世界的经济周期和股市周期的关系，对经济危机和股灾的关系及周期规律有深刻认识。他说，把握这种大周期循环的规律，对牛市熊市的转换就会有更清晰的认识，从而更好地判断雪灾什么时候最严重，把握好滚雪球的良机。

秘诀六

不断磨练把雪球滚大的心态和人品

滚雪球并非是一件容易的事。滚动雪球的路，漫长而曲折。在

滚动的过程中,最需要打磨的,便是人们的心态。

在波浪翻滚的股市,具备和保持良好的心态是一件很困难的事情,如何才能做到呢?黄志伟的经验总结是:不要过分关注已经出现的亏损和盈利,而是要专注未来可能的亏损和盈利,从而做出正确的判断。他说,很多时候,大多数人更注重既得利益和损失,而忽视未来的利益和损失,从而影响心态,进而影响独立正确的判断。

谈及磨砺心态,2009 年,他在操作物联网概念龙头厦门信达(000701)过程中所经受心态的磨难状况,至今记忆犹新。那是在厦门信达连续拉了 4 个涨停板之后的 9 月 21 日,下午开盘,他开始买进这只股。随后半小时,另一只物联网龙头新大陆涨停。看到这情景,黄志伟便加大量买入厦门信达,平均成本 10.5 元。可没想到,他刚买了 20 万股,物联网概念股尾盘整体回落,厦门信达收盘10.17元,他被套 4 个百分点,亏损 8 万元之多,信心打击较大。与此同时,他预感第二天早盘还会继续下跌,怎么办,是亏损出局,还是持股不动,还是继续加仓?他的心里像打鼓一样七上八下:第一次买的仓位太重,又是在 4 个涨停后买的,已经走错了第一步,该怎么办呢?

收盘后,黄志伟看了龙虎榜数据,做了仔细分析,发现前一天介入的主力营业部均已出局,因此,明天大幅下跌的可能性极大。但他同时看到新进入资金的短期成本均在 9.7 元以上,且换手超过50%,应有强支撑,由于持有的厦门信达仓位占 2/3,因此,他决定10 元以上割肉减仓,9.7 元附近或以下加仓。第二天,厦门信达大幅恐慌性低开低走,最高跌幅达 5 个点,到了 9.8 元,账户已经浮亏了 20 多万元，这一巨大的亏损，折磨着黄志伟的心，他也有卖出止损的念头，但是根据前晚的判断，他决定将剩下的 1/3 仓位全部买入厦门信达。到了下午，厦门信达股价被拉起，一路涨到了 10.30 元，黄志伟卖出部分股票，降低仓位，尾盘收在 10.37 元，此时账户盈亏已基本持平了。第二天厦门信达高开高走，上午封住涨停板，尾盘涨停打开，黄志伟观察到物联网有整体走弱迹象，于是在 11.30 元附近，获利全部卖出，果真，随后几天，该股跌幅较大。

"平稳的心态，是获胜的关键。"他总结道："账户的盈利或亏损随时牵动着做出买卖决策，进而影响持股心态，我们只有冷静处之，才能临'危'不乱，稳操胜券。"

黄志伟还认为，除了心态以外，人品也决定了投资的高度。谦逊、谨慎、诚信是投资成功的基石。良好的心态和人品是他不断把雪球滚大的原始动力。

走向成功的背后

黄志伟多年的努力，将雪球滚大了。许多投资者对他都羡慕不已，他周围的朋友们对他更是刮目相看。有人说他有菩萨保佑，有人说他面相好，财运顺。难道是他真的有神人相助，运气好？

但如果当你零距离地接近他，你一定会改变这种想法。

黄志伟是武汉人，近年来又在长沙兴业证券营业部现场操盘，所以我对他的这次采访先后跨越了两个省。春节期间在湖北访谈“才吃武昌鱼”，过了春节又随他来湖南“喝长沙水”。

当我第一次走进位于长沙芙蓉南路的兴业证券时，营业部总经理就不迭声地夸赞他的客户黄志伟。当初，在武汉，他曾和黄志伟在一起，亲眼见证黄志伟在股市成长的过程，看着黄志伟一点点地把小雪球滚大，对他的非凡才华十分欣赏。2009 年，当他调任湖南长沙时，便千方百计地把黄志伟这匹“黑马”从长江边挖到了湘江畔。

“小黄可真是我们这里的一个帅才啊!”营业部老总对记者说：“榜样的力量真是无穷的。他奋斗的经历对营业部的客户影响很大，加上他经常给大家指导，很多投资者都慕名而来，我们营业部可说是生意兴隆，一年新增资金就达 10 亿元，在整个湖南也算创了一个奇迹。这，应该说与黄志伟滚雪球的效应不无关系啊!”

荣誉来自艰辛，成功来自汗水。

在与黄志伟半个多月的朝夕相处和实战“跟班作业”中，我真切地感到，他所取得的一切，都是汗水换来的。

他一天至少有 12 个小时“泡”在股海里。除了 4 小时的操盘外，他用大量的时间阅读分析新闻财经报道、券商的研究报告、上市公司的年度报告。每天晚上，他都要对上海证券交易所和深圳证券交易所的公告全都认真阅读一遍，及时把握上市公司的变化，了解重大事件的发生，有时常常通宵达旦。

他的助手对我说，黄志伟是个非常有心的人。一天早晨，当他浏览新闻时，看到新浪网的头条报道了北斗卫星系统投入运行，敏锐地在第一时间买入了相关概念的北斗星通(002151)这只股,随即就抓住了一个涨停。

在黄志伟的日程表上,看不到他有娱乐活动,一心痴迷于股票。他把时间和精力全部用在了分析研究股票上,从大盘到个股,从基本面到技术面,从行业研究到公司研究,甚至到上市公司实地探访。有一次,他在2.8元附近操作武汉中商(000785),为了对其业绩增长潜力作出预测,他实地到武汉中商的子公司武汉销品茂(华中最大单体卖场,当时刚开始营业)去考察商铺的出租情况和人气状况。还有一次,他对博瑞传播(600880)收购经营网络游戏的成都梦工厂的案例进行研究,发现博瑞传播的成长性很大程度上来源于梦工厂旗下的新款网络游戏《圣斗士OL》的运营状况。为此,从不玩游戏的黄志伟却开始玩网络游戏《圣斗士OL》,玩了几十级,只为体验上市公司的产品和市场状况。更多的时间,他会通过电话探访上市公司,以取得有价值的信息。大同煤业是他多年来非常看好的一只股票,从10元到40元,他曾操作过好多次。大同煤业2009年一季度业绩是0.65元/股,相当亮丽,可到7月15日,迟迟不发半年度业绩预告,这是为什么?带着这个疑问,黄志伟打电话咨询上市公司,得到的回复是二季度业绩也很好。但是他想,一季度业绩亮丽受去年财政部会计制度变更影响较大,而今财政部将相关会计制度又改为原样了,据此他判断大同煤业的半年报业绩很可能大幅低于预期,便下决心果断出局。结果,他规避了业绩公告后的股价大幅下挫。

“一分耕耘,一分收获。”7年来,黄志伟正像自己谦称的“股市农民”一样，他每天辛勤的耕耘，专心、专注、专业地做好每一件事，历尽了成功与失败，以及数不清的酸甜苦辣，才收获了丰硕的果实，将雪球越滚越大。

尾声：留在橘子洲头的愿望

飞雪在讲完“股市农民”黄志伟滚雪球的故事后悄然消失了，转眼，春天走来了。

长沙，美丽的橘子洲头，橘林吐翠，杨柳挂青。我和黄志伟漫步其间，我们伫立在滚滚的湘江边，望着那蓝天碧水，帆船点点，忆当年毛泽东主席指点江山的激昂文字，心潮澎湃。

“小黄，你对未来的路有何打算?”望着那清清江水，我问黄志伟。

“我还年轻，投资的路很长。但不管前面路再艰难，我既然选择了这一事业，就会永远坚定地走下去。”他顿了一下，接着说;“如果要问我对未来有何想法的话，那就是待新的基金法修订后，成立一家阳光私募的投资管理公司，我想从一个‘股市农民’，将来成为一个成功的投资大师，这也算我的一个愿望吧!”

我祝愿并期待着他。

滚滚湘江水，会续写他未来的故事……

回首3年前，湘江边，橘子洲头，黄志伟梦想着做阳光私募，成为一个成功的投资大师，如今，他正在一步步让理想走进现实。面对着未来，市场在不断变化，股指期货推出，期权也将面世，更多外资涌进市场，市场的操作难度会更大。黄志伟说："只有不断学习，实践和总结，不断完善自己的交易系统，投资才会更有进步。"

守望“田园”的投资奇人

湖南省一个农民投资大师的传奇故事

安农

当市场一夜之间崩溃时，你一定要活着留在这个市场中。

在那块贫瘠的土地上，他怀揣着儿时“当富翁”的梦想，从股市到期市，从“毁灭”到重生，继而从10万到千万，不断创造出“田园”式奇迹。他为何能在险恶丛生的市场“平安幸福”地生存？为何能把高风险做成了低风险，年年获取稳健收益？

让我们来揭密一个农民投资大师那独特的理念和他的“操作系统”。

安农

生于 1971 年 11 月 24 日

湖南农村人

中专学历　农艺师职称

网　名

心农

入市时间

1999 年初

投资风格

追逐趋势，

做自己熟悉的事，

赚自己明白的钱。

投资格言

当市场一夜之间崩溃时，

你一定要活着留在这个市场中。

他是个农民，一个地地道道的种田人。播秧，栽棉花，犁耧锄钯，样样会，行行精。

他是曾经的副乡长，分工农业口，经管着全乡的五万多亩土地。每年种啥，收啥，都由他精心筹划。

后来，他喜欢上了投资这一行。虽说进了城，可他的“田园情结”，却一天也没有忘。

他一直坚守着心中的那片“田野”。多年来，只对自己熟悉的农作物进行投资，年年都有稳定的好“收成”。2006 年，在首届全国期货实盘交易大赛中，农民出身的他，在高手林立的激烈角逐中，竟以 123.58％的优异战绩，摘取了银牌。这位“农民兄弟”是谁？

他叫安农，是中南地区闻名遐迩的一位投资奇人。

穷土富梦

敢于梦想

安农是在湘北那块贫瘠的土地上长大的。小时候，家境十分贫寒，母亲四处借债让他背着个破书包上学，从7岁起一放学就下地播秧干活的情景，让他至今难以忘怀。

在采访的头一天，他带我到他家，拿出一本他珍藏了23年的“红色日记”给我看。那是1989年6月他在农校毕业前夕的“毕业纪念册”。鲜红的封面，内页的纸张早已发黄，但他原始地记录着眼前这位农民投资大师当年的梦想。

那时，他17岁，青春勃发。

在纪念册的首页上，他这样写着：

出生年月：1971年11月24日；爱好：体育；志向：当富翁；人生信条：我就是我。

有一段自勉的话：安农，我知道你是个有志气、不甘沉沦的青年，可光有这些，没有行动又有什么用呢？难道你真想糊糊涂涂地过一辈子吗？你不是常和别人谈起你的事业、你的理想，还有你那从小就做起的梦吗？你不是说想当个大富翁、武术师吗？那么，你就去努力干实事吧，不要害怕摔跤，摔倒了算什么？……祝你成功吧。

在这本纪念册中，我还看到记录着当年他许多同班同学的“赠言”，有的说：“只要你努力奋斗，你会成为富翁的！”但也有同学直言，说他要在家乡这块穷土地上实现“当富翁”的理想，那简直是“不可能”，想得“太幼稚”。

但是，说他“太幼稚”不可能实现“当富翁”梦想的这些同学说错了。

安农是个“一滴水一个泡”，不实现理想，不会罢休的人。

2007 年，当他怀揣 10 万元离开家乡时，仍未忘记“当富翁”的“誓言”。他对送行的同学和领导说，“争取 10 年当千万富翁”。

这是笑谈？不。

谁会想到，这位名不见经传的湘北农民，竟用 3 年多时间奇迹般地实现了千万富翁的梦想，比原来的 10 年目标规划整整提前 6 年时间。与此同时，他“爱体育”想当“拳术师”的愿望也得以实现：2009 年，他以扎实的功底，亮相三湘，力挫群雄，在全省的太极拳比赛中，拿到了银牌。

“一个人要有理想，就要敢于做梦。你想的有多高，你的事业和成就才会做得有多大！”借用目前马云的流行语，“人要有梦想，万一实现了呢！?”如今已实现自己愿望的安农，还珍藏着自己梦想的纪念册。

梦断蛇园

梦想是成功的基石，也是走向成功的原动力。安农为了实现自己的梦想付出了太多的艰辛。

他家乡的那片土地，真实地记录着他为实现梦想走过的一串串脚印……

农校毕业后，17 岁的他，回到了他那贫穷的故乡，当了一名农业技术推广员。他整天走乡串户，泡在田园里，年复一年，仍然摆脱不了贫苦的生活。

但是，面对贫穷，他“当富翁”的梦想却一天都不曾忘。

有一年，他想了一个致富的点子，把自己工作两年的 4 000 元积蓄投向“养殖”业。他买了 200 多斤的蛇回来养。结果，他的家里和岳父母家里，一时成了“蛇的王国”。红的，绿的，大的，小的，屋里屋外，墙上，地上，爬的全是吓人的蛇。

别人见了都躲，可安农像养崽一样疼爱这些蛇。那是他的梦呀。

白天在乡下跑了一天有时很晚回到家，累得不肯歇一会儿，又开始忙着给蛇找食吃。夜晚，他拿着手电筒去河沟里捉青蛙，有时半夜才回家睡觉。

几个月下来，他瘦了，蛇也没有长大，而且一天天少了。可他毕竟不懂蛇的习性，没有养蛇的经验。这年夏天，天特热，他没有钱给蛇搭建“凉棚”，眼睁睁地看着蛇园的成堆蛇被火辣辣的太阳晒死了。

结果没多久，数百条蛇，晒的晒死了，病的病死了，最后，剩下的全逃走了。

面对茅草丛生的空旷蛇园，安农的心碎了：不光两年的积蓄泡汤了，当富翁的梦才开始，就破灭了。

“那是我人生投资的第一次‘破产’。”回忆那段往事，虽然多少年过去了，但梦断蛇园的安农，心情仍是沉甸甸的。

股海淘金

蛇没有了，但梦还在。挫折，并没有击倒追求梦想的安农。他没有灰心，准备继续奋斗。

就在这时，他的家乡发了洪灾，一片汪洋。地淹了，庄稼没了。这时，他把自己攒的5 000元私房钱拿出来，想东山再起，继续搞养殖。

“在哪里跌倒，还在哪里爬起来！”当时他这样想。

可就是这时，他的一位非常要好的朋友从广东打工回来，对他说：“阿农，广州深圳那边有不少人炒股票都发了，你不如也炒股吧！”

安农听了这位挚友的劝说，把钱投向了股市。那是他投资的第二个梦地。虽然不懂，但他的运气好，正好碰上1999年的“5·19”火爆行情，他买的东大阿派从20元直涨到40多元，广州控股也翻了番。他赚了钱，买了一台电脑，开始钻研技术。可是，熊市很快到来，他开始亏钱了。面对越来越大的亏损，他不顾妻子和家人的反对，依然加大投入。那年，他把辛辛苦苦种了几十亩玉米和100多亩南瓜好不容易挣得的8 000多元钱全填进了股市。另外，他妻子还帮他借了10 000多元也被他买了股票。

但股市是无情的，连续下跌。他一次次割肉，最后，账上的钱都快让他割完了。他痛苦不堪。这是他在投资路上的第二次“破产”。

一直熬到2003年底、2004年初，股市终于迎来了一波熊市的反弹行情，他把和朋友下乡收购油菜籽、棉花、稻谷和卖种子肥料农药赚回的10多万元钱全部投进了股市。在这波反弹行情中，他买的中国联通、中国石化、ST吉化、中集集团，让他大赚一笔，挣了10多万元。在股市中淘到的这一桶金，也成为他日后转战期市的起始资金。

艰难岁月

毁掉全部家产

奋斗的路，漫长而坎坷。从2004年下半年到2005年初，可说是安农在投资路上的一段艰难岁月。他几乎又一次走向了“破产”的悬崖边。

那是他在股市淘到一桶金后，还是他的那位好同学，又告诉他可以开户炒期货。安农听他说炒的品种有玉米、大豆、棉花、白糖等，这些农产品他太熟悉了，他听后兴奋极了。他长期收购棉花、油菜、稻谷，对这些农产品的价格非常熟悉，便不假思索地就答应去开户试试。

他把在股市赚的10多万元，加上搞副业挣的10多万元以及全家的积蓄共计30万元砸向了他人生的第三个投资梦地——熟悉而陌生的商品期货市场。

他的选择没有错。这个市场有许多是他熟悉的农作物,进入这个市场,就像进入庄稼地那么亲切。

那可是一片沃土,梦想也许就要从这里放飞了。他当时这样盘算着,踌躇满志。

入市不久,他开始“试水”。在买卖前,他颇动了一番脑筋。当时,他见种田人多,粮食不值钱,收购价很低,他决定“放空”小麦品种。他的这个决策,在当时应该没有错。可是,他刚一试水,就遭到了惨败。就在他做空小麦之后,这一品种却有意跟他作对似的,掉头向上,大涨不止。

首战出师不利,他没有沮丧,对现货“小麦”行情知根知底的安农,认为自己的判断没有错,小麦必跌无疑。在失利面前,他不仅没有改变方向,而是不服输地加大了做空的筹码,使仓位达到了50%。

结果小麦没有因为他的执着而下跌,反而还在涨。他看不懂了。30万元在短短的8个多月时间就亏完了,还倒欠了朋友不少的钱。

安农说,这是他在投资路上的第三次“破产”,对他的打击是毁灭性的。他赔了全家全部的血汗钱,心痛极了。他蹲在那一望无际的田野上,心如麦芒在刺:难道,自己熟悉的这块“田野”如今竟变成了一块“魔地”?自己的梦想,难道就毁在这里?!

为什么?这究竟是为什么?他百思不得其解。

至今,他清楚地记得,那是2005年的7月,妻子执教的中学放假了，他把自己“禁闭”在这所学校里，进行深刻反思。他全天独自一人待在学校里，连饭都是妻子给他送来的。

他复盘面，写日记，想问题。整整半个月，他在“黑暗”中苦苦思索，寻找失利的原因。最后，他终于找到了问题的症结：从股市走来的他，当时还并没有适应这个市场。期货市场的交易不同于股市，实行的是保证金制，风险成倍地放大了，而自己还在沿用股市中买卖股票的做法。虽然自己对小麦的现货市场了解，看到了它必跌的主方向，后来小麦的最终下跌事实也证明了他的判断。然而，他进场点的选择没有把握好，正好赶上小麦在主下跌趋势中的向上短期波动，加上缺乏期货市场经验的他，没有看透主力采用的“逼仓”手法，操作上又存有短线思维，止盈止损的次数过多，持仓也重了点，因而即便自己把大的趋势看对了，仍难以逃脱亏钱的结局。

低谷崛起，“半死”是师傅

“失败乃成功之母。”进入期货市场的那段“走麦城”，后来，在安农为梦想继续奋斗的路上，成了他人生重要的一笔巨大财富。

他开始重新审视自己曾是那么熟悉的玉米、棉花、小麦、大豆、菜籽这些朝夕相伴的“老朋友”，不仅了解现货市场，同时更加深入研究和分析这些农产品在期货市场上将会有什么样的“作为”，对大资金主力的操盘手法也进行了精心的研究。

在经历了“毁灭”，当安农从投资的低谷中重新启航时，他像换了一个人，不仅转变了思路，也改变了操作方法。他不再盲目，不再犹豫，操作有张有弛，亏损也在他的不断努力中扭转。

一天清晨，这位农民投资大师在打拳，只见他打拳舞剑，似行云流水，刚柔相济，不断引来众人围观和喝彩。

小憩间，身着武术服的他一边给我比划着他的一招一式，一边给我讲起了“水浒外传”流传的一则故事：一天，鲁智深正大展拳脚，在寺院里练武，被林冲看到了。林冲问：“大师，请问你是哪个门派的？”鲁大侠回答说：“俺是‘打架派’的。”林冲又问：“敢问师傅是谁？”鲁智深笑答：“‘半死’是俺的师傅。过去，人家把我打的半死，现在是我把人家打的半死！”林冲听后，哈哈大笑……

我听着这个有趣的故事新编，笑了。安农这时也咯咯地笑起来：“半死是师傅！”讲得多好呀。这些年，如果说我在投资上有点成绩的话，还不也是“半死”给教出来的，在投资市场上所获的每一分钱，都是用心血换来的，用教训和用钱亏出来的。你说是吧？

我会意地点点头。

“田园”奇迹

功夫不负用心人，失败造就成功。经历失利后的安农，在期货投资市场虽然还算是个“新手”，但他以一个浸泡在家乡这块土地上18年的农民身份，在养育他的“田园”里，开始大展宏图，创造出一个个“奇迹”。从2005年下半年到2006年底，他连续打了两场漂亮的大“战役”，使他彻底地走出了“破产”的阴影。

第一次赚流畅的钱

安农第一个扭亏为盈的“翻身仗”，是做空农产品豆粕。

那是 2005 年的 7 月，正当“禽流感”流行严重的时候，他天天带领农民们做防疫工作。在那段日子，他发现，由于惧怕“禽流感”的传播，养鸡的农户越来越少了，从而引发鸡饲料没人要。

这一现象，使安农敏锐地觉察到了一个投资的机会，看到了“灾难”中的一个“亮点”——他预测作为主要饲料的豆粕品种一定会下跌。

供求关系决定价格，安农深知这一点。于是，他开始在期货市场做空豆粕，一直做了 4 个多月，在期货市场上淘到了第一桶重金。

谈及这次“战役”，安农兴奋地说：“那是我进入投资市场之后赚的第一笔比较流畅的钱！”（见图 1）。

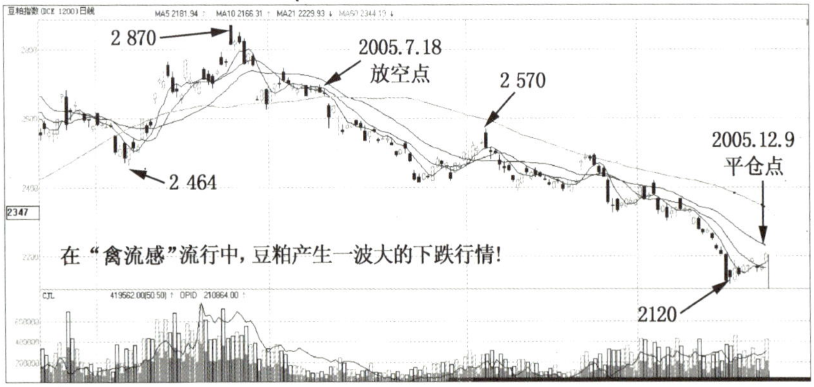

图 1　2005 年 7 月～12 月期货豆粕走势

夺取全国实盘大赛银牌的农民

2006 年初春，安农在田头搞调查，发现许多农民在翻地，把水田改成棉地。这种反常的现象，引起了他的思考。

在和农民的交谈中，他了解到了这种反常的内因：原来，头年的棉花收购价格偏高，棉种也销得很好，这便激发了农民种植棉花的热情。

根据这种变化，安农判断未来棉花的价格可能会下跌。他决定在期货市场放空棉花产品。

这年，他从 2006 年初做到 7 月底，一直持续不断地坚定做空棉花品种，大获全胜（见图 2）。

图 2　2006 年初至 2006 年 7 月期货棉花走势图

他也正是以这种清晰判断做空棉花的“经典之作”，以三个多月 123.58%的稳定收益在 2006 年首届全国期货实盘大赛中获得二等奖。一个农民投资家有如此好的佳绩，一时让他名噪一时，轰动期坛。

然而，获得大奖的安农并没有飘飘然，他仍然扎根在家乡那块土地上，过着普通乡村的生活。所不同的是，他的投资理念在不断完善和提高。

在当时的操盘日记中，他这样写道："不断增长的人口及消费需求，失衡且不断变化的种植结构，有限的耕地，不断恶劣的自然环境，农产品转化为生物燃料，农产品供需矛盾导致价格的不断变化，从而引发了农产品期货获利的可能。"

这是他投资的依据，也是他获奖的一段真实感言。

从 10 万元到千万元

连年稳健获利，实现千万梦想

从 2007 年至 2011 年记者采访的这段日子，正是安农在投资市场中最成熟的一段岁月，也是他年年稳健获利最为风光的日子，他用自己的智慧，正确的理念，和深植于田园的独特经历与扎实的功底，迎来了他投资事业的丰收期。

2007 年他进城时持有 10 万元，加上向朋友借来的 40 万元，一共 50 万元投入，这年，他获得了 200%的收益。2007 年底，资金就达到了150万元，他很快将朋友的钱还上，从此开始了自有资金的滚动。

2008年，他再创佳绩，获利300%，资金很快突破了400万元。

之后，在2009年和2010年资金账户继续连拉大阳，接连翻番。2010年10月，安农这个来自乡下的农民投资大师终于实现3年前的梦想，账户资金突破了千万元大关。

经典实战案例回放

经典案例一 “种田大户”家里做出的判断

2007年初，安农在下乡调查中发现许多人不愿种油菜了。为何？这天，他走进种田大户老谭家。那晚，他和老谭一起吃饭聊天。安农顺势问他为何他这个种田大户今年也不愿种油菜了？老谭给他掏出了心里话：种油菜，太花工夫了，收购价便宜，赚不到钱，又与栽棉花劳力发生冲突，所以，村民们都不愿种。

老谭这番过心的话，让安农了解到了当地农民不愿种植油菜的背后原因。他判断，油菜籽在未来会发生短缺，期货的油菜品种价格不久将一定会迎来一波涨势。

当时油菜没上市，他就选了与食用油有关的豆油做多。果然，豆油的价格每吨从5 000多元一直飙涨到了14 000多元，涨了1年。安农在12 000元左右离场，获利丰厚(见图3)。

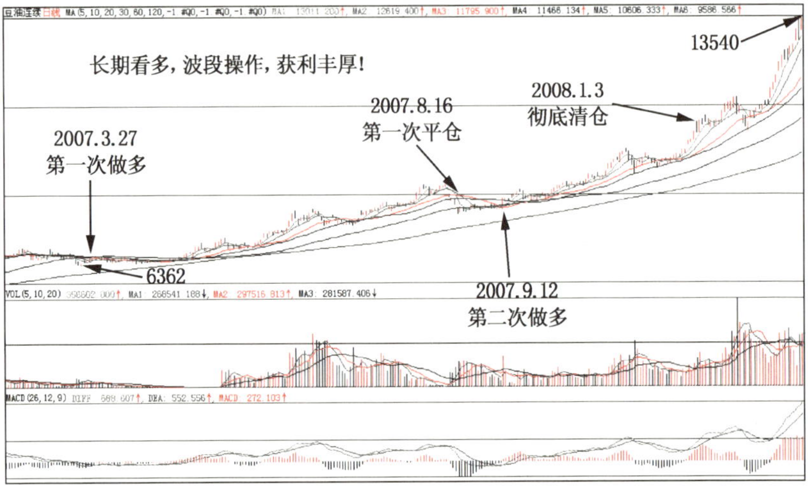

图 3　2007 年初至 2008 年初豆油期货走势

经典案例二 在金融风暴中捡“金子”

2008 年下半年，安农发现受世界金融危机影响，全球经济形势变坏，所有的农产品和工业品都处于下降通道。针对这种状态，他便大胆做空。结果，国庆节后，所有商品全线大跌，安农做空大豆，同时做空铜、天胶，盈利都非常丰厚(见图 4)。

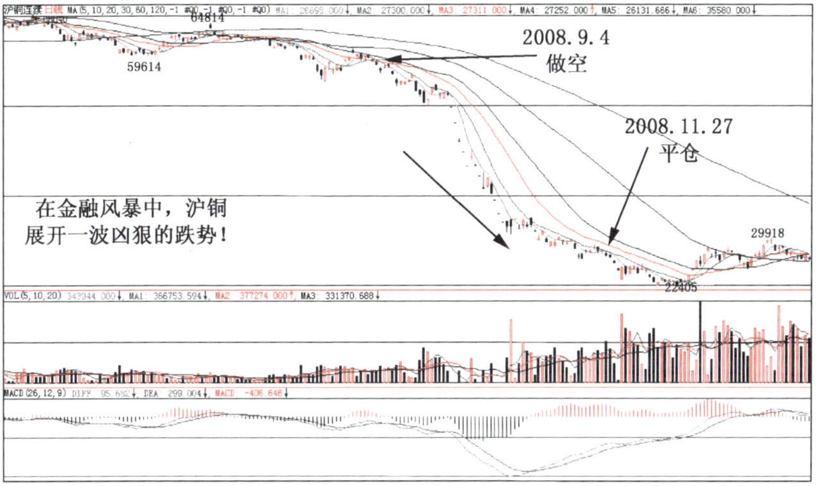

图4　2008年9月至2008年11月期货铜走势

经典案例三　等待两年的大行情

金融风暴后，棉花价格跌到每吨11 000元，已处在农民种植成本以下了。安农开始关注棉花，逐步轻仓做多。之后，棉花在17 000多元附近长期震荡，安农一直耐心等待，多次试仓。

2010年7至8月，中国和巴基斯坦棉花受灾严重，期货市场棉花趋势向上。在这段时间，安农多次回湘北老家和到鄂西江汉平原棉花主产区下田调查，发现那里的棉花长势喜人，丰收在望，所以，安农始终不敢坚定做多。

9月，他再次深入农村下田调查，发现在棉花吐絮时，棉花僵瓣花多，棉桃不饱满，许多5瓣花都变成了4瓣或3瓣。这预示着实际产量与长势不一致，因而他判断棉花产量会大幅下降，便大胆做多。结果，棉花每吨从17 000元涨到30 000多元，安农在28 000元平仓出局，等待两年的一波大行情，让他淘到了一桶大金，实现了人生的第一个梦想(见图 5)。

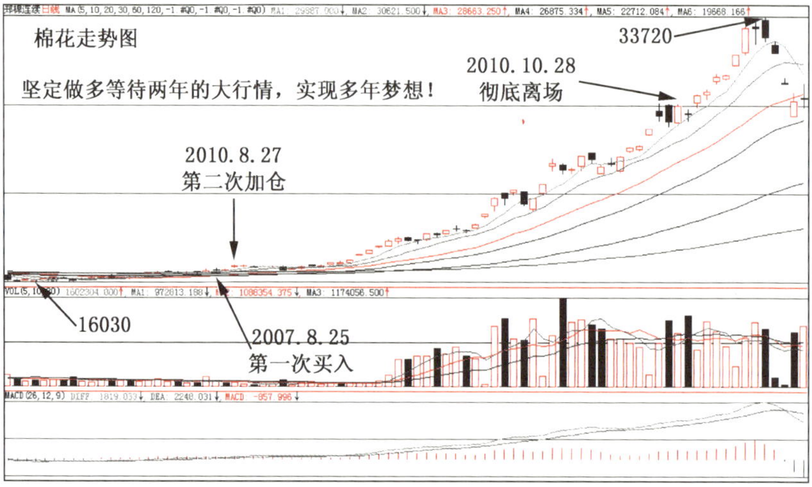

图 5　2010 年 8 月至 2010 年 10 月期货棉花走势

安农为何在高风险的期货市场能做到如此稳定获利？他一定是个快枪手，跑得快吧！采访初，我曾这么想。

但在深入采访他的日子里，当我走进他的实盘操作室，我才知道他是一个稳健的长线投资者。他的妻子在书房拿出他看得最多的一本书《趋势跟踪》告诉我，这本书他不知看多少遍了。这些年，他非常投入，非常执着，一天到晚，不是往乡下跑，就是常常把自己关在书房里，思考，写东西，家里光他写的操作日记就有几十本。说起家里买的房子，她说，安农是个有心人，2009 年，他见期货的铜价开始涨了，说要赶快买房，结果我们买在了近几年房价的最低点。

吃饭时，我问安农：你为何对一波行情的把握和持有敢那么长时间呢？

他用了一句湘北农村的土话回答我：“挖着金儿，就要找金儿他娘。也就是说，在一波趋势行情中，做对了，要让利润最大化，不能急于离场。挖到黄金的‘儿子’，你还要去找到黄金的‘老娘’！”他说着说着笑了，我也被他风趣而富含哲理的话给逗乐了。

保命的“操作系统”

在投资路上，经历过三次“破产”的安农，从2005年下半年开始，逐渐进入稳定盈利状态。在多年摸索的过程中，他总结出了一套简单实用的交易系统。

他说，投资市场风险大，他的操作系统是用来“保命”的。虽然简单，便很管用。他不保守，他的每一本操盘日记的首页，都抄有他的这一系统，他并把他的操作系统送给了许多朋友。采访他时，他表示，他愿无私和无保留地将他的这套保命的操作系统呈现给全国的读者。

严格资金管理纪律

第一次试仓只能用总资金的10%，单品种总持仓不得超过总资金的25%，总持仓不得超过40%。在大的趋势行情里，往往是轻仓能赚到大钱，如果仓位过重，很容易在行情正常波动中震荡出局，甚至赚不到钱。

止损迅捷，不能拖延

每次亏损，不能超过总资产的1.5%。止损位的设置，可视情况而定。若止损点超过了总资金的1.5%就要适当减少交易量。操作中，止损价位可略微放宽一点，以避免被行情短期波动震出局。

减少90%的操作，耐心等待交易机会

做对后，耐心持仓不动，尽量减少短线交易。

做好重点品种

期货市场行情太多，每年把握两到三波比较大的行情，就能获得比较好的利润，不是每波行情都非要去做。特别是要做你最熟悉的品种，赚你最明白的钱。

寻找最佳的市场切入机会

1. 基本面要非常明确。如某项农产品因全球的种植面积、天气状况，而导致的供求关系的变化，要做到十分清楚。如果供求关系非常明确，就可大胆进场。

2. 在技术分析上，中期指标周线趋势要比较明确。当周均线向上发散，就看多；若向下发散，则看空。

3. 当周线多头趋势明显时，若日均线向上发散，就做多；若向下发散，就不做。当周线空头趋势明显，日均线向下发散，就做空；若向上，就不做。

4. 国内盘和国外盘差异不可过大。如果内外盘差异过大，就有一个"修正"过程，存有不确定因素，操作会有一定风险。因而，若内外盘相差太大，就放弃不做为好。

5. 切入点要正确，以利于设置止损。根据安农多年的操盘经验，他认为有以下几个较好的切入方法：

(1)当行情回落或反弹30%～50%，可以按周线方向开始试仓。

(2)当5日均线与20均线交叉时，可按周线方向开始试仓。

(3)当趋势明显时，回落到20日均线或30日均线附近，开始介入。

(4)形成跳空缺口时，可以按趋势方向做单。

(5)重要点位突破时，可以按趋势方向做单。

要做好复合头寸

把交易头寸分成长线头寸和中短线头寸。长线头寸按趋势方向长期持有。当长线头寸盈利比较丰厚的时候，遇到向上或向下突破以及回落或反弹到位时，在不违背资金管理纪律的同时，要敢于适当扩大仓位，并设好止损止盈位置，以取得较快较大的回报。

期货市场七大要诀

生存第一

在投机市场上，生存始终都要摆在第一的位置。这是每一个投机大师反复强调的。期货市场杠杆比例放大，风险更大，更难以生存。所以，出现风险时，要第一时间出场，保命要紧。在实际操作过程中，如果势头可能出现逆势停板时，一定要抢在停板封死之前出逃，千万不能关死在逆向的“停板”中。因为商品市场是全球联动，欧美市场的交易主要集中在晚上，一旦出现较为极端的情况，通常第二天都会以停板开盘，就会造成巨大的损失。

安农说，在整个投机生涯中，始终要能保证自己的持仓结构，在碰到几十年不遇的极端行情中，不能遭受巨大损失。一定要做到：“当市场一夜之间崩溃时，你一定要活着留在这个市场中。”如2010年9月9日，市场在没有任何预兆的情况下，大部分品种在10分钟内突然跌停。当时，安农的仓位大约是35%，就出现了15%的利润回吐。他说，仓位若在50%，瞬间就会出现25%以上的亏损，对账户的生存将造成巨大影响。如果仓位更大，在这10分钟内，你将被无情的市场淘汰，会含恨挥泪告别这个市场（见图6、图7）。

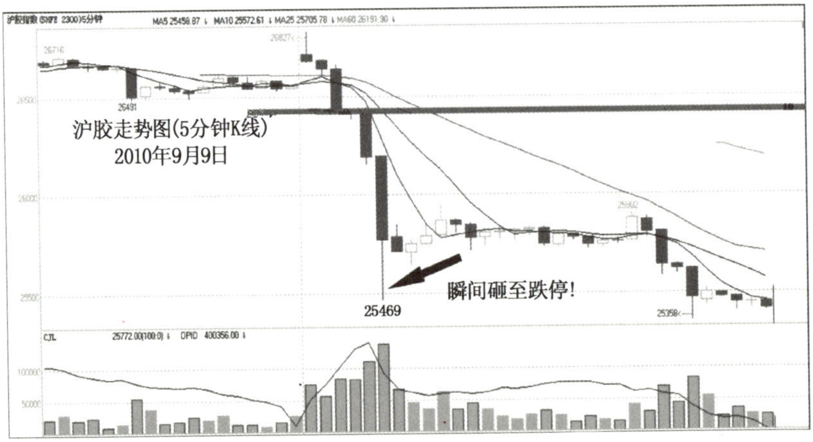

图6　2010年9月9日期货沪胶日走势

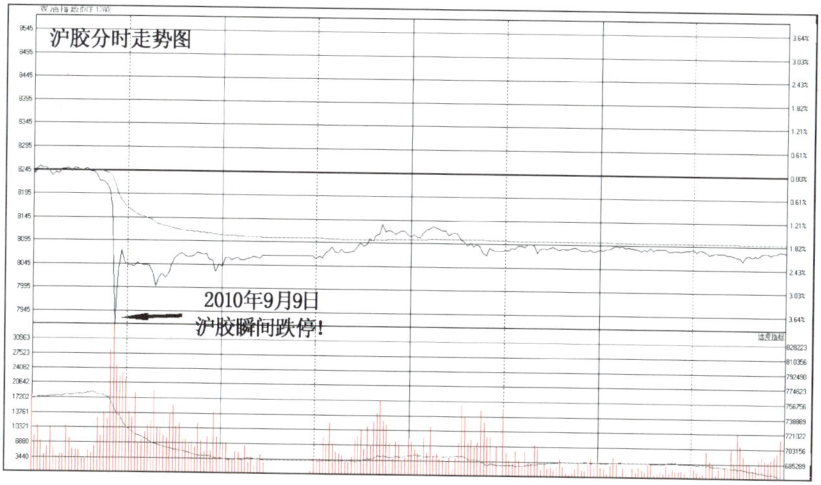

图 7　2010 年 9 月 9 日期货沪胶开盘 10 分钟走势

亏损的头寸千万不能加仓

安农历来不主张在亏损的单子上“补仓”。因为他认为，如果头寸出现亏损，至少说明你短期做错了，贸然补仓，就极易形成巨大的风险。他曾见到一个大户，就是在 2008 年做空橡胶亏损后，第二天再次加仓，结果第三天一个大幅高开，他的账户遭受 80%的亏损，被强行平仓，参见图 8。

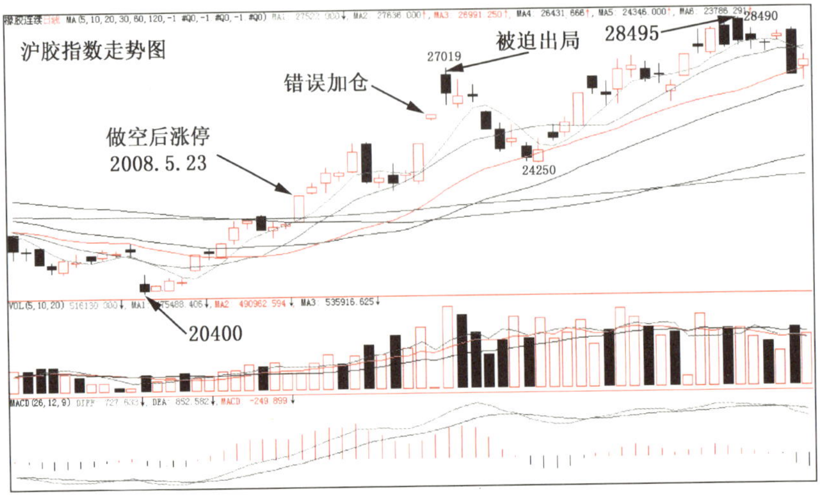

图 8　2008 年 5 月 23 日做空期货沪胶后走势

克制贪婪，坚决摒弃暴富思维

贪婪是每一个交易者的共性，暴富是绝大多数人的梦想。只有放弃暴富思想，把贪婪控制在比较合理的范围内，你才能成为一个合格的投资者，也才能在这个投机市场上长期生存。期货市场是个高风险高收益的市场，暴富的故事比比皆是，但暴富的反面就是巨亏。人一旦有暴富的思维，你就会重仓交易，一旦碰到极端行情，很快就会破产。因此，要想在这个投机市场上长期生存下来并且能够获取稳定的收益，你就必须对盈利不能有太高的目标。安农从 2004 年介入期货市场以来，每年的复利率是 50%～60%。也许有人说，冒破产的风险，只获得这么低的收益，是否值得？他讲，理论上说，如果棉花每吨从 11 000 元涨到 30 000 多元，你投入的本金可以盈利 20 倍，但往往在一大波行情中，我却始终保持轻仓，只去赚这波行情中最明显、最容易把握的那一部分利润，从而确保把高风险的期货投机变成一个低风险稳定盈利的职业。

采访中，他给我算了一笔账：如果你每年能够获取30%利润，15年就是60倍。这个业绩，连世界投机大鳄索罗斯都会对你佩服得五体投地。有的投资者希望每年能翻几番。安农说，我刚进场时也是想每年能盈利200%以上，但现在希望每年能盈利30%就满足了。

发现错误，及时休息

每一个投机者在生活中都会遇到各种各样的麻烦，进而影响交易状态，或者市场某段方向不明，一些时候你的交易会出现连续性的亏损。一旦出现这种情况，你要毫不犹豫地砍掉所有仓位，反思市场，反思自己的操作行为，调整自己的状态，休息一段时间后，再慢慢寻找切入市场的时机。2008年上半年，安农的账户回落过程中，他发现自己的状态不佳，市场形势不明，多次全部清仓。彻底调整之后，他再次介入市场，在很短的时间里，就获得了非常好的收益。

时刻留心潜意识的预警讯号

时刻留心潜意识的预警讯号，也是一个成功交易者应该具备的素质。对来自周围的各种信息一要留心，二要及时做出分析和判断，一旦发现这些信息引起你的极度不安时，你要果断减仓或离场。有一天中午，他在和朋友聚餐时，聊起对最近市场走势的看法，发现朋友们持仓方向极度地一致做多。下午，他回到办公室，思索良久，同行一直做多的看法，使他内心极度不安，他便果断决定全线离场。就在他离场的第二天，行情大跌，他避免了一次重大损失。

锻造完美性格，保持良好心态

安农说："操作系统只能够告诉你正确做单，但要想稳定盈利，心态的管理尤为重要。"

老子说，"知人者智，自知者明，胜人者有力，自胜者强。"能战胜自己的，才是真正的强大者。

从一定意义上说，心态决定成败。如果说你性格过于急躁，你就会总是提前进场，见别人赚了钱，你没赚到钱，心里很急，急着做，就亏钱。而如果你性格过于犹豫不决，你又会放过许多稍纵即逝的战机，高位不敢追涨，低位不敢抛空。

一个交易者要经常在极度安静的状态中，反思自己性格中的优缺点。要利用自己性格中的优点，修改自己性格中的弱点，不断完善自己的性格，让自己保持一个良好的心态。

安农说，他会经常把自己关在办公室，一个人静静地待上一天，去反思性格中有什么弱点，这些弱点对当前做单造成了什么样的负面影响，以提出修改方案。

但是，安农说，多次总结，多次反思，发现自己所犯的一些错误，常常实际上还是一些老错误，可谓江山易改，本性难移。人的内心深处的东西，确实太难以修改了，这是一个长期完善的过程。要想成为一个成功的交易者，你就要在发现自己性格中的弱点后，做到尽量加以回避，努力克服自己性格中的“短板”。

要保持最佳的身体状况

要保持最佳的操作状态，就必须有强壮的身体和旺盛的精力。你身体越强壮，你的投资信心就会越充足。遇到连续性的亏损和市场的大幅波动，你身体和心理的承受能力才会更强。同时，长期坚持身体锻炼，对人顽强的意志也是一种培养。如果身体垮了，你生活的信心就会垮掉，就谈不上有好的交易信心了。

投资奇人的夙愿

实现初步梦想的农民投资奇人安农，谈及今后的路，他希望未来自己能成为美国投机大师艾·西柯达那样的人。准确把握全球农产品的趋势变化，成为一个农产品投机大师，并且希望有机会到国外的投机市场与世界投机大鳄们同台竞技。

末了，他还深情地对我说，我之所以有现在的一点成绩，是家乡的那块土地养育的结果，是那片贫瘠而美丽的田园给了我智慧。我成功后，一定要回报家乡那片土地，回报养育我的家乡父老。

中国股坛有个成功的“小女孩”

机构操盘手刘颖的股市传奇

刘颖

机会往往存在于大多数人害怕去的地方！

2013年，她从一位“富姐”一夜间沦为一贫如洗的股市“乞丐”，后凭着她的聪明和胆识，又从“乞丐”最终走向了成功。她大起大落的传奇人生和她真诚袒露的一切“内幕”，耐人寻味，给人启迪……

刘颖

女

大学文化　北京某机构操盘手

入市时间

1993 年

投资风格

长线思维，波段操作 。

投资格言

天空没有一丝云彩时要小心，

而机会往往存在于大多数人害怕去的地方！

——[美]奥利弗 · 瓦莱士

看起来刘颖是个极普通的女孩，但她聪颖过人，是记者多年采访中极少遇到的才女之一，一个在证券市场叱咤风云 13 载的成功的“小女孩”。

20 岁出头，她就执掌数亿的资金，创造了股市中一个又一个“神话”。成功，使她享有了一切——一套豪宅，两辆高级轿车：一辆凯迪拉克，一辆尼桑，还有一名专职司机。

但，生活也给了她太多的磨难。一夜间，让她从一个“富姐”一下子变成了一个身无分文的“乞丐”！

然而，她以自强不息的精神，终于顽强地站起来，并最终走向了胜利！

她在中国股海那大起大落的传奇人生，给予人们太多的思索与启迪……

浪漫罗马，留不住她眷恋中国股市的那颗心

刘颖出生在一个高级知识分子家庭。父亲是新华社驻意大利的首席记者。1993年在大学读文学专业的她毕业前在新华社《经济参考报》实习。父母在国外，她有更多的时间投入工作。除了每天完成编辑任务外，她还帮忙打字排版，在实习生中，她是大家最喜欢的一个小女孩。

每天的股市行情表，是最难打和最枯燥的表格，满篇的数字，又极容易出错，实习生们谁都不愿意打，而刘颖却主动接过这项活，天天打行情表。几天过去了，她竟从这枯燥的变化无常的数字中发现了一个"秘密"：如果能把握股市的波动，从股票价格的高低差价中不是能赚取很多钱吗？就这样，一个月，两个月……那神奇的数字一直涌动在她的心头，有时连做梦都常常闪动着那些神奇数字的红绿大盘。

终于有一天，她怀着好奇走进了梦里萦绕着的交易大厅，壮着胆子用自己3 000元的积蓄买下了有生以来的第一只股票——深物业，虽然只赚了8分钱就抛了，但这一举动，令她激动了好一阵子。

她渐渐开始走近股市。然而这时，一份签证寄到了她的手中，她的父母在意大利为她安排好了一切。她飞向了罗马。

与父母团聚的日子是幸福的。爸爸妈妈带着她这个宝贝女儿游历了意大利和欧洲一些国家。美丽古老的罗马和家庭的温馨，使她一直沉浸在甜蜜幸福之中。

但是，浪漫的罗马最终没能留住她。刘颖有自己喜爱的事业，有自己的追求，她身在罗马，心里天天还在跳动着那些神奇的数字。她知道自己喜爱上了中国股市，也许这辈子的命运要与她结缘了。于是，她只在罗马逗留了一个月，就离开了那个令很多人着迷的城市，飞回了她日夜眷恋，有着她理想和“心魔”的北京。

三年不鸣，一鸣惊人

1993 年秋，刘颖放弃了最初当一名作家的愿望，正式踏入中国证券市场。她先进了一家投资咨询公司。在那里她如饥似渴地学习金融知识，参加了南开大学办的证券投资硕士培训班，天天写投资报告，为《北京青年报》和一份杂志写股评文章，很快，她成了中国证券市场小有名气的证券分析师。之后，她进了一家实力雄厚的券商机构，从对市场的开发调研，一直做到部门经理。

1996 年 9 月，她担当主操盘手，开始了对大资金的运作。当时，他们与另一家机构强强联合，猎击的目标是一只流通盘当时仅 1 800 万元的吉林化纤(000420)，目标位是将股价在现价上翻倍。

“那段日子，单调而刺激，股价在自己双手的敲打下天天往上蹿。”刘颖回忆如火的往事，一脸的兴奋：“我每天敲，33 手、66 手、88 手地敲，在 10 元左右整整买了一个月。进入拉升期前，我变得十分谨慎，每笔买单都不能过大，一般不超过 100 手，这样做的目的是不让成交量过大，保证隐蔽建仓的顺利完成。这只股票的股价从 10 元多最高涨到 32 元多，在《人民日报》发表评论员文章股市大跌后，它又上涨了 3 周，最后公布了 10 送 7 的送转分配方案。我们提前撤退，实现了利润翻倍的目标，我为公司赚取了 6 000 多万元（但在年终我仅得到了 600 元的奖金，这是我以后辞职的主要原因，此是后话）。

“在吉林化纤成功操作之后，我接着又做了燕化高新一只股（000609），从 25 元一直做到 35 元出局，都很顺利。”

“你在进行大资金运作中有哪些感悟呢？”

“我深深感到炒股还是蛮爽的。同时，我体会到只要行情好，只要手里的股票质地好，有题材，就一直做多，像吉林化纤、燕化高新的运作都是正处于大牛市之中，盘子小，拉上去又有送配的题材配合，所以股价能翻番是不奇怪的。只要题材没兑现，就一直持股。”

终生不忘的“海虹情结”

2003 年初，京城下了好大一场雪。

清晨，刘颖嘎吱嘎吱踏着齐靴深的积雪走向停车场。突然，她发现自己的车不见了，再摸摸包里的钥匙，早已不翼而飞。此刻，她像是意识到了什么，立即迅速地翻看着自己的手提包，发现身份证没了，笔记本中夹着的朋友从她那借走的巨额借款借据也没了。

她知道这个人欺骗了她，卷着她的所有钱财失踪了。

刘颖木然地站在雪地里，雪花飘落在她的身上，半天，她一动不动地站在那儿，像个雪人，泪水在眼里打转，心冰凉冰凉的。

她一时陷入了生活的绝境。她把自己关在家里，半个月不出门。昔日辉煌的她，此刻身无分文，她不愿见任何人。

生活的重负将她击倒，她发起高烧住进了医院。

远在国外的妈妈知道她的境况后，给她寄来了 4 000 元生活费。

刘颖拿着妈妈邮来的汇款单，止不住的泪水顺着脸颊往下流。

生活难道就这样沉沦下去？这时，电话铃响了。是广东湛江一个老朋友打来的“求助”电话：他炒股损失惨重，希望刘颖像往常那样帮帮他。

刘颖是个非常重义气的姑娘。她视客户如上帝。她忘却了自己的痛苦，当天从医院跑出来，怀揣 4 000 元钱便飞赴湛江。

她要给一个信心，她住进了五星级宾馆。

谈了三天三夜，她和朋友顺利地签订了操作的合作协议。临别时，朋友邀她逛商店，她婉拒了。

其实，她除了吃住，在湛江只花了 10 元钱，5 元买了一张地图，5 元给了门童小费。当她飞回时，身上只剩下 300 元钱。事后，许多人称赞她当时比男儿的胆量和勇气还要大。

协议立刻执行。一切由刘颖遥控指挥。她知道此役非同寻常，生死攸关。

她把关键的一注押在了海虹控股(000503)。她令客户14元全部买进该股。此时，非典拖累大盘暴跌，而海虹控股像是有意在帮刘颖，也像在验证刘颖超凡的选股功力，逆势走强，到5月底，股价上冲至22.87元，刘颖令客户在20元就开始派发，至22元全部派发完毕。获利的朋友如约给她立即汇来了4.5万元的回报费。

“可以说，关键时刻是海虹救了我一命，她是我在证券市场上最难以忘却的一只股票。”采访中，刘颖多次向记者流露对海虹独特的情愫：“我靠着这45 000元又重新站了起来。2003年11月，海虹又给了我一个机会。当时我正在外出差，见海虹股价已调整至12元，我给全国各地的股友打电话，让他们全部吃进。仅几个月，海虹的股价就涨到30元，许多股友在这轮行情中资金都翻了一番。我第三次买海虹，是在2004年的8月，那时，海虹在除权后股价已滑落到10元以下，7元多，8元，9元，我带领众多股权逢低抢进。至你来采访，已有50%左右的收益了。有人说，海虹是我的情人，我一点不否认，因为我太爱她了。”(见图1)

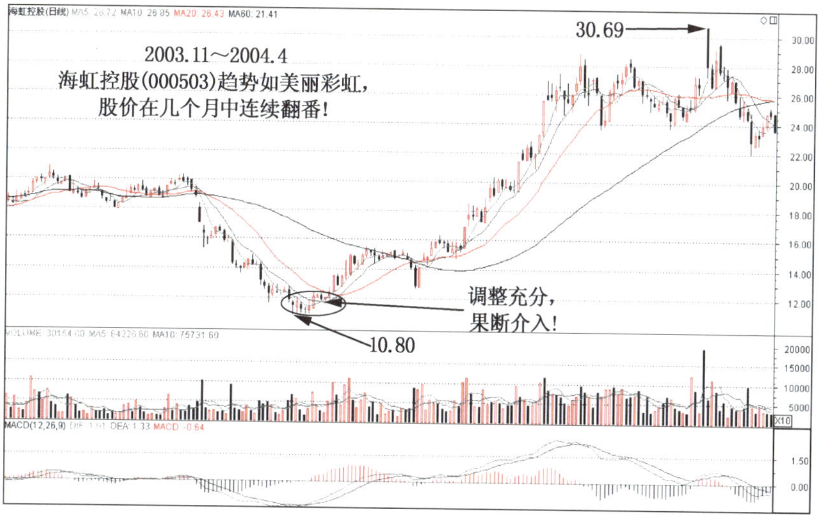

图 1　2003 年 11 月～2004 年 4 月海虹控股走势图

只要“矿脉”不断，“金矿”的开采就不中断

刘颖炒股有一个“穷追猛打”的风格。只要她瞄上了一个重点目标，就不会轻易撤出，非要轮番轰击不可。用她的话说，就是炒股犹如开采金矿，只要“矿脉”不断，“金矿”的开采就不能中断。

她四炒方正科技的故事，便是一个范例。

8 年前的冬天，在股市处于低迷之中时，刘颖选中了一只低价名牌科技股，那就是沪深股市唯一一只全流通的科技股方正科技。她在 10 元左右全仓杀入。之后，起起落落，她全不在意。半年之后，这只股最高涨到 34.99 元，她获取了超过 300%的利润。

1999 年“5·19”前夕，她再次趁大盘低迷之际，在 12 元左右的价位买入曾给她带来好运的方正科技。她认为，方正电脑的市场占有率那么大，若行情来临，方正科技仍将具有龙头潜质。果然，随着“5·19”行情的爆发，方正科技雄风再起，股价从 12 元直冲 26 元，又一次带给她丰厚的回报。

1999 年 11 月底，刘颖在盘中发现方正科技已调整了 50%，感到机会再次来临。她细心地观察盘面，当她发现主力机构再次进场时，她毫不犹豫地在 15 元的价位跟进。2000 年春节刚过，以科技股为龙头掀起了一波行情，方正科技股价从 15 元直飚 30 元，又一次实现翻番。2001 年春节后，刘颖见该股在 24 元一线盘整，她便第四次介入该股。5 月底，股价创下 42.98 元的新高，刘颖见周成交量放出天量，随即获利出局(见图 2)。

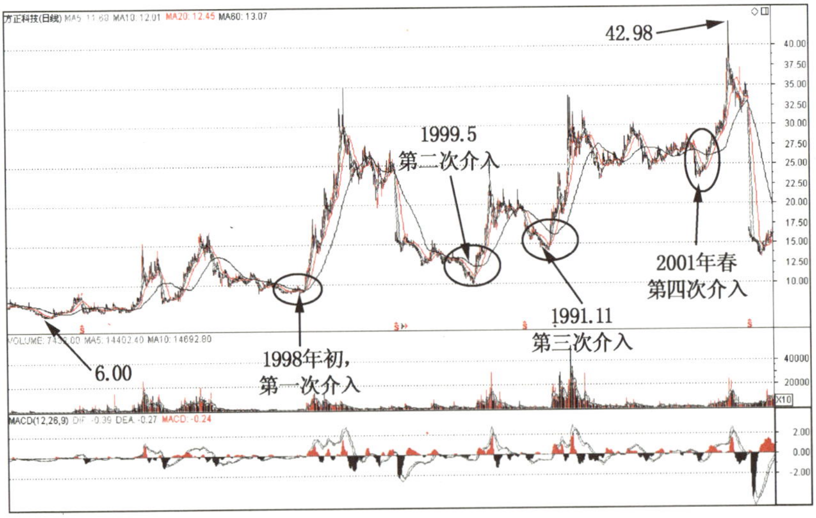

图 2　方正科技(600601)周 K 线走势图

“你对一只股票反复波段运作，节奏是如何把握的呢？”记者问。

“主要凭盘面感觉。一只股炒的时间长了，对主力运作的特点、股性等也就都熟悉了。就像我操作方正科技这只股来说吧，我只要看到盘面中连续几天出现上百手上百手的大单往上拉，加上观察成交量的变化，就证明实力机构准备运作它，就可跟进。同样，如果该股在上涨途中创出近一年来的最大成交量，就有短期见顶的迹象，应即时出局，不可再恋战。”

挖掘“不可再生性资源类”股票中的黑马

“多年来炒股，我还有一个嗜好，就是喜欢炒那些带有垄断概念的股票，而稀缺类和不可再生性资源类股票则是我的首选。它们中常常会出人意料地跑出一些大黑马！”采访中，刘颖对记者说。

“就拿中国的大山名川旅游业来说，那可是不可多得的不可再生性资源类。许多是靠山吃山靠水吃水‘睁开两眼就拿钱’的。但是，我在买旅游板块的股票时，可是挑了又挑，最后从众多旅游类股票中只选中了两只——一只是峨眉山(000888)，另一只是丽江旅游(002033)。为什么我没选别的旅游股票呢？因为我通过分析比较，看到在峨眉山旅游业中它的门票收入和索道收入占有的比例很大，仅从2004年三季度的统计看，就分别达54.29%和24.37%，而同类旅游板块中的如桂林旅游、西安旅游、张家界等，有的是没有门票收入,有的则以餐饮、客房收入为主,垄断性不强。而丽江旅游在同类中又更胜一筹。我曾多次到丽江旅游,那里光索道就有三条,一条通往玉龙雪山,一条通往云杉坪,一条通往牦牛坪。我曾目睹了几百人排在索道口等候的情景,这种独特的风光资源是带有垄断性的,它的利润增长率当然很高,从2004年中报统计的数字看,仅索道一项收入就高达95.91%。因此,它一上市就引起我的极大关注,趁它上市不久主力往下惯压的时候,我在9元左右重仓介入该股,几个月来,大盘疲弱,而我持有的丽江旅游则成了弱市中少有的黑马之一,它给我带来了40%以上的收益。

"类似这种垄断性的资源类股票还有许多,像道博股份(600136),它拥有塞尔宽带网络,全国高校都使用它的网络;还有许多具有垄断性的'路',如沪宁高速、中原高速地理位置重要,利润都很高,仅中原高速(600020)2004年中期公布的主营业的利润率就达78%;在消费品中还有五粮液(000858)、贵州茅台(600519)等,都是资源稀缺的名牌产品,它们股价高,走势强,是情理之中的'黑马'。"

"咬住"主力机构,获取最大利润

刘颖是个端庄文静的女孩,可炒起股来却像个"辣妹",有股子狠劲,不获大胜,决不收兵。她说:"我长期与大机构合作,它们的秉性和伎俩我都很熟，只要搭上它的车，我就会‘咬住’它，决不会被轻易甩下来，只有这样，才能获取最大利润。”

她记得非常清楚，1999 年初市场热炒次新股，根据当时状况，她及时选择了飞彩股份(000887)，流通盘仅 3 600 万股，每股收益 0.36 元。上市以来该股横盘整理，日 K 线几乎呈一条直线，这种走势明显是主力正在建仓，而且是在维持相对平稳的股价。小盘，良好的业绩，这些都足以吸引主力的视线。就是在这种平淡的成交之中，刘颖发现了主力的身影。没有明显放大的成交，只是格外平直的日 K 线就足以说明问题。果然，在公布了 1998 年的年报之后不久，该股开始进入拉升阶段，股价仅用 8 周时间就从 15 元迅速拉升至 25 元。这种快速拉升的行情最怕被主力甩出局，往往在拉升几天之后，庄家会借一些利空消息震仓清洗浮筹。飞彩股份当时就有 400 万职工股上市的消息。在当时小小的扩容都会对股价走势产生影响，许多投资者闻悉纷纷杀出，而刘颖却看准大的走势，坚持做多。直到成交放出巨量，并连续收出带长上影的周线，才获大利出局。之后，她以同样的选股思路，于 2001 年 5 月初介入乌江电力(000975 现银泰资源)，富有戏剧性的是，在建仓完毕的第三个交易日，该股即向上突破整理平台，以巨大的成交量迅速向上推升，独领风骚，成为当时最耀眼的领头羊(见图 3)。

刘颖打开当年该股飙升的走势图给记者介绍道：“我当时介入位在 15 元左右，当股价涨至 20 元时，盘中有较大的卖单出现，许多股友被吓了出来。而我当时判断，这种卖盘并不意味着拉升行情就此结束，而是来自于两个方面：其一，散户投资者的不坚定性卖盘，

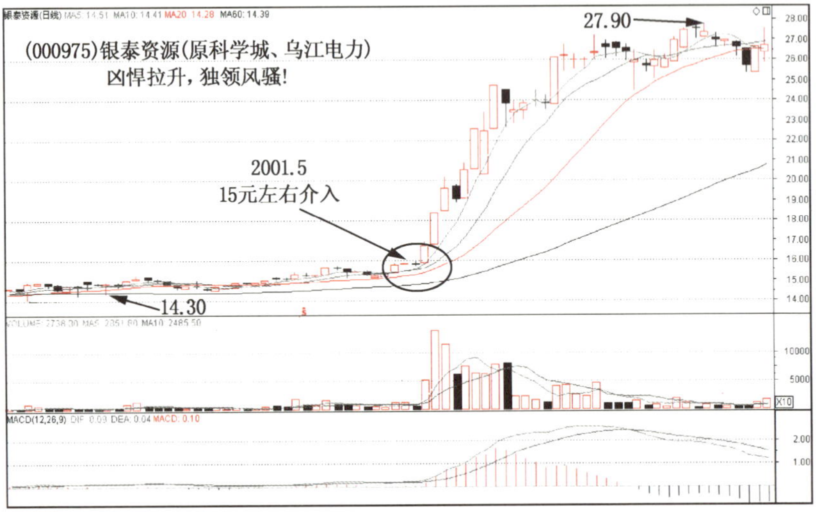

图3 银泰资源(000975,原乌江电力、科学城)走势图

短线获利了结出局;其二,是主力机构借20元这一整数关口清洗浮筹。当那些不坚定分子都已清洗出局之后,股价便得以进一步拉升,最高达到27元。从实战中我深深感到,逮住一只黑马,如何咬住主力获取最大利润?主要在于分析庄家的实力及意图。当主力为短庄急拉时,多数涨幅应在70%～100%,这时对于盘中出现短线回调应忽略不计。而长庄多数会走出跨年度行情,如方正科技、海虹控股等,投资人应以长线思维并波段性操作来应对。另外,也是最重要的,就是炒股票要做到稳、准、狠,要有韧劲,不获全胜,不轻易收兵,只有这样,你才能在无情的博弈中获取最大的收益。”

走出主力运作的“迷宫”

刘颖在证券市场度过了13个春秋。13年,她经历了无数的风风雨雨,有成功,也有惨败,当记者问她感受最深的是什么?她说:“要我说,就是‘残酷’二字。炒股,是种残酷的搏杀。”

她坦诚地对记者说:这个市场,虽然不见刀枪,但却是腥风血雨,它是一场没有硝烟的特殊战争。要我看,它那双方对决博弈的激烈程度,绝不亚于真刀实枪的战斗。在这场战斗的搏击中,作为引导市场潮流的主力,为了赢得胜利,其进攻方略,几乎无所不用其极。在其操盘运作中,它们制造种种假象,迷惑投资大众,是其一贯的伎俩。

多年来,我曾多次与主力及大机构合作,受过它们的骗,也与它们一起使用过迷惑人的策略,如今,回首那铺满鲜花与布满陷阱的征途,至今,还一幕幕地仿佛就在眼前……

“红颜杀手”何以梦断春城?

这是一个真实的故事。故事的主人公是我的一位非常要好的朋友。虽然过去好几年了，但每当想起她，心里就揪得慌。那是2002年的春节后，我和我的这位云南朋友接到一个大机构的“秘密约定”，要我们大量吃进深市的一只股票。我打开盘面一看，该股此时已在15元左右盘横多日，我作为与主力多次合作过的“老江湖”，一眼就看透主力的心思，他们要出货，要我们先接盘。当然，这是一种有回报的交易，而且有时还特别诱人，我记得一天我就曾进账50多万元。我按约当即接过了这个“烫山芋”，价格在15元上下。不过，没几天，我就将它抛出。我的那位朋友过去很少干过“锁仓”的事，开始，她还挺谨慎，只用了几百万元的资金投入。那些天，她见该股不跌，有时还往上走，心动了：炒股，有回扣，还赚钱，多美的事啊！电话里，我多次提醒她注意风险，她竟认为没事。

一天，我突然发现这只股票盘中有大量买单涌入，一时感到莫明其妙，是主力横盘后再次拉升？不像！但没两天，我就见到这些大量的买盘渐渐少了，只要它一涌出，就会被巨量的抛单瞬间“吞噬”。

2002年5月15日，主力终于凶相毕露，以连续跌停的方式疯狂出货，使股价从15元直落10元。事后，才得知，主力的提前出货，是被突然涌现的大量买单“逼”的。而盘中那些大买单，正是出自我那位要好朋友之手。她对主力的行为和这只股票的运作看走了眼，认为它不会跌，成交量不断放大，她判断会向上突破。她不仅没听我的劝，尽快将手中筹码卖掉，反而悄悄地又融了几千万元的资金，大量地吃进这只股票。这种送上来的“便宜”正是主力渴求的，而我那位朋友大量接单的资金又并不在“合约”之内，没有任何回报。

最终，她遭到了“灭顶之灾”，这只股票的几个跌停将她的梦想彻底毁灭。债主逼债，她走上了绝路……

近年来，类似这种与主力机构合作“锁仓”的事，我经历了许多次，我深知高台跳水背后的“故事”是怎么回事，它一时是那么迷惑人，以致给许多投资者许多错觉：看到成交量放大，并猛然间向上拉一下，似有向上突破平台整理，可能会有一波行情的上涨。

那么，究竟怎样才能识破主力布下的这一陷阱呢？我的体会是：主要看该股前期是否已经涨过了，这种情况往往发生在股价大幅拉升之后，有的翻了1倍，或2倍，甚至3倍，大多经过除权，然后横向盘整。若此时放量向上拉，就很有可能是主力通过对倒出货。其实此时的成交量是“造”出来的，是专门迷惑投资者的，是绝对靠不住的。例如，凤凰股份(600679)在2004年2月6日向上突破了19元的长期整理平台，股价达20元，当天成交量放大1倍，就是对倒出来的。在人们望着它向上突破架式纷纷介入时，它却于次日“变脸”，股价一路下滑，从20元一直跌到6.48元。由此看来，庄股及前期涨幅较大的股票，放量向上突破，有时往往意味着出货的开始，而它的每一次反弹，则都是一个卖点。

低位放量并非都是“好事”：警惕主力低位放量出逃

采访中，刘颖对记者说：“通常，投资者在买入股票时，都有一个最基本的标准：那就是底部要放量。只要一放量，就是‘好事’。因为底部放量，往往意味着庄家建仓入驻。介入这样的股票，日后必有所获。然而，很少有人知道，主力还有低位放量上涨出逃这一招。”

“对于众多中小投资者来说，在大势惨淡的下挫行情中，对于庄家的高位放量下跌出货，一般还是容易识别的。而对于主力的低位放量上涨出逃，却往往被误认为是建仓信号。由于其手法隐蔽性极强，对投资者的杀伤力极大。

“在盘面中会常有这样一种现象：一些历史上深套的庄股，在经过长时间的下跌和沉寂后，逐渐形成底部形态，其典型特征表现为量增价升，量价形成双重金叉，似乎表现为明显的建仓特征。然而经过一段时间上涨，比如上涨20%～30%以后，升势却戛然而止，股价掉头向下，放量大幅下跌，甚至跌破历史支撑位。

仔细辨别，原来庄家不是建仓，而是通过低位对敲出货。”

“那么，投资者该如何识别低位放量建仓与低位放量出逃呢？”记者问。

“以我的实战经验观察，区别两者的不同，应有以下五点。”刘颖总结如下：

放量的速度不同

低位建仓除非遇特大利好或者板块机遇，一般会缓慢进行。而低位放量出逃的特征是成交量在短期内急速放大，日换手率连续保持在5%以上，在相对高位，会放出10%以上的成交量，且其间没有起伏，放量过程常常是一气呵成的。若发现股价在明显的低位，如此放巨量,充分说明有资金在通过对敲出逃。

上涨时放巨量

这主要是指即时走势图,上涨时异常放量,成交量大量堆积,给人以不真实的感觉。日涨幅并不大,但是成交量却屡创新高。例如,兰太实业(600328)于2004年5月除权之后股价在6元左右横盘整理,11月12日,该股成交量突然放出天量,盘中一度接近涨停,换手率高达36%,最大单笔成交量达百万股以上,超过了流通盘的1%。当时,很多人认为它要向上突破,然而,它从第二天即开始暴跌,仅4天时间,股价就从7元跌到了4.90元。

反复震荡

不管是上涨还是下跌,即时走势图上,股价都反复震荡,暴露出主力清仓的意图。

尾市拉升,连收小阳线

低位建仓的信号一般是尾市打压多,日K线经常留下上影线,小阳线与小阴线交替出现。而放量出逃的特征则是经常在尾市拉升,盘中可能是下跌的,但日K线却多以小阳线报收。由于短期内成交量连续放大,价格K线上挂着一串串“红灯笼”,量价形成金叉,形态上令人十分看好。

能否真正突破前期阻力位为试金石

真正的低位建仓,往往会放量突破前期阻力位,向上拉升。而以放量上涨出逃为目的,则不会突破前期重要阻力位。因为突破前期重要阻力位,就意味着主力必须吃进更多的筹码,这显然与主力清仓的初衷相悖。例如,我与主力机构合作过的西藏天路(600326)

这只股来说，我是“按约”在2002年11月1日在13元“接的货”。该股曾在2002年10月18日开始止跌反弹，从11.30元反弹到13.60元，成交量放大。它是否真正的反弹，是否有可能向上突破平台，当时只有我们这些参与“造假”的人心里最清楚：一是它已经过了一轮爆炒；二是大盘不好；三是从形态上看，该股具有典型的庄股特征：日K线实体很小，显示主力在维持股价，虽然从10月18日始连续4天收阳线，但股价始终未能突破前期高点，所以判定它反弹并不成立。实际上，主力从11月3日起以“锁仓”的行为抛出了大量筹码，之后再以跌停的凶狠手法出掉了手中的剩余筹码。

刘颖说：“在大势不好的情况下，主力通过这种方式出逃，成本相当高，而且出货量也不可能大，只所以如此，关键还是无可奈何，非走不可。比如，资金链出现问题，或者公司的基本面出现大的利空，否则主力不会在被套几年、股价远离成本区的情况下强行出货。这种形态具有较强的隐蔽性，即便是老手也有上当的可能。识别的关键还是看成交量的异常放大，尤其是在相对高位，如果连续放出10%以上的成交量，可以认为主力在出逃。不过，对于此类股票，如果看好形态，上涨初期可以适当参与，但一旦发现放量下跌，要果断出局，防止被套在高位。”

擦亮眼睛，从“公告信息”里辨真伪

公告信息是投资者平时看得最多的资料，它是许多人在选股和做出买卖决定时的一个重要依据。但刘颖却对记者说，利用公告信息骗人，也是主力常用的一种伎俩，只有擦亮眼睛，百倍警惕，才能辨其真伪，不至于上当。

“还是先说说我多次做过的海虹控股吧”刘颖介绍道：“2004年8月19日，海虹出了半年报，每股收益是0.037 7元。看后，我心里就一直纳闷：它的季报每股还0.061 9元，怎么半年报突然少了呢？我怀疑报表数未必真实，其中必定有‘诈’。”

在公布半年报后，海虹的股价跌到了8.33元的相对低价，我也正是在这时第三次大量吃进该股的。那段时间，为了配合该股的低位，公司出了一系列公告：充分地表示其下属公司所运营的网络游戏‘A3计划’与韩国方的合作有可能破裂。这一系列利空，使得股价一直在9元以横盘整理。当时我在仔细阅读中报时发现，它把娱乐这一项的数字有意‘造’的很小，隐瞒了真情。而重点突出了医药、电子商务、化纤等业务。我想，众所周知，主力运作海虹，看重的绝不是它的医药，也不是它的电子商务，更不是它的化纤，而是它的网络游戏。这种刻意把与操作重点有关的项目的营利利润缩小的用心，便昭然若揭。

其实，事情往往是主力刻意造的‘坏’，正是日后拉升最大的利好。果不其然，在‘9·14’行情中，海虹成了一波行情的领头羊。为配合其拉升，主力又发了一个公告，说海虹将它所拥有的联众79%股权中的29%转让给韩国的NHN集团，仅此一项收益就达4.7亿元，扣除税，获利将近4亿元，使海虹每股收益立马变成了0.53元，股价也从8元多涨到近16元，接近翻倍。至此，中报的‘隐情’才大白于天下。”

“宝丽华的主力在出货时也曾采用过同样的伎俩。那是2001年的12月5日，它突然出了一个‘共同开发推广食品辐照技术’的公告:公司于2001年11月4日与卫生部食品卫生监督检验所、北京弘通伟业、科持发展有限公司就共同开发推广食品辐照技术签订了《合作意向书》。当时宝丽华的主营业务是房地产开发和服装生产加工，如果辐照技术真的合作成，用于全国的粮库，保证粮食不发霉，将意味着给企业带来多么大的利润啊，以此也会影响该企业主业的转行。当时，这一公告也着实迷惑了不少人，都纷纷抢进。善良的人们哪里知道这纸‘公告’，纯粹是主力掩盖出货精心编织的‘花环’。随着主力的大量出货，其后此项目的‘合作’便消失得无影无踪。”

“另外，主力为了达到其操作的目的，除了及时发布一些迷惑人的公告信息，还常常利用大量的媒体制造种种舆论造势，掩盖其真正的目的。我曾经历过这样一件事。那是2001年的时候，当福耀玻璃(600660)这只股票经过几轮大涨之后，他们找到我，要我找几位证券分析师同时在全国各大主要的证券报刊发表文章，推荐该股，并答应以重金酬谢。当时，该股正高居24元左右，显然主力要借舆论的掩护出货，我凭良知婉拒了。但类似的事情却在现实中发生不少，为什么报刊一推荐，股票往往不涨反跌呢？就是这个道理。所以，一旦报刊在一段时间集中推荐宣传一只股票，那往往是裹着‘蜜糖’的‘毒药’，大家就要小心了。其实，只要投资者在盘面中细心观察，明辨真假，就一定能捉住狡猾狐狸的‘尾巴’，走出主力运作的‘迷宫’。”

从 3万元 到 数亿元

李旭东

"中原股神"李旭东创造惊世奇迹的神奇密码

安全第一，赢利第二。不赚钱可以，但绝不能赔钱！

他，一个名不见经传、年仅28岁的中原小散户，从3万元艰难起步，凭着他过人的智慧和独特的操作绝技，仅用6年多的时间，竟创造了"从3万元到数亿元"的惊世奇迹，轰动整个华夏股坛。他那传奇的故事里，究竟隐藏着什么样的秘密？

这里将向你真实地"还原"6年间在中原大地发生这一"神话"的一切……

李旭东

生于 1977 年

经济学硕士

入市时间

1999 年

投资风格

快进快出，短线为王。

没有 90% 的胜算，决不出手。

一旦出手，就一定实行“稳、准、狠”的“精确打击”，没有半点犹豫。

极端自信时，资金倾巢而出，不留一兵一卒。

投资格言

追求复利，每次只赚一点点。

积小胜为大胜，将无数只小黑马组合起来就是大黑马。

正如爱因斯坦的一句名言所说：

“世界上最强大的力量不是核武器爆炸的威力，而是复利！”

开篇注释

在 2015 年的钟声敲响之际，当我再度审视和精编“从 3 万元到数亿元”——这篇记录着“中原股神”李旭东创造惊世奇迹的稿件，将其编入上海财经大学出版社出版的“《民间股神》(白金版)英雄榜系列”的“传奇篇”奉献给读者时，4 年前在母亲河畔采访李旭东的情景如现眼前，抑制不住的激情，一直涌动在心间。深夜，我拨通远在千里之外的李旭东和他助手孟建伟的电话，再次与他们在电话和 QQ 上进行了长时间沟通和畅谈，我为他坚守理念不断谱写新传奇感到十分欣慰。与此同时，一直关注和见证着李旭东成长的河南《大河报・大河财富》副主编李金雨，也把李旭东近年在郑州作的几场轰动性投资报告的发言稿传递给了我，字里行间，流露深情，我仿佛听到他向热爱他的百万河南投资者无保留地袒露他成功秘籍的心声，真诚而无私，令人感动。

这里，让我将4年前亲临河南郑州采访李旭东的“原创”作品和近年来追访他的最新内容，作为2015年的新年礼物，一并奉献给全国的读者朋友！

从3万元到数亿元！仅仅用了6年零6个月！

这是一个惊世的奇迹，也是发生在中国证券史上一个真实而美丽的“神话”！

世界日报发行百强的《大河报》见证了这一“旷世奇迹”的诞生全程。

这部“神话”，它不仅铭记在河南省百万投资者的心中，也必将镌刻于中国证券的史册上。

使人们意想不到的是，创造这一奇迹的主人公，不是什么“股市大鳄”，而是河南省郑州市一位年轻的“草根英雄”、一个名不见经传的小散户。

他的名字叫李旭东，时年34岁，河南省的百万投资者赞誉他为“中原股神”。

几年前，在他开始创造这一奇迹时，年仅28岁。

引子：神秘的“中原股神”，你在哪？

整整5年了。

从 2006 年至 2011 年间的 5 年间，我已记不清有多少回，有多少个来自祖国母亲河黄河之畔那热心的河南读者，通过“伊妹儿”、电话、QQ 向我一次次地发出恳切而热烈的请求：

“白老师，写写我们中原的股神李旭东吧。”

“他可是中国股市一个真正的传奇人物呐！”

有的热情的读者还把当地《大河报》报道李旭东“15 个月从 10 万元变成1 000万元创造中国股市神话！”的新闻从网络传给我。

李旭东，就这样开始走进了我的视线。

接下来，有关他的“传奇故事”，只要一上网，都会“铺天盖地”涌来：

“李旭东执掌的中瑞基金成立不到一年净值翻番！”

“李旭东延续牛市中赚钱的财富神话，在 2008 年这样惨烈的‘超级熊市’中，他亲自操刀的中瑞投资基金，在 2008 年上证大盘跌了 66%，他竟在 10 个月赚取了 74.8%！这是令众多所谓专家理财的公募基金经理都汗颜的战绩呀。”

2011 年更爆出了一则震动股坛的网络新闻：“中原股神”李旭东，用 5 年时间把 3 万元“不可思议地”炒到×亿元……

……

多少年，多少次，那一声声真切地呼唤，一则则令人震撼的传奇故事，让我一个年近 7 旬的老财经记者也为之怦然心动。

但 5 年过去了，因种种原因，我通过各种途径，最终没能寻找到中原这个神秘的投资奇人。

就这样，从 2006 年至今，《民间股神》系列书已出版了 6 集，然而却把震惊华夏股坛多年的李旭东给“遗忘”了。面对热情向我举荐的无数河南读者，我忐忑不安，无言以对。

难道我不想写一写中原顶尖的股林高手李旭东吗？不，绝不是。

李旭东，是河南，也是那片曾生我养我的故土上“冒”出来的一颗璀璨的证券之星，故乡的情结，一直在我心中萦绕了多年，我真想早早见到家乡的这位高手。尽管我付出了12年心血的《民间股神》系列书畅销多年，但其中没有李旭东的名字，一直是我心中的一大憾事。

中原的股林骄子，你在哪里？中华大地万千股民在呼唤，我的心底也一次次在呼唤着！

我没有灰心。近年来，在郑州，在上海……我一刻都没有停止过寻找他的脚印，渴望能亲眼见证和探索他成功之路的秘诀。

欣喜的是，2011年6月，就在我采写的《民间股神》第7集即将截稿，我正在广州一个小岛深夜赶写稿件，深圳的朋友小赵打来电话，兴奋地告诉我，他帮我找到了李旭东。

我一时激动不已。虽是夜深了，但我还是控制不住内心的激情，立即发短信给了千里之外仰慕多年的中原股神李旭东。

不想，我手机的“军歌”立即响起，李旭东很快回复：“您好，白老师，我也很期待很高兴和您见面。以后您叫我旭东就行了，白老师，不要那么客气！我也不是什么股神，我也经常赔钱，呵呵……”

我看后，反复揣摩着他最后的两句话：“我也不是什么股神，我也经常赔钱。”说的是那样纯朴，那样无华，那么直白！

第二天，我们又通过电话、QQ相隔千里用家乡话相互交流了许久，句句乡声，激荡在胸。李旭东平实的谈吐，没有丝毫炫耀自己惊人的战绩。这使我感受到远处中原的他，是个实在人，谦虚而低调，正如他的网名“诚”一样。

我期待着与他面对面，心碰心地深入交流，力求把一个朴实无华震撼中国股坛的李旭东，给以“复原”，将他多年来屡创“神话”的绝技以及他清澈透亮做人的风采，一并奉献给全国的投资朋友。

艰难的启程

他从“赔线”迈出股市征战的第一步。熊市中他初试短线神刀，屡夺“冠军”与“擂主”。在2005年的股市严冬中，他从3万元赚到9万元，一人创下四宗佳绩。

“逼”出来的“短线冠军”

“股民最苦”，“散户最难”，这是我在证券一线采访十余年感受最深切的一点。

每一位高手走向成功的路，都是充满坎坷的。

6年前的李旭东，也同样处在“水深火热”的散户行列中，他也像无数的散户投资者一样，也同样在赔钱的痛苦中经历过数年的煎熬。

1999年，刚走出校门不久的李旭东，在机械部的一个安装公司当技术员，那年中国股市如火如荼的"5·19"行情，让他心潮澎湃，激起了他对股票市场的一腔热情。

当他走进证券公司开户时，他并没有多少证券知识和操作技术，更不知道以后的路有多难走。

"你一入市，也赔过钱?"采访伊始，我问他。

"那会儿，啥也不懂，赔钱是常事。由于一年中经常有半年派到国外工作，买的股票在手里一捏就是几个月，等回来一看，套得一塌糊涂。"李旭东回忆当年的炒股启程，一样是苦不堪言。

"入市就做长线，这种状况持续了多久?"我问。

"这种被动做长线的局面持续有个把年。后来，我想，拿着股票老赔钱，这不中，得跑了再走。"李旭东说："打这以后，我买了股票，拿的时间越来越短，出国前一定兑现了再走，手里不再捏股票，用现在的说法，就是空仓。"

"你现在坚持做短线，就是当年这种工作环境给'逼'出来的?"我问。

"一个是常在外出差，给逼的，再就是我改成短线后，发现这种方法效果不错，一来跑得快风险小，二来不坐'过山车'，赚一点，是一点，效率高!"李旭东答道。

"后来改做短线就开始赚钱了吧?"

"股市哪有那么轻松赚钱的美事，"李旭东笑答："那时，虽然意识到了，也改变了方法，但是毕竟没有娴熟的技能。今天买了股票，不知明天是涨还是跌，一点数都没有。另外，一年到头在外出差，也分心，为了自己热爱的证券事业，后来，我把工作给辞了，一门心思投入股市。那些年，行情不好，技术不到家，真是赔了不少钱，后来，我为了练技术，把单位分的房卖了，资金全搭到股市里了！”

“你的短线技术是什么时候开始磨砺出来的？”

“应该说是在2001年6月下跌以后的那段熊市中，虽然股市的绵绵下跌是痛苦的，但我很感谢那段苦难岁月带给我的收获。正是在那时候，我学会了控制风险，并慢慢地看懂了大盘。”李旭东说：“特别是到2004年开始，我参加了河南和福建东南卫视举办的炒股模拟大赛，对我锻炼极大。”

“哦，成绩咋样？”

“2004年8月，我在河南首届模拟炒股比赛获得亚军。9月，在河南模拟炒股比赛获得冠军。2005年7月，在福建东南卫视预赛获得第3名，8月决赛获得冠军。2005年11月在河南股奕实盘大赛中指导4位客户，包揽前4名。”

“真不错呀，你这么快就赛出这么好的成绩，参赛高手挺多，几千人呢！”

“说实在的，这些成绩，对于我来说，并不重要。我更看重的是两点：一是与众高手角逐，可以向他们学习；二是逼着自己练过硬的功夫，尤其是短线技艺。你想，比赛那么激烈，容不得闪失。你更不可能买入一只股票拿它十天半月的，大多是今天买，明天卖，要事先下苦功夫选好多只短期有上涨潜力的股票，第二天在盘中还要根据大盘走势选一个好的买点，想做到‘一买就涨’，难度很大呀！”

“模拟大赛，你还那么上心？”

“虽然不是真金白银做，但我还是一心想把技术练精。”

“当时，有什么抱负?”

“那会儿，年纪轻，没想多远，当时听人说‘操盘手’挺神秘的，自己就想，等技术练好了，我也去当一名操盘手多好呀，呵呵……”李旭东说到这，爽朗地笑了。

熊市初试短线飞刀：从 3 万元到 9 万元

如今李旭东已具亿万元身价，在他的公司里，仍然珍藏着一摞已经发黄的交易清单。那是 6 年前他在熊市里的一段“美好记忆”。它记录着这位年轻“草根英雄”当年鏖战熊市从 3 万元到 9 万元的一段佳绩。

这，也是他决胜股市关键的一役，是他迈向成功的第一个脚印。

这一战绩，发生在股市“熊气”冲天的 2005 年。

这年元旦刚过，开盘后的第一个交易日，即 2005 年 1 月 4 日，延续 2004 年年终 1 245.62 点收盘的跌势，大盘一个跳空低开，将一根开年的大阴棒耸立盘中，新年伊始就给万千投资者以“脸色”。

然而，已经具有娴熟短线技艺的李旭东，并不惧怕这一切。在“熊气”弥漫的行情里，他非常冷静地盯着大盘，瞅准机会，快进快出，很快得手。

这年，他开始操作多个账户。

在他的历史交易账户上，清楚地记载着：2005 年 1 月 10 日时，他的账户上只有区区 3 万元资金。

他当年正是靠着这不起眼的一点“小本钱”起家的。

他企盼着在股市里能“小钱致富”，但是大势不配合，大盘一直在狂泻着，直到2005年的6月6日创下了998.23点的最低点。

千千万万的中小投资者伤痕累累，而短线杀手李旭东，却凭着在前几年练成的一身短线神功，在“寒冬”中顽强地“活着”。

他的账户在不断地“翻红”。2005年7月1日到7月29日，他账户上的13只股票，交易量累计达158万元，账户资金也从5万多元涨到7万多元，单月股票收益高达53%，而当月大盘的涨幅仅为0.19%，形成了悬殊的对比。

与此同时，他操作的其他账户也都“硕果累累”：

2005年11月1日到12月22日，一个账户资金从6万多元在他的操作下，飙升至12万多元，38个交易日内资金翻番，累计交易量达到515万元。

细看他的交易记录，发现有两大特点：一是他操作的次数虽多，但成功率极高。这一年，他曾连续买卖56次权证均没有发生过亏损。二是“每次只赚一点点”就跑，甚至有时只赚一二分钱把股票卖掉的也有。一次盈利超过10%的，几乎很少看到。

在大盘一片惨绿之中，他正是靠着“吃一口就溜”的战法，一点点地搏，到2005年年末，他3万元的小账户居然达到了9万元，翻了3倍。一年时间，累计交易量达到860万元，资金账户年收益达到200%。

《大河报》对李旭东熊市中初试短线神刀，创造中原股市的“神奇之作”，给予了报道（见当时的剪报）。

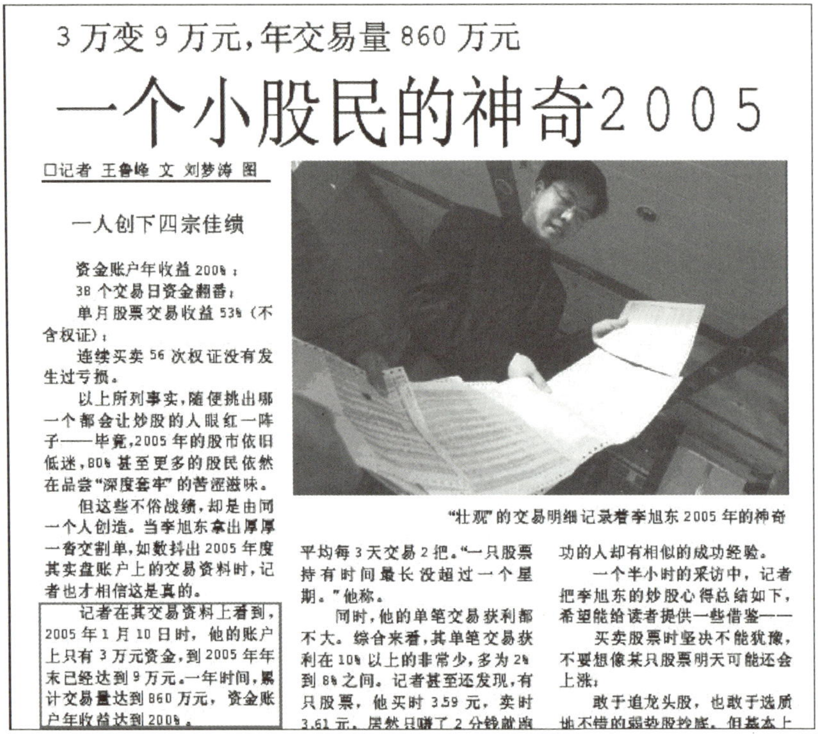

3 万变 9 万元，年交易量 860 万元

一个小股民的神奇2005

口记者 王鲁峰 文 刘梦涛 图

一人创下四宗佳绩

资金账户年收益 200%；

38 个交易日资金翻番；

单月股票交易收益 53%（不含权证）；

连续买卖 56 次权证没有发生过亏损。

以上所列事实，随便挑出哪一个都会让炒股的人眼红一阵子——毕竟，2005 年的股市依旧低迷，80% 甚至更多的股民依然在品尝“深度套牢”的苦涩滋味。

但这些不俗战绩，却是由同一个人创造。当李旭东拿出厚厚一沓交割单，如数抖出 2005 年度其实盘账户上的交易资料时，记者也才相信这是真的。

记者在其交易资料上看到，2005 年 1 月 10 日时，他的账户上只有 3 万元资金，到 2005 年年末已经达到 9 万元。一年时间，累计交易量达到 860 万元，资金账户年收益达到 200%。

“壮观”的交易明细记录着李旭东 2005 年的神奇

平均每 3 天交易 2 把。“一只股票持有时间最长没超过一个星期。”他称。

同时，他的单笔交易获利都不大。综合来看，其单笔交易获利在 10% 以上的非常少，多为 2% 到 8% 之间。记者甚至还发现，有只股票，他买时 3.59 元，卖时 3.61 元，居然只赚了 2 分钱就抛

功的人却有相似的成功经验。

一个半小时的采访中，记者把李旭东的炒股心得总结如下，希望能给读者提供一些借鉴——

买卖股票时坚决不能犹豫，不要想像某只股票明天可能还会上涨；

敢于追龙头股，也敢于选质地不错的弱势股抄底，但基本上

《大河报》报道李旭东

从 10 万元到 1 000 万元

从 10 万元到千万元，仅仅用了 15 个月 308 个交易日，收益率高达10 064.3%，他谱写了震撼中国证券史的“传奇”。在那财富裂变的过程中，他充分展露出超人的智慧与才华……

冬去春来。

2006年，大盘一扫熊市的喧嚣，一场火红的牛市行情在华夏大地展开。

在熊市中战绩“辉煌”的李旭东，前进的脚步一刻都没有停止。在大牛市燃烧的岁月里，他再次创造出了惊世奇迹。他用308个交易日，谱写了一个“从10万到千万”的旷世“神话”。

2011年6月中旬，当我刚刚飞抵河南郑州市，热情的《大河报》“大河财富”的李金雨副主编得知我要采访李旭东，把他珍藏多年耗尽心血对“中原股神”所做的一份详细的《研究报告》当作“见面礼”送给我看。

这真是一部罕见的证券“史诗”。一幅完美惊艳的“股市清明上河图”！

我彻夜不眠，激动不已。

在这幅“股市的清明上河图”中，《大河报》对李旭东从10万元搏击到1 000.16万元的308个交易日所发生的一切，都无比详细地记录在案。虽然几年过去了，但李旭东博弈股海创造惊世奇迹活生生的一幕幕，如现眼前。

让我们根据《大河报》当年真实记录的“史料”，“还原”这一奇迹发生的全过程。

先用数据说话

2006年3月　沪市月涨幅为－0.06％，深市月涨幅为4.92％。

李旭东股票单月盈利25.3％。23个交易日平均日增1 100元，日均增幅为1.1%。

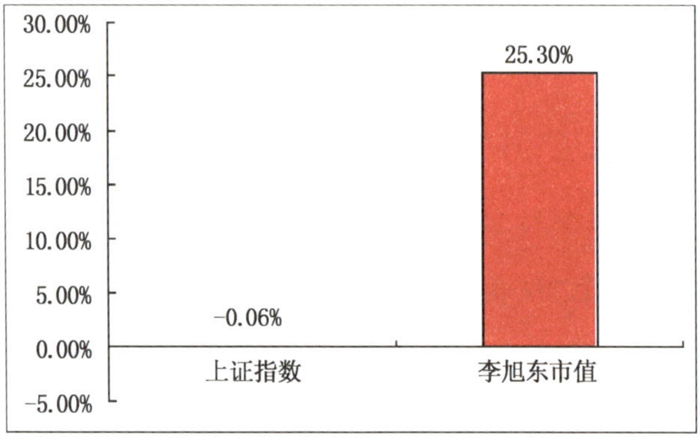

图1　本月大盘(上证指数)涨幅与李旭东市值增幅比较

2006年4月　沪指月涨幅为10.93%,深指为9.49%。

李旭东单月盈利-6.636%,没能跑赢大盘。20个交易日平均日增-415.75元,平均日增幅-0.33%。

2006年5月　上证月涨幅13.96%,深成指涨幅为11.48%。两市前半月涨幅较大,后半月处于调整中。

李旭东本月市值增加105 192.61元,达到222 178.66元,增幅为89.92%,日增加5 844元,日增幅4.95%。

2006年6月　本月22个交易日,大盘先抑后扬,沪指上涨1.88%,深成指上涨0.22%。

李旭东本月市值为328 413.73元,较上月的222 178.66元增长106 235.07元,增幅为47.81%。

2006年7月　本月大盘震荡下行,共21个交易日,上证指数本月跌幅为3.56%,深成指跌幅为8.25%。

李旭东本月底的总市值为544 841.99元,较上月底的

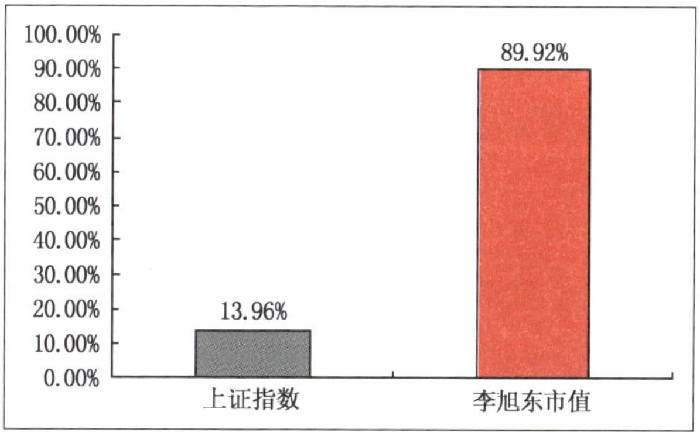

图 2　本月大盘(上证指数)涨幅与李旭东市值增幅比较

328 413.73元增加216 428.26元,增幅为 65.9%。

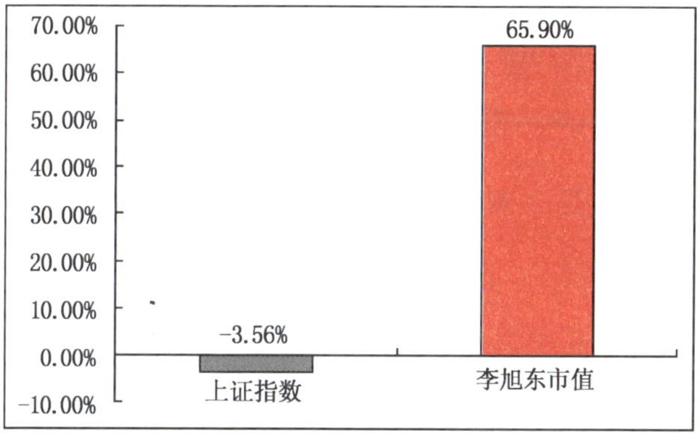

图 3　本月大盘(上证指数)涨幅与李旭东市值增幅比较

2006 年 8 月　大盘本月先抑后扬,沪市月涨幅为 2.85%,深市月涨幅为 5.88%。

李旭东市值 674 610.62 元,较上月末的 544 841.99 元增加 129 768.63元,平均日增 23 688.78 元;月增幅为 23.82%,平均日增幅为 1.035%。

2006 年 9 月　本月 21 个交易日，大盘总体趋势是震荡走高。沪市月涨幅是 5.65％，深市月涨幅为 3.54％。

李旭东本月底市值 776 816.50 元，比上月底的 674 610.62 元增加102 205.88元，平均日增 4 866.95 元；月增幅为 15.15％，平均日增幅 0.72％。

本月权证板块没有给李旭东太多机会，但他在等待中躲过了下跌。

2006 年 10 月　本月 17 个交易日，大盘在盘整中温和走高，沪市月涨幅 4.88％，深市月涨幅 6.82％，深强沪弱。

李旭东本月市值 833 715.10 元，比 9 月底的 776 816.50 元增加 56 898.6元，平均日增 3 346.97 元；月增幅为 7.32％，平均日增幅为 0.43％。

2006 年 11 月　本月大盘涨幅较大，沪市月涨幅为 14.22％，深市月涨幅为 22.61％，成交总量也明显放大。

李旭东到本月底的市值为 1 286 945.21 元，较 10 月底的 833 715.10元增加 453 230.11 元，增幅为 54.36％；22 个交易日日均增加 20 601.37 元，日均增幅为 2.47％。

2006 年 12 月　本月 21 个交易日，大盘稳步走高，沪市月涨幅达27.45％，深市月涨幅 17.30％。

李旭东本月底总市值达到 1 996 418.09 元，较 11 月底的 1 286 945. 21元增加 709 472.88 元，平均日增 33 784.42 元；月增幅为 55.128％，平均日增幅为 2.62％。

2007 年 1 月　本月 20 个交易日，大盘属于震荡行情，沪市月涨幅为4.14％，深市月涨幅为14.83％。

李旭东本月底总市值为2 714 885.97元，较2006年12月底的总市值1 996 418.09元增加718 467.88元，平均日增35 923元，增幅为35.988％，平均日增幅为1.799％。

2007年2月　本月仅15个交易日，大盘一波三折：先抑、后扬、月末再抑，沪市本月涨幅为3.4％，深市本月涨幅为5.33％。

李旭东到本月底总市值为3 768 056.66元，较2007年1月底的总市值2 714 885.97元增加1 053 170.69元，平均日增70 211.379元，增幅为38.79％，日增幅为2.586％。

2007年3月　本月22个交易日，大盘呈稳步上涨之势，沪市本月涨幅为10.51％，深市本月涨幅为6.34％。

李旭东本月底总市值为4 246 715.72元，较上月底的3 768 056.66元增加了478 659.06元，平均日增21 757.23元；增幅为12.7％，平均日增幅为0.577％。

2007年4月　本月21个交易日，大盘前半程稳步上涨，深市更是连续出现11阳。沪市月涨幅20.64％，深市月涨幅27.1％。

李旭东本月末总市值5 508 947.53元，较3月末的4 246 715.72元增加1 262 231.81元，日均增加60 106元；月增幅为29.72％，日均1.415％。

2007年5月　本月22个交易日，大盘总体上呈强势上涨态势，最后两天大跌。沪市月涨幅6.99％，深市月涨幅19.13％。

李旭东本月末总市值为7 437 429.17元，较4月末的5 508 947.53元增加1 928 481.64元，增幅为35％。平均日增

107 137.8元，日均增幅为1.94%。

2007年6月　本月李旭东操作4个交易日中，大盘大跌，上证6月6日的收盘指数3 776.32点，较5月末的收盘指数4 109.65点上涨−333.33点（如此巧合的数字），沪市涨幅为−8.11%；深市6月6日收盘指数为12 338.18点，较5月末12 944.23点上涨−606.05点，涨幅为−4.682%。

李旭东的总市值6月6日为10 164 320.93元，较5月末的7 437 429.17元增加2 726 891.76元，增幅36.66%；日增681 722.94元，日增幅9.166%。

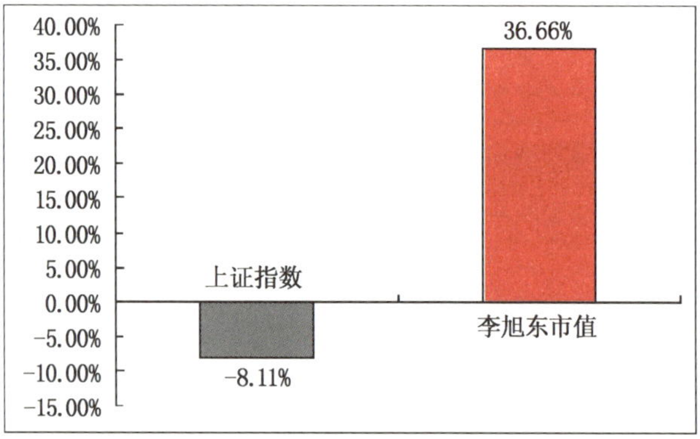

图4　本月4个交易日大盘（上证指数）涨幅与李旭东市值增幅比较

还原部分交易“全貌”

李旭东从“10万到千万”征战的308个交易日，可说是“万紫千红”，精彩纷呈。采访中，我听着李旭东的讲述，看着这部“史料”，几天几夜，不忍释手。

本想把它和盘托出，但受本书篇幅所限，只能摘取几个“拐点”

的真实记录呈现，以飨读者。

2006年3月1日，李旭东以10万元的初始资金参加《大河报》证券版开设的“大河实战账户”，资金账号是6028388，托管券商为中原证券郑州经六路营业部。在4个实战账户中，被编为“C账户”。此后，参赛选手每天公开自己的操作实盘。从此，河南的百万读者有幸目睹和见证了一个股市奇迹的发生过程。下面为李旭东参赛第一天的剪报：

C账户

资金账号：6028388

托管券商：中原证券郑州经六路营业部

初始日期：3月1日

初始资金：100000元

总市值：99995.36元

收益率：0%

持仓：复星医药（600196）19900股

操作：4.99元买入复星医药（600196）19900股

点评：大盘在千三上方震荡，除科技网络股领涨外，两市热点匮乏，以个股补涨为主。从技术形态看，大盘周二收出较长下影线，对后市持续上涨有一定影响，操作上保持谨慎，以快进快出为主。买入复星医药（600196），该股业绩稳定，技术上基本调整到位。

（操作人：李旭东）

把自己的实盘账户“晒”在百万双眼睛面前真枪实弹地进行操作，对于年轻的职业投资人李旭东来说，还是第一次。

他显然有点不习惯，一开始多少有点拘谨。从他参赛后前两个月的“表现”便可看出。那时，他与大盘似乎是“胶着”在一起涨落，一块进退。

开赛后，他的战绩并不理想，连连出现亏损，阅读当年的大赛实录，他在参赛的第二个月，竟“发挥失常”，没能跑赢大盘，市值的涨幅甚至出现了负值。

路遥方知马力。从参赛的第三个月起，他甩开大盘，开始加速奔跑，那“狂飙”的身影，一直闪现在众人面前，越来越吸引着上百万读者的眼球：

2006 年 5 月 30 日，第 60 个交易日，“C 账户”市值翻番，为 219 369.43元。

7 月 14 日，第 93 个交易日，33 个交易日市值翻番，为 428 529.95元。

10 月 16 日，第 154 个交易日，61 个交易日市值翻番，为 803 767.19元。

11 月 7 日，第 170 个交易日，市值突破百万大关，达到 1 025 006.46元。

时钟敲响 2007 年后，奇迹更是惊人地不断发生：

2007 年 1 月 4 日，第 209 个交易日，也是新年的第一个交易日，李旭东市值突破 200 万元整数关口，达到 2 066 023.61 元。在百万元基础上的翻番仅用 39 个交易日。

2 月 7 日，第 233 个交易日，市值突破 300 万元整数关口，为 3 005 142.54元。

3 月 19 日，第 256 个交易日，市值突破 400 万元整数关口，为 4 121 191.13元。在 200 万元基础上翻番用了 47 个交易日。

4月13日，第275个交易日，市值突破500万元整数关口，为5 089 725.81元。

5月14日，第291个交易日，市值突破600万元整数关口，为6 003 148.79元。

5月28日，第301个交易日，市值突破700万元整数关口，为7 100 671.17元。

6月5日，第307个交易日，市值突破800万元整数关口，为8 120 887.59元，在400万元基础上翻番用了51个交易日。

6月6日，第308个交易日，市值一举突破千万元大关，达10 164 320.93元，较初始市值净增10 064 320.93元，增长百倍，收益率为百分之一万（10 064.3%），较500万翻番仅用33个交易日，本日净增200万元，真乃“一飞冲天”。

据综合统计：这308天，大盘（上证指数）由1 299.15点涨至3 776.32点，涨了2 477.29点，涨幅为190.70%。其间，李旭东平均44.5天（约两个月）资金就翻一番。其中，最短的22天，最长的61天。

下面将上述资金的几个整数关“突破日”的操作实录呈现给读者。

突破 100 万元大关。时间：2006 年 11 月 7 日，星期二。

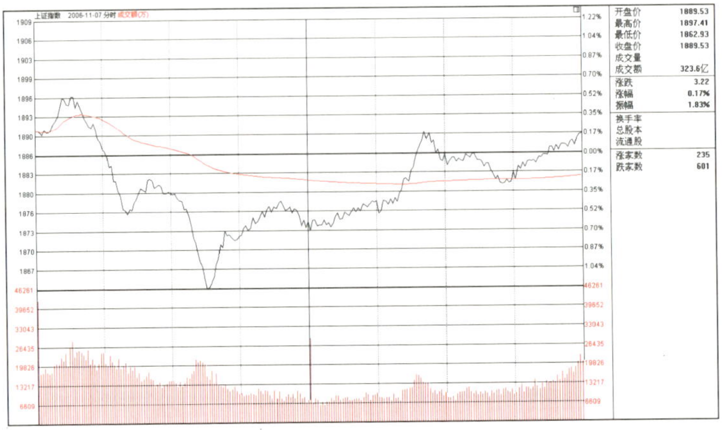

图 5　上证分时走势

总市值：1 025 006.46 元；

收益率：902.5%；

市值日增：119 499.86 元；

市值增幅：13.20%；

上证涨幅：0.17%；

深证成指涨幅：0.94%；

持仓比例：48%；

持仓：钾肥 JTP1(038008)30 万份。

操作：

(1)0.705 元卖出包钢 JTP1(580995)44 万份，0.701 元卖出 100 万份；

(2)1.34 元买入包钢 JTB1(580002)75 万份，1.345 元卖出 533 500 份，1.351 元卖出 216 500 份；

(3)0.675 元买入包钢 JTP1(580995)100 万份,0.686 卖出 100 万份;

(4)1.606 元买入钾肥 JTP1(038008)30 万份。

分析:

(1)大盘呈现宽幅震荡走势,全天大盘收长下影十字星。

(2)消息面上,中小板发审速度明显加快,平均每 4 天有 1 家企业过会,由于发审速度加快,等候过会排队现象消失,目前,过会待发行的公司仅剩 9 家;采矿权市场改革扩大到主要产煤省区,意味着市场化改革正式启动。这一重大改革,将使煤炭类上市公司的价值重估,对煤炭类上市公司构成直接利好。

由于持仓过夜的包钢 JTP1(580995)大涨,使李旭东的市值一举迈过百万元大关。为此,当日《大河报》撰文《百万账户横空出世》,记录了李旭东的“C 账户”突破百万大关的历史时刻。

突破 200 万元大关。时间:2007 年 1 月 4 日星期四。

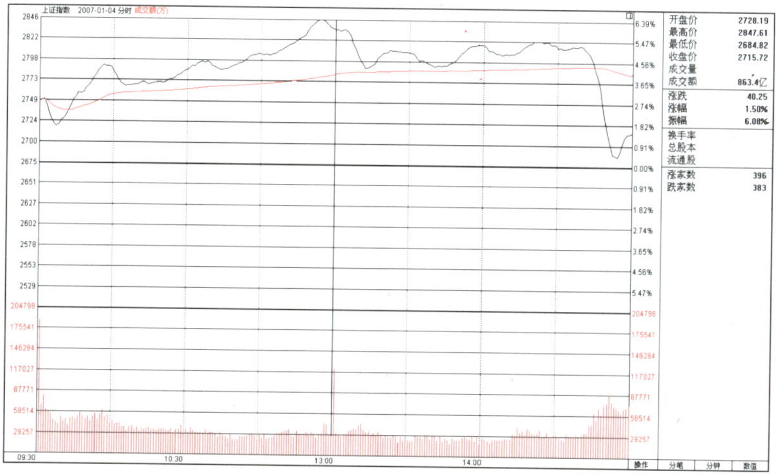

图 6　上证指数分时图

总市值:2 066 023.61 元;

收益率:1 966.02%;

市值日增:69 605.52 元;

市值增幅:3.49%;

上证指数涨幅:1.50%;

深成指涨幅:0.88%;

持仓比例:满。

持仓:包钢 JTB1(580002)34 万份,中国联通(600050)20 万股,深高速(600548)98 065 股。

操作:

(1)2 元卖出钢钒 GFC1(031002)100 万份、1.999 元卖出38 950 份。

(2)0.739 元买入、0.75 元卖出雅戈 QCP1(580992)758 800 份。

(3)1.636 元买入包钢 JTB1(580002)34 万份。

(4)5.14 元买入中国联通(600050)20 万股。

(5)5.02 元买入深高速(600548)79365 股,5.03 元买入18 700 股。

分析:

(1)2007 年第一个交易日,两市股指再度大幅拉升,上证指数最高突破 2 800 点,再创历史新高。钢铁、高速、银行、石化、航空等板块中的一大批权重指标股大涨,成为推动股指上扬的主要动力。尾盘跳水。

(2)新年建议:只有超前思维,与市场大资金保持一致,才能成为 2007 年的大赢家；否则只能空欢喜一场！

（3）上午冲高震荡期卖出钢钒 GFC1（031002），节前播种节后收获。

（4）追涨买入放量上涨的深高速（600548），该股近日没涨，今天放量上攻，是买入信号（见下图）。

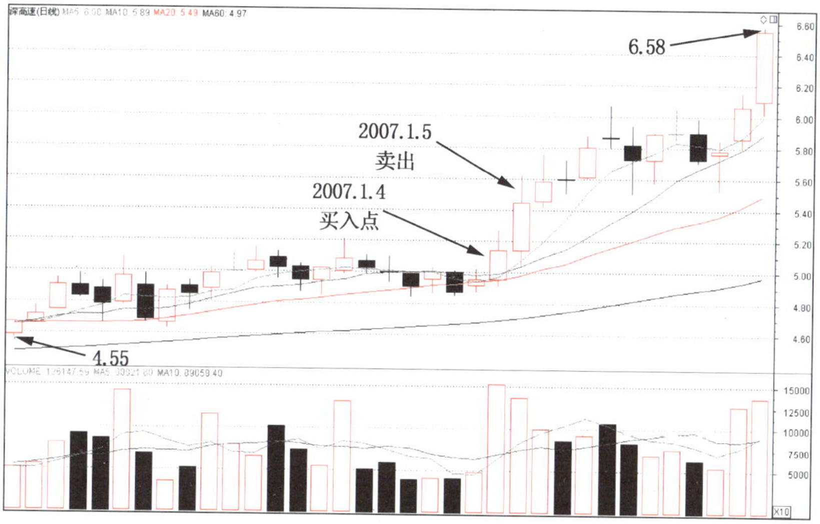

图 7　深高速（600548）走势图

突破 500 万元大关。时间：2007 年 4 月 13 日，星期五。

总市值：5 089 725.81 元；

收益率：4 989.73％；

市值日增：145 280.52 元；

市值增幅：2.94％；

上证涨幅：－0.36％；

深证成指涨幅：0.55％；

持仓比例:满。

持仓:首创 JTB1(580004)46 220 股,马钢 CWB1(580010)700 000份,湘电股份(600416)68 630 股,南宁糖业(000911)3 556 股,威海广泰(002111)6 700 股。

操作:

(1)4.395 元卖出马钢 CWB1(580010)689 486 份,4.35 元买入 690 000 份,4.393 元卖出 690 000 份(参见图 8)。

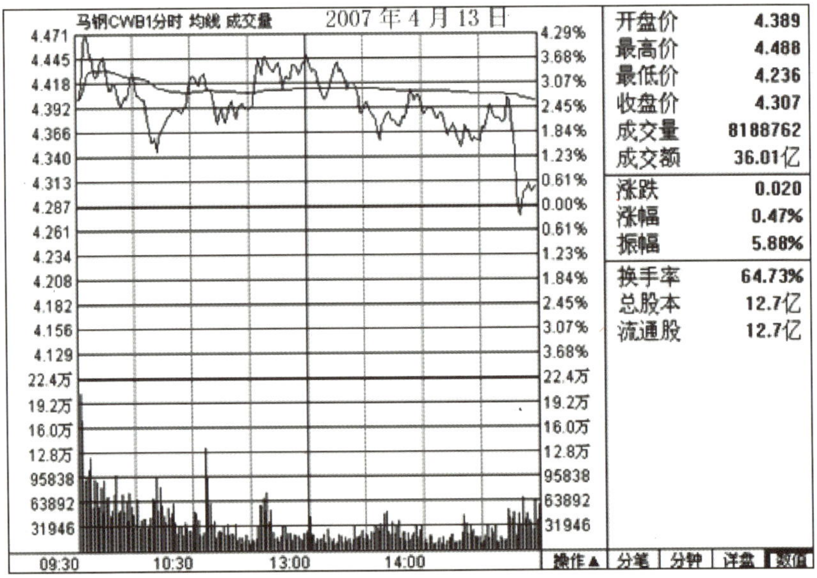

图 8 马钢 CWB1 分时图

(2)15.483 元卖出南宁糖业(000911)61 267 股,15.45 元卖出 14 470 股,15.33 元卖出 38 600 股,参见图 9。

图 9　南宁糖业分时图

(3)22.245 元买入湘电股份(600416)68 630 股,参见图 10。

图 10　湘电股份分时图

分析:

(1)大盘震荡上行,尾盘却突然跳水,但整体跌幅不大。

（2）近日市场极为火爆，但需注意牛市行情的加速上扬往往蕴含着风险。目前沪深总市值已突破14万亿元，并且增长万亿元所用的时间越来越短。究其原因，除了上市公司业绩持续趋好推动股价上涨外，短期来看大量资金持续流入股市，依然是推动股价上涨的主要原因。这种格局是否会改变，主要取决于政策紧缩影响积累的程度。

突破800万元大关。时间：2007年6月5日，星期二。

图11　2007年6月5日上证指数

总市值：8 120 887.59元；

收益率：8 020.9%；

市值日增：267 994.06元；

市值增幅：3.41%；

上证涨幅：2.63%；

深证成指涨幅：4.79%；

持仓比例:89%。

持仓:华菱JTP1(038003)200万份,中集ZYP1(038006)200万份。

操作:

(1)11.172元卖出中化CWB1(580011)384 199份,11元卖出148 218份(注:前一天,李旭东以10.20元买入中化CWB157 800份、10.25元买入257 917份、10.30元买入216 700份),10.50元买入52 939份,10.60元买入634 500份,11.30元卖出538 904份,11.30元卖出92 900份,11.22元卖出55 635份。

(2)4.755元买入、4.812元卖出马钢CWB1(580010)100万份。

(3)8.15元卖出中国嘉陵(600877)10万股。

(4)2.26元买入中集ZYP1(038006)100万份,1.74元买入100万份。

(5)1.421元买入华菱JTP1(038003)100万份,1.421元买入100万份。

分析:

(1)大盘自4 335点展开的此轮跌势,一直探到3 400点附近才引来抢反弹的资金介入,盘中探底回升,午后价量齐升。

(2)大盘此番下跌,半数以上的股票出现连续五个跌停板,这在历次调整行情中是罕见的。如果消极地放任市值随大盘跳水,损失必然巨大。

(3)周二许多个股由跌停拉上涨停,大部分连续跌停的股票开始底部放量,一举扭转了空方打压的恐慌气氛,空翻多的现象在逐渐显现，投资者可在反弹高位再做了结。

(4)大盘反弹，使开盘就处于跌停板的中国嘉陵(600877)收盘前也有所反弹，趁机卖出。

(5)今天马钢CWB1(580010)大涨12%，仅吃下1个点。但这1个点，就是5万元！我们应调整心态，不要因没“吃足”牛股而懊恼，毕竟我们都是凡人，不赔就值得庆幸，有盈利就更值得欢呼了。

(6)中化CWB1(580011)今天贡献90余万，为总市值的“破8”，立了大功(见图12)。

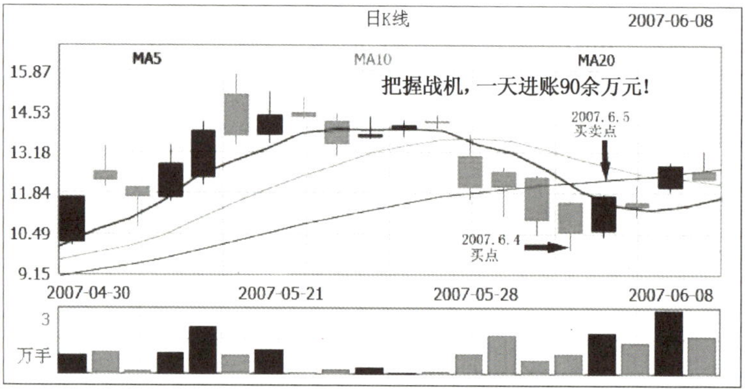

图12　中化CWB1(580011)走势

(7)今天上演的最精彩的华章，是在认沽权证上。午后认沽权证集体下跌，尾盘更是大幅跳水，全天振幅近50%。2.26元买入中集ZYP1(038006)100万份后，该权证继续大幅跳水，短时间50万元就亏进去了。此时没有止损，后又以1.74元的价格买入100万份。在收盘前，又以收盘价买入大跌的华菱JTP1(038003)200万份。

(8)面对大家的疑惑，自信地放言：明天认沽权证至少大涨

20%以上。说不清,这种自信来自几年浸泡在股市中的经验?来自感觉?还是来自对主力的洞悉?

突破1 000万元大关。时间:2007年6月6日,星期三。

总市值:10 164 320.93元;

收益率:10 064.3%;

市值日增:2 043 433.3元;

市值增幅:25.16%;

上证涨幅:0.24%;

深证成指涨幅:2.67%;

持仓比例:满。

持仓:钢钒GFC1(031002)145万份。

操作:

(1)2.10元卖出中集ZYP1(038006)100万份,2.056元卖出100万份;

(2)1.736元卖出华菱JTP1(038003)100万份,1.681元卖出华菱JTP1(038003)100万份;

(3)1.76元买入、1.82元卖出华菱JTP1(038003)100万份;

(4)2.80元买入、3.06元卖出五粮YGP1(038004)64万份;

(5)2.845元买入、3.0315元卖出五粮YGP1(038004)200万份;

(6)3.091元买入、3.18元卖出五粮YGP1(038004)148 700份;

(7)3元买入、3.048元卖出五粮YGP1(038004)200万份;

(8)5.039元买入、5.102元卖出马钢CWB1(580010)100份;

(9)7.248 元买入钢钒 GFC1(031002)100 万份、7.22 元卖出 635 000 份,7.18 元卖出 365 000 份;

(10)7.10 元买入、7.15 元卖出钢钒 GFC1(031002)100 份;

(11)7.135 元买入、7.181 元卖出钢钒 GFC1(031002)100 份;

(12)6.965 元买入钢钒 GFC1(031002)145 万份。

以上操作(参见图 13、图 14、图 15、图 16)。

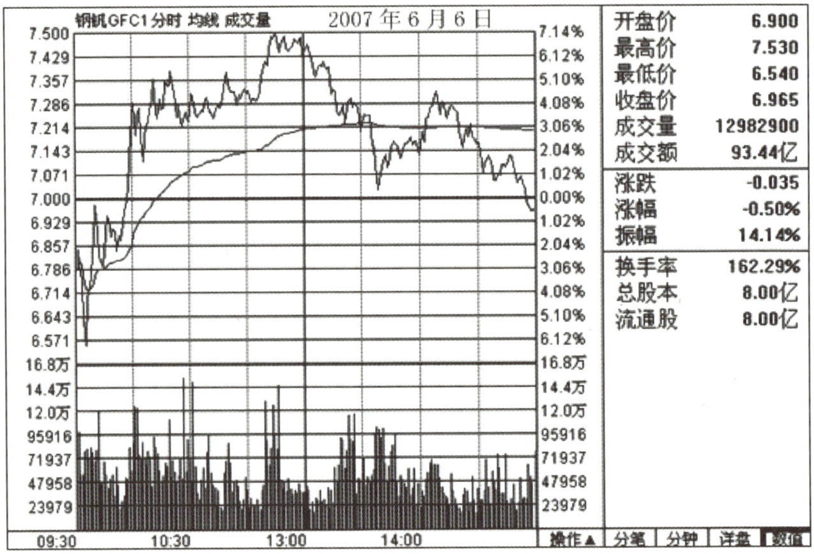

图 13　钢钒 GFC1 分时图

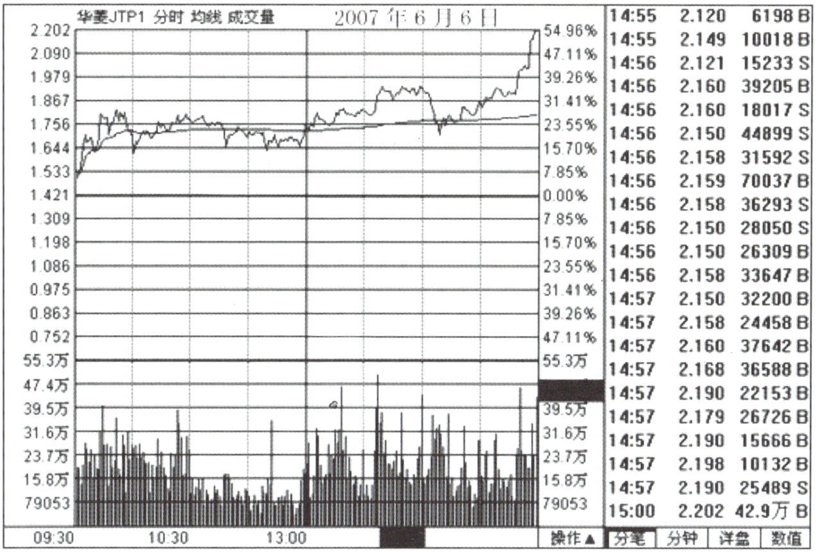

图 14　华菱 JTP1 分时图

图 15　五粮 YGP1 分时图

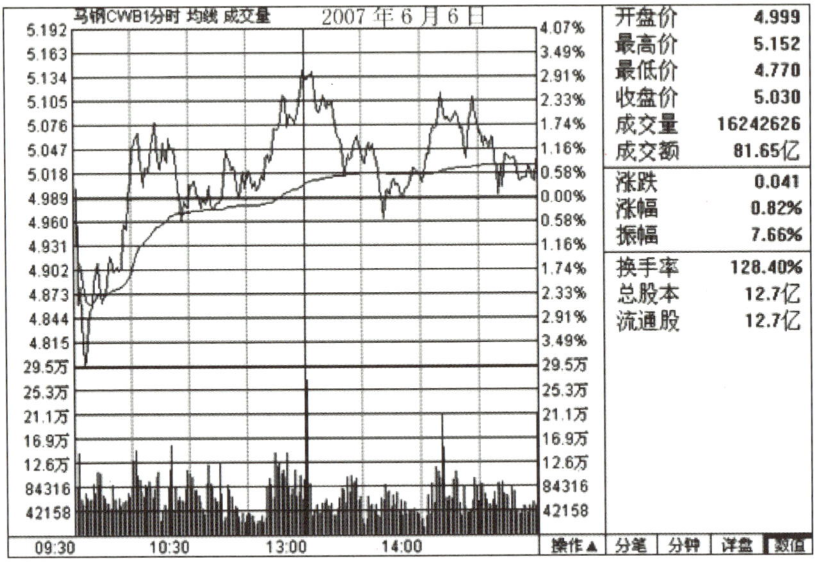

图 16　马钢 CWB1 分时图

分析：(1)大盘大幅震荡，为权证的操作提供了极好的机会。

(2)昨天的预言成真：认沽权证大涨 30％以上，有的甚至超过 50％。当天的操作，仅失败一次。

这一天，李旭东的“C 账户”上演了“大河实战”的绝唱：市值日增 200 万元，一举突破 1 000 万元(参见图 17)

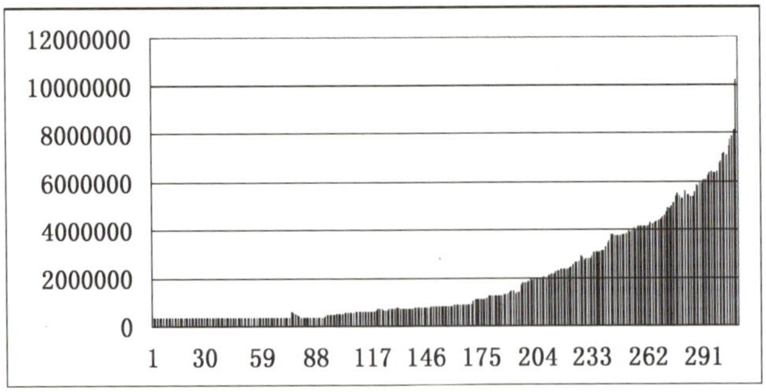

图 17　308 个交易日，市值由 10 万元增长到 1 016 万元

下面为李旭东市值突破千万元的交易实录剪报及《大河报》当时的新闻报道。

C 账户　　资金账号：6028388
托管券商：中原证券郑州经六路营业部
初始日期：2006 年 3 月 1 日
初始资金：100000 元
总市值：10164320.93 元
收益率：10064.3%
持仓：钢钒 GFC1（031002）145 万份
操作：2.80 元买入、3.06 元卖出五粮 YGP1（038004）64 万份，1.736 元卖出华菱 JTP1（038003）100 万份，2.10 元卖出中集 ZYP1（038006）100 万份、2.056 元卖出 100 万份，1.681 元卖出华菱 JTP1（038003）100 万份，2.845 元买入、3.0315 元卖出五粮 YGP1（038004）200 万份，1.76 元买入、1.82 元卖出华菱 JTP1（038003）100 万份，3.091 元买入、3.18 元卖出五粮 YGP1（038004）148700 份，7.248 元买入钢钒 GFC1（031002）100 万份、7.22 元卖出 635000 份、7.18 元卖出 365000 份，7.10 元买入、7.15 元卖出钢钒 GFC1（031002）100 份，7.135 元买入、7.181 元卖出钢钒 GFC1（031002）100 份，5.039 元买入、5.102 元卖出马钢 CWB1（580010）100 份，3 元买入、3.048 元卖出五粮 YGP1（038004）200 万份，6.965 元买入钢钒 GFC1（031002）145 万份。
点评：周三沪深股指大幅震荡，权重股出现滞涨，受国家政策支持的环保、煤炭、能源等板块涨幅居前。经过这次活生生的风险教育，绩优成长股受到市场的关注。由于权证板块交易没有印花税，认沽权证大幅上涨，不建议投资者参与该板块的炒作。
（操作人：李旭东）

DAHE DAILY 大河报

2007年6月7日 责任编辑 刘春辉 电话 0371-65796269

10 万变成 1000 万

大河实战 C 账户 15 个月收益 10064%

□首席记者 王鲁峰

——核心提示——

15 个月前的 2006 年 3 月 1 日，李旭东在股市里撒下了 10 万元的“种子”，15 个月后的昨天，他收获了 1016 万元的“硕果”。

15 个月的每个交易日，大河报读者已经习惯了在“大河实战账户”中分享操盘者的操作理念，同时分享 C 账户财富数字的“发酵”过程。

……右。其间，他又做了几把权证，账户资金旋即从 812 万元扶摇直上达到 1016 万元。

15 个月，10 万变成 1016 万元

15 个月前的 2006 年 3 月 1 日，李旭东在股市里撒下了 10 万元的“种子”，15 个月后的昨天，他收获了 1016 万元的“硕果”。

茫茫股海，高手无数，但肯把自己的财富“发酵”过程呈现……

当然，他“职业股民”的生涯仍要继续，只是要在公众视线中“隐身”了。

告别礼物：股民要牢记风险

罕见的疯牛行情，制造了众神狂欢的假象。闭着眼睛随便买只股票，似乎人人都成了“股神”。暴跌突袭，才知道谁是真正的“股神”。

始自 5 月 30 日的连续 4 天暴跌，让众多股民的财富缩……

大河投资大赛

（总第十六届）

第十八天

主办：大河报

承办：中原证券

起始资金：10万元

赛期：5月14日~6月8日

奖金：第一名5000元

第二名2000元

第三名1000元

第一名：杨杰

中原证券青岛山东路营业部

总市值：128281.91 元

持仓：恒源煤电（600971）2000 股，巴士股份（600741）6300 股

交易：8.44 元卖出太行水泥（600553）14700 股、8.3 元卖出……

唱响熊市凯歌

2008 年，在中国股市万千投资者心中是痛苦的记忆，他为何却能高唱凯歌？在严寒的“冰雪”中，他是怎样生存的？他操作的基金熊市翻倍的秘诀又在哪里？

股市“严寒”中显英雄本色

根据李旭东与报社“市值达 1 000 万元即退出大赛”的约定，从第二天起，他的实战操作历程退出公众视线，见证他创造辉煌的百万读者无不感到惋惜。

但是，虽然如此，李旭东前行的脚步并未因此而停止，他财富裂

变的传奇仍在续写着。

2007年11月底，面对“跌跌不休”的大盘，众多股民亏损累累。此时，中原股民心目中的“中原股神”李旭东，是否也伴随着大盘“潮涨潮落”呢？《大河报》的记者再次采访李旭东时，他坦然地说：“我账户上的数字还在以以前的速度稳步增长。”

他告诫股民：“弱势行情，要多看少动。”

时光跨入2008年，随着世界金融风暴袭来，中国股市遭受到一场前所未有的毁灭性灾难。在“严寒冰雪”中，千千万万的投资者“遍体鳞伤”，哀鸣四起。

这时，他们又想起了在牛市中曾给中原投资者带来极大鼓舞的李旭东。在百万读者的一再盛邀下，李旭东再度在《大河报》“亮相”。

与上次亮相不同，这次他则以基金的形式走进百万读者的视线。基金的名字为中瑞基金(该基金后改名为“金字塔基金”)。采访中我曾问他，成立的基金起名“中瑞”何意？他说“中”的意思是地处中原，“瑞”为吉祥。后来改名为“金字塔”，则彰显了他们稳定盈利的操作理念。

2008年3月3日，中瑞基金正式走上了《大河报》，原始价为1元，不公布资金规模，不公布操作的股票，但每天都会像开放式基金那样公布基金净值和仓位。

李旭东操作股票的风格是快进快出，当你看到报纸时，或许他把前一天买入的股票已经卖出了，所以公布股票没什么意义。而仓位说明了他对大盘的看法，具有参考价值。

然而,“中瑞”生不逢时,熊步沉沉,疯牛的行情早已不在。在牛市中曾造了10万元到1 000万元惊世奇迹“无限风光”的李旭东,在突如其来的“熊市”中,命运会怎么样呢?在弥漫熊气的暴风雪中,“中瑞”还能像李旭东所期盼的那样“吉祥”地生存吗?

答案是肯定的。李旭东没有让仰慕他的百万读者失望。他继续创造着股市传奇。《大河报》的百万读者又一次有幸地见证了他熊市续写辉煌的过程。

自2008年3月4日李旭东所操作的基金正式公示,至2008年年底,历时仅10个月,他以盈利74.8%的战绩,出人意料地在漫漫熊途中又一次创造出了惊人的奇迹。

当时报载:对于A股市场的众多投资者来说,2008年注定是令人难忘的一年,沪深股市出现史上罕见的暴跌,从年初的5 265点,到昨日(12月31日)收盘的1 820.81点,上证指数的跌幅超过65.46%(参见图18)。

在此期间,大多数股票价格遭遇腰斩,市场上所有的偏股型基金净值均大幅下挫,开放式基金净值今年以来最大的跌幅超过67%。在市场上全部的360多只基金当中,净值跌幅在50%以上的基金超过200只。

与此形成鲜明对比的是,成立只有10个月的私募基金中瑞投资基金却逆势上扬,截至昨天(12月31日),这只基金自成立以来的净值增长率超过74.8%,足以傲视群雄。

看到他熊市中这一骄人战绩,人们又一次惊愕了:这怎么可能?熊市中能“活着”就已经不容易了,何以有如此奇迹发生?他战胜熊

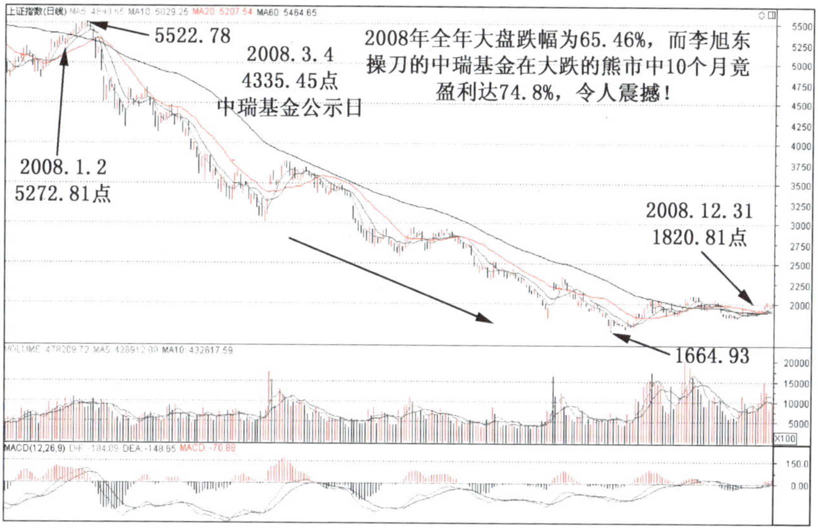

图 18　2008 年上证指数走势

市有哪些绝招呢？

“三把利剑”助中瑞基金熊市称雄

一天晚上，李旭东邀我和他一起到咖啡屋聊天，聊着这些年股市的起起落落，聊着聊着，不由地又把话题转到了 2008 年那场不堪回首的大熊市。

“旭东，2008 年那么多人赔钱，你能说说那时你的感受吗？”

“现在回头看，提起从 10 万元到 1 000 万元，我并不感到太大的兴奋。而要说起我操作的基金在熊市里 10 个月赚了将近翻倍的钱，那种经历和经验，我感到是投资生涯中应该永远珍存的。说老实话，我对熊市，当时并没有一点点的惧怕。”

“为啥？”

“你别忘了，我和我们团队的几个伙伴，可都是‘冬天’生的，熊市里长大的，呵呵……”李旭东笑答：“我们在熊市里磨砺那么多年，熊市中打擂，熊市中夺冠，战胜熊市有一定经验和技巧。”

“沧海横流，方显英雄本色。危难之中，方知功夫高低。你操作的基金在下跌那么惨重的环境中，10 个月竟能取得高达 74.8%的收益，真是奇迹啊。”我说：“你一定要讲讲这里面的门道呀！”

“哈哈，我们喝茶聊天，你还不忘你的使命呀？”

“中国股市熊长牛短，中小投资者赔钱的滋味好苦呀。你也经历过那个时月。你把你制胜熊市的经验和操盘绝技多讲一些，给更多的投资者借鉴一下，他们以后会少走不少弯路的。”

“好的。”李旭东喝了口茶，很淡定地说：“算不上是什么熊市操盘绝技，但有三条对于我取得好的战绩，起了关键作用，也可说是三把利剑吧。”

“哪三条呢？”

“一是精确判断和把握大盘；

二是仓位控制；

三是快进快出抢反弹。

这可谓是熊市制胜的三件宝。”

“就拿 2008 年最具影响力的奥运会前后的大盘来说吧，”李旭东回忆道：“世界瞩目的奥运会，它凝聚着炎黄子孙多少代人的企盼呀。谁不想 8 月 8 日涨个红彤彤的大盘，可我判断在这个非常重要的日子，一定有个突破，但这个突破不是向上，而是往下。所以，当人们一窝蜂地都在抢奥运股时，我们一直很冷静，保持极少的仓位，基本没什么动作。从当时报上刊登的股市在大跌中和奥运前后我的几篇操盘手记，便可看出我们当时对大盘的判断与看法。”

✲ 操盘手记一

时间：2008年6月19日，周四；基金净值：1.420元。持仓比例：0。

周四大盘在获利盘的打压下，跌势不断蔓延，上证再次跌穿2 800点关口，个股呈现出普跌的态势，近千只股票跌停。

蓝筹股巨大的跌幅令市场相信机构投资者也在积极抛售。实际上，在周三的长阳反弹中，多数基金再次出现了净卖出。机构的抛售应该是受到近期不利传闻的影响。从基本面来看，面对未来即将公布的6月份CPI、上市公司半年报、南方水灾灾情等利空因素，理性的投资者似乎缺乏任何继续持股的理由。周四的长阴对于投资者信心来说无疑是一个灾难性的打击，市场非理性杀跌已经演绎到不可思议的局面，投资者心态极度悲观。因为此举将令“技术性反弹”这个唯一的做多理由也宣告无效。市场的幽灵在地狱里游荡。4年熊市绝大部分股民亏损超过50%，现在逾九成股民亏损，近60%亏一半。

目前这波暴跌和上一轮熊市已有很多共同点，通过这两轮暴跌的教训，我们也应学会如何去寻找一个行之有效的投资方法。在这种暴跌的行情中，我们只有选择空仓。

✲ 操盘手记二

时间：2008年8月6日，周三；基金净值：1.411元；持仓比例：

2%。

盘面观察：沪市前20大权重股仅有两只下跌，金融股对大盘的企稳起了定海神针的作用。中国石化、工商银行等权重股尾盘放量拉升，怪异走势令人迷茫，什么资金在护盘？虚伪面子永远是中国股市发展的症结。

经过上半年的挤压估值泡沫，A股市场整体市盈率和市净率已大幅降低，但对宏观经济的悲观预期仍对市场造成较大压力，市场情绪笼罩在浓厚的熊市思维之中，近期紧缩预期放松、国际油价回落、周边市场反弹等内外部利好因素均未能有效调动市场热情。奥运期间政策面趋暖，股市大幅下跌是大家不愿见到的，但大幅上涨的基础还不存在。保险基金今年一路做空，其他基金在趋势不明朗的情况下也不敢主动出击。大盘蓝筹股对今年上半年的股市热点缺乏引领能力，拖累指数不断创出新低，原因显然在此。维稳背景下的市场可能会保持指数的相对稳定，但机会是很有限的。市场逼迫你不得不做短线投资或者空仓。

✲ 操盘手记三

时间：2008年8月7日周四；基金净值：1.411元；持仓比例：2%。

今日大盘低开，全天窄幅震荡整理，周五为奥运会开幕，中国石化、工商银行的护盘资金将再次显现。北京奥运会不仅是中国的喜事，也是全世界的喜事，股市也需要以阳线的形式来祝贺。然而，下周公布的7月份经济数据可能成为另一个引发抛售的导火索，当前市场的忧虑已从通货膨胀转为经济衰退,7月份PPI可能高达惊人的两位数,同时GDP增速将进一步放缓。统计数据显示,8月份沪深两市将迎来全年大小非解禁的高潮,可能有超过120家上市公司的近344亿股限售股解禁,解禁市值接近3 000亿元,相当于50个南车在A股发行所募集的资金。但大小非解禁高潮之时,也正值奥运会开幕之际。股民更希望通过奥运之火使管理层以实际行动让整个中国的资本市场稳定健康发展。

✲ 操盘手记四

时间:2008年8月18日周一;基金净值:1.410元;持仓比例:0。

周一大盘破位调整,两市双双创出本轮调整新低,深成指自2007年调整以来首次收市击穿8 000点,沪指20个月来首次考验2 300点大关,沪指以长阴收在2 319点。

盘面观察:沪市前20大权重股全线大跌,两市九成股收跌,近500只跌停。市场心理崩溃,大盘再次跳水,股指单边下挫,刷新最近两个月来最大跌幅纪录,中国股民欲哭无泪。从8月8日到18日,短短6个交易日,沪深股市最大跌幅达到15%和13.3%,创出调整以来的新低。7月份PPI及CPI的剪刀差大幅扩大,意味着第三季度上市公司利润将受到大幅挤压,如果没有政策性实质性利好,大盘凭自身的能量肯本改变不了下跌的趋势。像银行股一样,超跌反弹后继续下跌,对于基金来讲,在6 000点建仓失误后,在3 500点附近亏损出局,其对应的个股筹码,股价不再次折半,主力是不会补进的。

因此，目前最佳的策略，除了空仓以外，还是空仓。

“我们正是基于对市场的这种判断和分析，在庆奥运的热潮中一直‘按兵不动’，从8月1日至7日仓位均在工作8%以下。8月11至8月18日仓位均为零。期间大盘下跌285.85点，我们没有受到损失。”李旭东说(见图19)。

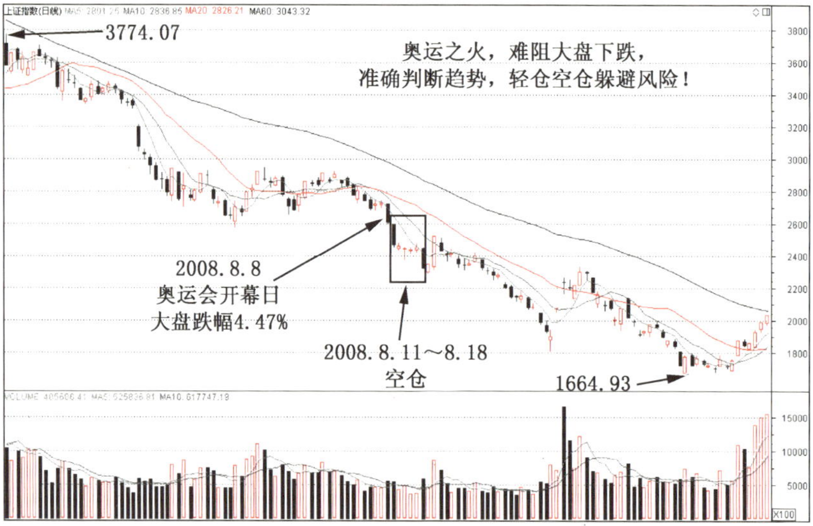

图19 上证指数走势图(2008年)

“趋势是大盘的脉搏，只有明确判断，才能有效规避风险。这是制胜股市最重要的。在此基础上，就是控制好仓位，这是第二条制胜熊市的重要利器。”李旭东说：“我在熊市操作的仓位非常轻，一般是10%，即便是有把握的，仓位都不会超过30%。手里握着现金比什么都重要。一遇机会就能很快出击，熊市中手里抓一堆股票，那就死定了。”

“当时报上只登你们基金的净值和仓位，听说不少读者早晨拿到报纸的第一件事，就是看你们的仓位，给他们很好的借鉴，这都成了《大河报》读者的一道风景线了。是吗?”我问。

“是。那段日子，我们金字塔网的热线电话天天爆棚。”

“那么，除了分析判断大盘和控制仓位，第三把利剑是什么呢?”

“第三条，就是抢反弹。”李旭东回答说：“熊市中也不是天天跌，大盘跌久了，会反弹，这种机会一定要不失时机地抓住。我们基金于2008年3月初在《大河报》公示后至年底，大盘大大小小有80多次反弹，我几乎都抓住了。即使有几次抓不住，我的心态很平静，因为股票最不缺的就是机会，不必为有赚钱的机会没抓住而耿耿于怀。”

“在抢反弹中，你们的仓位如何？都做哪一类股票?”

“遇到大的机会，我们的持仓会很快变化。如2008年4月24日大盘受管理层下调印花税重大利好刺激，沪指飙涨了9.29%，创12年第二大单日涨幅，个股呈现井喷态势。我们的仓位也由前一日的20%，立马激增到了52%。再如，2008年9月18日当天我们的仓位仅为2%，但随着单边征收印花税、支持中央企业控股上市公司回购股份和中央汇金公司决定，将在二级市场自主购入工、中、建三行股票的三大利好的出台，我们后三天仓位快速增加到50%以上。三大银行连续两天涨停，熊市中的利好，逢高就是快速出货。短暂的反弹后，我们基金的仓位迅速由半仓变成了几乎是空仓。”

“至于抢反弹中做股票，当然首当其冲的是追逐强势板块的龙头股。我炒股不听消息，也不刻意去抓黑马，但在弱市里有飙涨的强势股，我也没放过。只是在熊市中它们上涨速度快，行情较短，我还是一贯地坚持快进快出，从不恋战。再就是寻找那些实在跌不动的股票买。股票涨多了，会跌，跌多了，一定会涨。这是市场规律。”

“制胜熊市除了你讲的以上三点，在操作中你认为还有什么要值得注意的？”采访中，我问李旭东。

“说到底，还是要控制好风险，特别是纠错要快。这点很重要，尤其是在熊市中，纠错不快，一着不慎，便会酿成‘大祸’，一看不行，就要果断撤退。”

交易实录蕴藏获利“玄机”

在采访中，为了彻底揭开这只“战无不胜”的基金的“面纱”，我向李旭东提出：“能否把《大河报》没有公布的买卖股票的交易单“晒”一下？让我看看你在熊市中是怎么做的？大家都在赚钱，你为何还能赚那么多钱？”

“中。那没啥，又不保密。”当天，李旭东就让助手孟建伟把2008年至2011年操作的全部交易单调来。

我一边对着大盘的走势，一边认真地翻阅着那一页页浸染着李旭东和他的团队智慧与汗水的交易记录。

2008年3月4日基金开始公示：

大盘在4 350点构筑平台后开始破位下行。3月份大盘单边下跌875点，上涨9天。

2008年4月，大盘下跌到2 990点开始反抽到3 705点，当月震幅714点，上涨10天。

5～6月，沪深股指继续单边下跌260点和697点，分别上涨8天和5天。

2008年7月，大盘微涨39点，当月震幅则达385点，上涨9天。

2008年8月，上证指数下跌378点，涨6天。

2008年9月，上证指数下跌103点，涨5天。

2008年10月，上证指数下跌564点，上涨7天。

2008年11月，上证指数反弹142点，上涨12天。

2008年12月，上证指数微跌20点，当月震幅266点，涨9天。

从统计的数据看，大盘从2008年3月4日的4 454点到12月31日的1 820点，上证指数下跌2 634点，但市场仍有80天的上涨（参见图20）。对于重仓或套牢的筹码，这80次机会则是擦肩而过。李旭东的仓位一直在空仓与轻仓之间转换，无数次下跌风险被规避掉，即使买进的品种第二天遇到大盘调整也是早盘快速平仓，把风险降低到最小程度，而这80次机会则一次次被充分利用。蚂蚁搬家、复利的巨大效应在大盘下跌、震荡、反弹中被充分体现。特别是在震荡调整期间，利用大盘日内的波段及权证T＋0的良机，使资金得以充分利用。而个股操作基本是采取了速战速决的策略。

其实，透过研读他的交易单，完全可以看到他猎豹出击的迅猛身影。这里，我们仅拿他开始两天的操作，做个初步解读：

2008年3月5日，他共操作交易了三次：

（1）以13.60元买入长江通信128 456股，成交时间是14.54.06；

（2）以13.78元买入长江通信1 500股，成交时间是14.59.37；

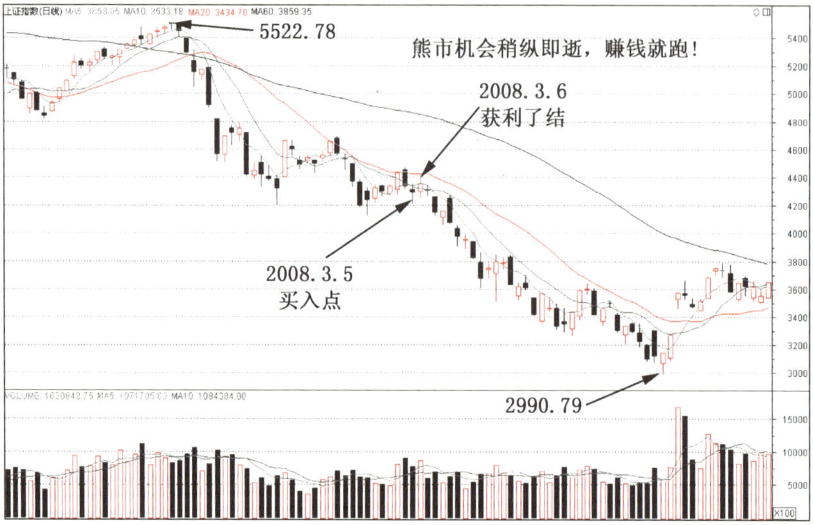

图 20　上证指数破位下行

(3)以 8.40 元买入东方通信 300 000 股,成交时间是 14.55.39。

2008 年 3 月 6 日,他在上午一开盘:

(1)分别以 8.481 元、8.640 元、8.631 元全部卖出东方通信,成交时间分别是 09.30、57,10.18、46,10.21、45;

(2)分别以 14 .19 元、14.18 元、14.246 元、13.92 元卖出长江通信。

结合大盘当时走势,细读这些盘中交易,你会发现以下几个特点:

(1)当时大盘在 4 300 点一线震荡,3 月 5 日这天微跌 0.99%(参见图 22)。

(2)2008 年 3 月 5 日,当天大盘探低后,尾盘拉起,买入股票。

(3)2008 年 3 月 6 日,大盘反弹,当日涨幅为 1.59%。趁上午

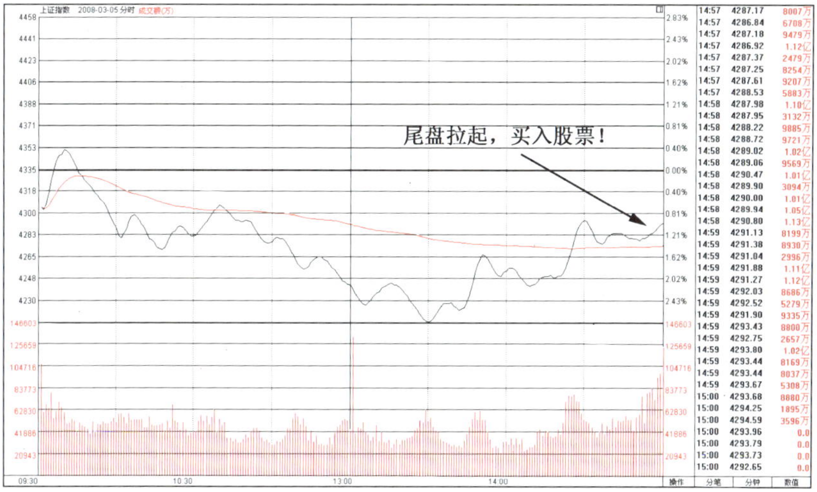

图 21　上证指数 2008 年 3 月 5 日分时走势图

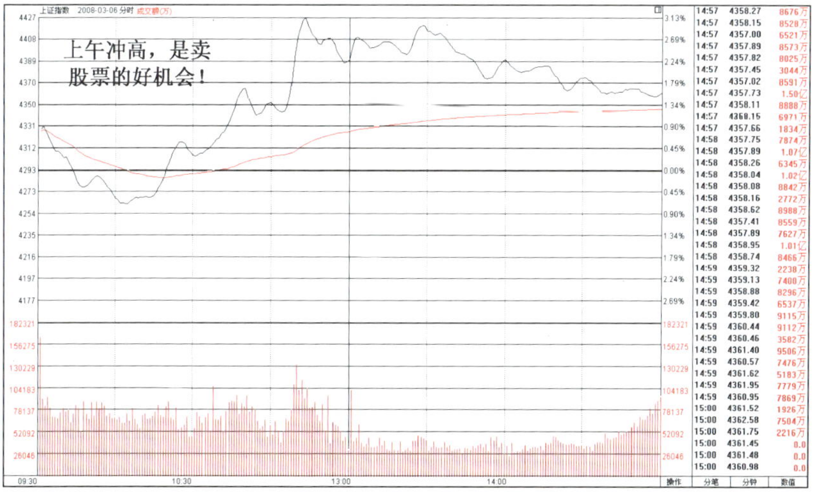

图 22　上证指数 2008 年 3 月 6 日分时走势图

大盘冲高，卖出股票，获利了结(参见图 23)。

如果进一步探究，你便会发现李旭东的短线操盘的获利“玄机”。

(1)看大盘,做个股。这是李旭东采访中反复强调的一个要诀。

(2)赚一点就跑。从上述交易中可看出,他每股只赚二三毛钱就走人。而权证,有时只赚一二分甚至赚几厘就跑的不在少数。

(3)从李旭东大量的实盘交易单中可以看出,他买入股票的时间绝大多数是下午两点以后和收盘前。他说:“开盘就买,有时大盘一天走势不明朗,买入股票风险很大,而尾盘买股,风险小,即使没买好,第二天卖出,损失也很小。”

辉煌的“金字塔”

从2008年3月4日至2011年6月30日,3年零3个月,大盘几经起落,而他操作的基金却一直稳步上涨着,从1元涨到5.22元,一座耀眼的金字塔耸立在中原大地上。

稳步增长,3年5倍

李旭东操刀的基金自打熊市中诞生后,就一直在创造着奇迹。2008年10月28日,大盘见底。之后,走出了一波反弹行情。随着这波反弹的上涨行情,李旭东的金字塔基金到2009年2月12日净值达到2.072元,实现翻番。

接着，大盘于2009年8月4日创出3 478.01点的高点后，开始下跌，之后，进入了漫长的震荡调整，一直没有大的起色。

然而，无论大盘涨跌，李旭东操作的基金一直在稳步增长。2009年底，在大盘震荡调整中，他操作的金字塔基金净值反而从年初的2元猛增到3.866元，年增幅高达120.82%。

2010年上证指数依旧徘徊不前，没有任何作为，全年涨幅为－14.3%，而金字塔基金却远远跑赢了大盘，净值竟达到4.913元，年增幅为27.08%。

2011年1月至2011年6月30日(统计截止日)，上证指数自1月4日的2 852.65点跌至6月30日的2 762.08点(均为收盘价)，涨幅为－3.3%；而同期，金字塔基金的净值从4.913元变为5.238元，涨幅为6.6%，其速度远远超越于大盘涨幅。

下面是该基金从2008年3月开始操作至2011年6月30日的市值的变化走势和与大盘涨跌的一组数字对照(参见图23)。

从金字塔基金成立三年多的市值曲线图和与大盘走势对照的数据，读者会发现，无论大盘的涨涨跌跌，李旭东带领他的团队操作的金字塔基金市值却一直呈现出一条比较平滑的、逐渐走高的曲线，没有出现大的、向下的波动，且年年都远远跑赢了大盘。

注重稳健，追求复利

仅仅3年零3个月，金字塔基金何以能实现增长5倍多的收益？采访中，又一个疑团在我脑际闪现着：如果说在2008年之前，李旭东在权证的操作上对他的市值贡献很大，那么，2009年以后的

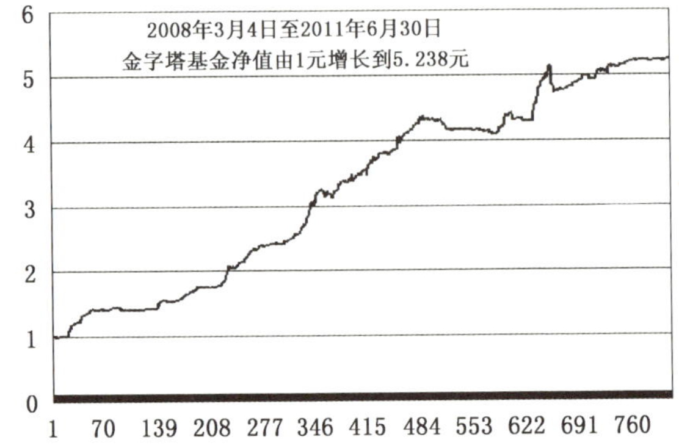

2008 年（从 3 月开始）到 2010 年金字塔基金主要数据对照表

	到年底基金市值	日均仓位	基金年增幅	同期上证涨幅
2008 年	1.748	13.79%	74.8%	-58.3%
2009 年	3.866	35.96%	120.82%	79.98%
2010 年	4.913	26.83%	27.08%	-14.3%

图 23　金字塔基金与上证指数的对比

两年多里，尤其是大盘处在震荡行情中投资者包括许多基金都大呼行情难做之时，他操作的金字塔基金已转向了以操作股票为主，又何以能继续谱写辉煌呢？

当我在采访中问及此问题时，李旭东回答说："注重稳健，追求复利，是这几年保持高收益的关键。现在资金规模比以前大了，我们的投资策略也在变，相比高业绩，现在我更看重的是稳健，不让业绩出现大的滑坡，以保证基金净值稳健增长。"

"近几年，你在投资策略和操作方法上有哪些变化？"

李旭东回答说："根据不同的市场环境，做出不同的投资策略，可以说是金字塔基金成立以来取得较好成绩的一个主要原因。综观中国股市近几年的变化，2007 年、2008 年、2009 年的股市，主流资金完成了8、6、4的转换，已经重新形成了一个新的市场。2009～2011年将开始新的一轮股市。2007年是中国股市疯狂的一年，中国的新增股民、基民增加了一半(有效的)，资金也增加了一半以上。然而新的主流资金并没有在2007年捞到好处，在2007年赚钱的，是2005年以前在股市里面的资金。2007年进来的各类基金和主力，在2008年都受伤惨重。然而，主流资金是不会看着自己资金损失的，这就上演了2008年、2009年的股市大戏——我们称之为'8、6、4自救大戏'。8、6、4自救是指主力套在8的位置，由于来不及出货，就把大部分的筹码出在6的位置，之后就开始上演故意打压到4的位置，在4的位置进货，而后拉升到6，主力已经盈利了结，整个过程主力盈利20％以上。从2009年公布的基金盈利数据看，期间的模式就是：4～6盈利的近50％的空间分摊了8～6主动打压形成的25％的亏损。"

"由于2008年整体呈现单边调整之势，在调整过程之中没有一次像样的反弹。市场在2008年底企稳后必然展开技术性反弹，这种反弹会在2009年展开，按技术分析及自由落体的弹性原理，从6 124点到1 664点中有近4 400点空间，其反弹的空间位置应在3 368点、3 894点和4 420点。按最小的反弹空间到3 368点附近也有1 700点的空间。而这期间，很多个股已经是跌得面目全非，更有被错杀的个股。

"在作出2009年市场大跌之后展开技术性反弹及主力自救策略的判断后，我把操作重点转移到个股上，采取中短结合的方法，进行波段操作。比如，对中国联通采取了波段操作(见图24)，部分资金仍然以短线形成滚动操作。这期间，中小板已经走出牛市上涨格局，由于资金量的约束及账户的监管限制，我们更多的是在主板上寻找机会。经过2009年的反弹之后，我认为2010年开始的中国股市，必然会经历更多的磨难，并延续2009年的主力自救行情后展开新的调整。基于这种分析，2010年上半年策略上我重新采取2008年速战速决的战法。进入2010年下半年，随着市场的回暖，我重新调整策略，实行了'波段＋短线滚动'操作模式。"

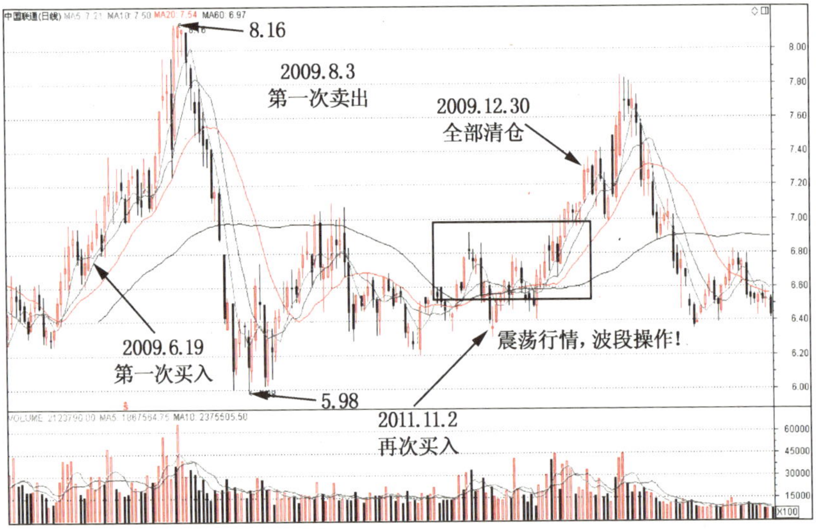

图24　中国联通(600050)走势图

突破"整数关口"的精彩回放

金字塔基金建立三年多来，一路高歌猛进，踏上了一条辉煌之路。从2008年3月4日的1元到2011年6月30日的5.238元，该基金净值稳步增长，不断翻倍。

下面是金字塔基金在突破整数关口的剪报，它们忠实地记录了李旭东近三年来再创惊人佳绩的足迹。

基金首日亮相《大河报》

2008年3月3日；

基金净值：1元；

基金仓位：18%；

当日大盘涨幅：2.06%。

当日《大河报》报导如下图：

28A 证券新闻

私募先锋

2008年3月3日 星期一

基金名称：中瑞投资基金
基金经理：李旭东
起始时间：2008年3月3日
基金净值：1.000元
持仓比例：18%
操盘手记：

周一是三月份首个交易日，沪指低开高走，放大量收复4400点关口，高调迎接“两会”的召开，也取得了周和月的“双开门红”。

消息面上：上周末证监会再批三只新基金。政协1号提案建议完善多层次资本市场税收政策。中国平安31亿限售股今解禁，成第一大流通市值股。上周五美股暴跌，并带动除A股外的其他外围股市全线暴跌。

2008年3月3日《大河报》报导

突破 2 元整数关——

2009 年 2 月 13 日，周五；

基金净值：2.019 元；

基金仓位：75%；

当日大盘涨幅：3.23%。

当日《大河报》剪报如下：

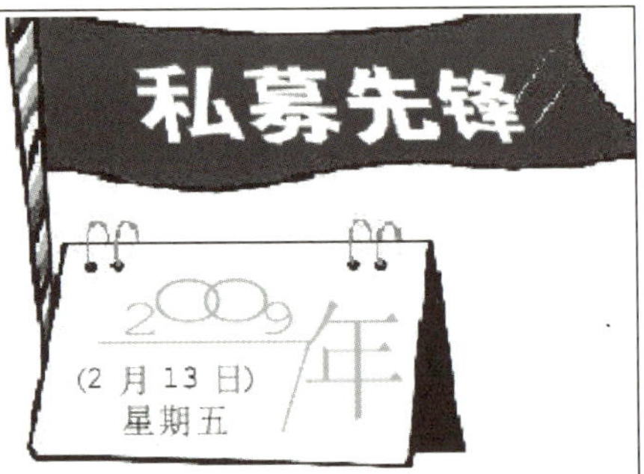

基金名称：中瑞投资基金
基金经理：李旭东
起始时间：2008 年 3 月 4 日
基金净值：2.019 元
持仓比例：75%
操盘手记：

周五大盘振荡攀升，以中阳线收在 2320 点。

消息上：由工信部主导制定的中国电子信息产业振兴规划初稿已正式完稿，规划中将提出加快实施一批重大工程，主要涉及集成电路、平板产业、3G、宽带通信等。

2009 年 2 月 13 日《大河报》报导

突破3元整数关——

2009年7月23日周四；

基金净值：3.038元；

基金仓位：41%；

当日大盘涨幅：0.97%。

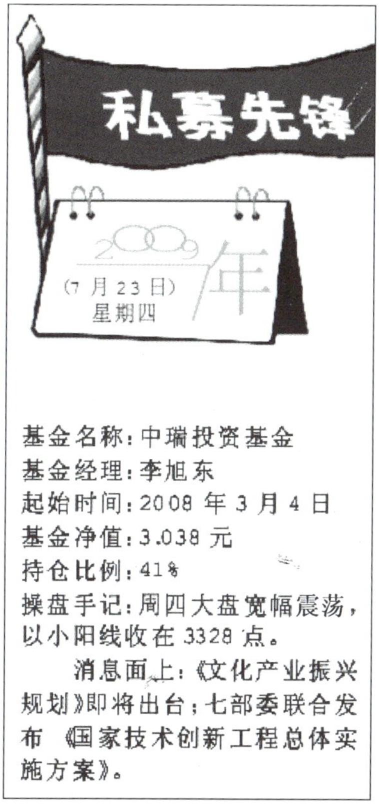
私募先锋
2009年
(7月23日)
星期四

基金名称：中瑞投资基金
基金经理：李旭东
起始时间：2008年3月4日
基金净值：3.038元
持仓比例：41%
操盘手记：周四大盘宽幅震荡，以小阳线收在3328点。

消息面上：《文化产业振兴规划》即将出台；七部委联合发布《国家技术创新工程总体实施方案》。

2009年7月23日《大河报》报导

突破4元整数关——

2010年1月11日,周一;

基金净值:4.04元;

基金仓位:15%;

当日大盘涨幅:0.52%。

基金名称:金字塔投资基金
基金经理:李旭东
起始时间:2008年3月4日
基金净值:4.040元
基金仓位:15%
操盘手记:

周一大盘高开低走,多空拼杀激烈。国务院已原则同意开展证券公司融资融券业务试点和推出股指期货品种的信息刺激权重股大幅高开。央行提高了三个月期央票的发行利率4个基点,同时提高了91天正回购的利率3个基点。这一举动被认为是明显的紧缩信号。二套房贷首付不得低于40%的新措施,使地产股再次受到打压。

从市场自身结构观察,机构前期介入已经拉高的品种依然利用利好大幅派发,在机构自身没有完全调整好仓位前,市场仍是震荡整理

2010年1月11日《大河报》报道

突破5元整数关——

2010年11月2日周二;基金净值:5.01元;基金仓位:40%;当日大盘涨幅:-0.28%。

(金字塔基金此时已退出《大河报》,数据来源于金字塔网站,见当天操作手记的页面截图。)

李旭东操作

2010-11-02

周二两市大盘小幅双双高开后震荡走低,随后在有色,黄金等资源股的带动下企稳反弹,午后中石油,光大等权重股发力,带动指数继续上扬,两市双双创出新高,小盘股借势跳水.随后由于前高压力仍旧较大,股指迅速下探,大批涨停股被打开,前期热炒的有色、煤炭等股票抛压较大,股指震荡走低,以绿盘报收。截止收盘,沪指报收于3 045.43点,下跌0.28%。深证成指报收于13 646.5点,下跌0.71%。

从盘面上看,有色板块今日振幅最大,从上涨6%跌回几乎开盘价位,走出冲高回落行情。军工航天、核电概念表现抢眼,稀土永磁、黄金等概念冲高回落。午后,智能电网因电力十二五规划预审,将重点发展大电网和配电网的消息受资金追捧大幅上扬,交通运输、钢铁涨幅较高,上午一直处于调整的地产午后发力对指数做出贡献。创业板因解禁纷纷回调,创业板指下挫2.92%。

股指今日以上影线较长的阴十字星报收,表明前高附近压力不可小视。预计明日大盘将继续维持大幅震荡格局,前期涨幅较高的股票有出现回调的可能,但回调力度不会太大。

从这些年李旭东带领金字塔基金走过的稳健获利的历程来看,可以得出这样的结论:

在不同时期采取不同的策略是制胜的关键;结合大盘环境,处理个股的细节,严格执行纪律是制胜的法宝;资金的合理调配使用是实现利润最大化的基石。

神奇密码

从 3 万元到 9 万元，从 10 万元到 1 000 万元，再从 1 元到 5.22 元，6 年间，牛熊转换，风雨无常，他为何能连创佳绩，奇迹不断，其秘诀在哪？他总结并袒露的 12 大理念与招法，揭示了他走向成功的神奇密码……

神奇密码一　一定要看大盘的“脸色”

一天夜里，我和李旭东漫步。我问他：“旭东，这些年，你一路走来，取得这么好的战绩，我想问你，如果要用一句话来说，有什么秘诀呢？”

“有啥秘诀，真没啥。”李旭东笑答：“要说没有吧，人家可能不信。没啥秘诀，咋能年年翻番？其实，要说，有一点很重要，就是做股票一定要看大盘的脸色。也就是说，跟随大盘的涨跌买卖股票。大盘好了，就做；不好，就空。就这么简单。”

神奇密码二　控制风险永远排在第一位

著名的嵩山少林寺内的一座明代碑文上，有这样一句话：“百家一理，万法一门。”控制风险是所有高手成功的一个共同点，李旭东同样在控制风险上具有非常高的素质和坚定的执行力。多年来，他一直把防范风险放在第一位。他在郑州和上海公司所操作的电脑上,都贴有“控制风险”的字样。连同事见了都有点惊异:“真想不到,李老师这么老练的顶尖高手了,还这么警惕和要求自己。”

对此,李旭东如是说:“一个炒手的好与孬,不在别的,而在于他控制风险的能力如何。好的炒手,风险控制能力一定强。在这个市场上,我从来没想过要挣多少钱,而是时刻警惕风险,不要赔钱。”

他有这样几句“名言”:

■ 在资本市场投资中,始终是风险和收益并存。它们就像是孪生兄弟,他们同时站在你两边,你远离了风险,就接近了收益;你靠近了风险,就远离了收益。

■ 风险很大,看不懂时我就不做。我不能把挣的钱亏进去。

■ 我宁愿错过10次机会,也不会进行一次没把握的交易。

■ 确保每次交易都在自己的掌握之中,不在自己的能力和预见范围之外冒险交易,这才是股市中规避风险和获得收益的关键。

■ 作为专业的投资者,如果在熊市的时候不能有效规避风险,在牛市到来时就会失去机会。

■ 退却,是为了更好地进攻;活着,是一切美好的基础。

在实战中,李旭东为防范风险,他长年坚持两点:

一是买股票的时间,大部分选择在下午两点以后,这在他提供的大量交易单中足已显见。

二是严格控制仓位。《大河报》对李旭东从10万到1 000万元的308个交易日的仓位做过一个统计:

李旭东在开赛的前期是满仓进出。要么空仓,要么满仓,几乎没有半仓的。中后期,半仓、轻仓的次数逐渐增多。说明大盘越涨,市值越大，可能出现的风险就越大。在 308 个交易日中，李旭东空仓次数为 98 天，占总天数的 31.8%；50% 以下的轻仓 44 次，占 14.2%；超过 50% 小于满仓的 38 次，占 12.3%；满仓 128 次，占 41.5%。

在此期间，李旭东交易比较活跃，常常一天操作几个来回。但是仍然以空仓来减少风险。他常说："经常保持空仓，保持资金的流动性，这是盈利的基本条件，也是控制风险的最佳方法。"

《大河报》还对李旭东操作的金字塔基金自 2008 年 3 月至 2010 年初的 456 天的仓位也曾有一个统计数据，参见下表：

2008 年至 2010 年初金字塔基金仓位

仓位区间	天数	所占比例
0	53 天	占 11.6%
1%～10%	109 天	占 23.9%
11%～20%	81 天	占 17.8%
21%～30%	59 天	占 12.9%
31%～40%	52 天	占 11.4%
41%～50%	27 天	占 5.9%
51%～60%	19 天	占 4.2%
61%～70%	21 天	占 4.6%
71%～80%	10 天	占 2.2%
81%～90%	12 天	占 2.6%
91%～100%	13 天	占 2.8%

仓位小于 10% 的天数为 35%，小于 20% 的为 53%，小于 30% 的为 66%，小于 40% 的为 77%，小于 50% 的为 83%；仓位超过一半的，仅占 17%。其中，100% 满仓仅 4 天，占 0.9%。

由此，足可以看出李旭东对资金管理的绝佳表现。这可谓他创造奇迹的一个重要“秘笈”。

注：2011 年至 2014 年，李旭东应广大投资者的要求，先后在郑州、上海、北京等地举行投资报告会。几乎每次，他都会把控制风险放在第一要点来讲。记得 2011 年 8 月在北京国际会议中心举办的有全国众多民间高手参加的一次隆重的报告会上，李旭东作为第一个上台发言的嘉宾，面对会场千余名渴望聆听他透露从 3 万元到数亿元的“绝招”的投资者，没想到，他开宗明义仍然是重点讲述在股市中如何防范风险。

他说：“在十多年的投资生涯中，我一直忘不了‘股神’巴菲特的教诲：在他的投资名言中，最著名的无疑是：‘成功的秘诀有三条：第一，尽量控制风险，保住本金；第二，仍然是控制风险，保住本金；第三，坚决牢记第一、第二条。’在我多年的股市征战中，我真切地感悟到牢记和防范风险是最重要的。我的操作理念是：安全第一，盈利第二。不赚钱可以，但绝不能赔钱。”

那么如何控制风险呢？具体有四点：

- 要学会空仓。

很多股民不会空仓，整天持有股票。这是肯定不正常的。当遭遇股指大跌时，若手中仍有仓位那将面临较大的风险。在下跌过程中空仓是唯一能保住本金的方法。在我做股票时，空仓的时间占大部分，发现机会，果断介入，获利退出，仍旧保持空仓。

- 要控制好仓位。

根据行情处在不同阶段，要有不同的操盘方法。很多投资者在资金量有限的情况下，却买了很多股票，这其实是很不恰当的。一般来说，100 万元以下买 1～2 只就可以了，1 000 万元以内也不要超过 4 只。

● 从心理上控制风险。

买卖股票，切忌冲动。若因为今天股指大涨就冲动买入，第二天大盘很有可能却是大跌的开始。越是行情不稳定，越是要保持稳定的心态，不能过于急躁。切记：暴跌是大赚的开始，大涨是赔钱的种子。

● 从操作上控制风险。

在市场中的保守和谨慎应是投资人一贯的作风，不要让风险来改变你的投资策略，而应该用你的投资策略来有效地控制风险。

操作上一定要有计划性，遇到什么情况，该做什么决定，必须要做什么决定。无论波段操作、中线操作、短线操作，都要制定好计划。

报告会当晚，我与李旭东在宾馆同居一室。聊天中，我对他说："旭东，我听有的投资者反映，听了你报告会上的发言，好像还不太过瘾，他们总想让你透露一些制胜的'绝活'，你却讲了不少防范风险的话题，是不是有所保留？"

"白老师，我们在一起那么多天，你是了解我的，我不保守，我说话做事，都是一滴水，一个泡，实实在在，绝不诓人。你想，在投资中，风险和获利一直是绑在一起的，如果你真得学会了控制风险，剩下的不就是盈利了嘛！"李旭东坦诚地回答道。

我听着李旭东中肯的话语，再想想他在熊市中坚持"只赚一点点，积小胜为大胜”和严格控制仓位以及大部分选择两点以后买股票的做法，不正是看似“平常”、“简单”，实则是真正的“绝活”！以我看，它的至关重要性，绝不亚于某些纯技术上的“一招半式”！

神奇密码三　锁定利润，挖到篮子里才是“菜”

采访期间的一个傍晚，我在河畔散步，与郑州的一个老股民相识。当他得知我来郑州采访李旭东时，伸出大拇指说：“李旭东那是俺中原地区真正的高手，俺们在报上天天看着他的操作，真是厉害。”

“怎么个高法？”我随口问。

“他的理念比俺好。”那位老股民说。

“你咋样？”

“不中，不中。”讲起自己的炒股，他连连摆手：“炒股票，谁都赚过钱。我在 40 块买过华兰生物，涨到 70 多元，一股都赚 30 多元钱了还没舍得走，后来它除权又涨到 59 元，我还不走。开始，账户上还赚几十万，现在倒亏了四五万块了，还在里面泡着。不像李旭东，人家是赚一个是一个，用老百姓的话说，就像在地里头挖野菜一样，挖（河南话音为‘弯’）到篮子里才是菜。李旭东是今个买，明个卖，挖一棵，是一棵，我这是没挖到菜，到头来反倒把篮子里的菜往外丢啦！”

我揣摩着这位老股民的一番话，他道出了一些投资者的一个“通病”——不能见好就收，一味地贪婪，使到手的利润最后丧失。

我给李旭东讲起这件事，他说：“股民们在股市挣点钱不容易，而破财却很容易，过去我们的老祖宗，多么希望辛辛苦苦创造的财富别再跑了，创造了只进不出的吉祥物——‘貔貅’。我们做投资，也要像貔貅那样，在控制风险的前提下，一定要锁定利润。见好就收，及时获利了结，决不能让煮熟的鸭子又飞了。”一个“锁”字，十分形象地道尽了他炒股制胜的奥秘。

神奇密码四 快进快出，视短线为“钻石”

“快进快出”的超短线手法，是李旭东多年来制胜股市的一个重要法宝，也是他止损的利器。“快进快出”，重在一个“快”字，要干脆、果断，不拖泥带水，不优柔寡断，只看当下，不对后市抱有任何幻想。

操作中，他一般是头一天买入第二天卖出。对于权证，李旭东一般是当天一次或多次交易，每次持权时间都很短，常常以分秒计，多数时候权证不过夜，减少不确定性带来的风险。

谈及他多年屡试不爽的超短线手法，李旭东说：“人们常说短线是银，我却视它为钻石。在我手中，一只股票很少能拿 3 天，权证几乎不过夜，但交易的成功率在 90%左右。在多年的征战中我深切地体会到，在风险极大的股票市场，真正值得投资的品种并不多，只有采取快进快出的投机手法，才能更好地保全自己，获取利润。”

神奇密码五 追求高成功率，没有 90%以上的把握不出手

较高的成功率，是李旭东取得惊世奇迹的又一个重要因素。一般情况下，李旭东认为有 90%的胜算时才果断出手。据统计，几年

来，他操作的总体成功率约为75%。李旭东认为，“胜算”重在一个“算”字，《孙子兵法·始计篇》上有云：“夫未战而庙算胜者，得算多也；未战而庙算不胜者，得算少也。多算胜，少算不胜，而况于无算乎？”李旭东在实战中始终坚持“谋算在前”，从不打无准备之仗。

他说，做什么事情都要有个计划，好的计划是成功的一半。购买股票前，要首先考虑风险，想想在某个点位是否安全，大盘环境、个股行业环境如何等。如果没有80%～90%的把握，就不要出手，一旦出手，就一定要“快、准、狠”。操作中要追求高成功率，如果看不准，看不懂，没有把握时坚决不可进场，

具体地要做到以下几点：

(1)每天分析当日大盘和判断第二天大盘的走势，跟随大盘去买卖股票。

(2)判断大盘在强势、弱势中，买卖股票的方法不同。

(3)结合大盘分析当日市场的热点及持续性，分析手中个股，做好第二天个股买卖的计划，以及出现什么情况时的应对策略。

(4)每天关注成交量大和涨幅靠前的个股。这些股票在短期市场中比较活跃，标示着一段时间内大盘的热点和趋势。

(5)记录每天操作的得失和做好经验总结，要养成每天写投资日记的习惯。

神奇密码六　追求复利，每天只赚一点点

李旭东几年间虽创出了惊世奇迹，但综观他的所有战绩，一次操作赚百分之四五十的却极少。采访中，我看到一张统计表，上面

呈现着他交易获利的详细分类，他盈利的“密集区”集中在 1%～3%。也就是说，他每次赚的并不多，他追求的是“每次只赚一点点”和复利的效应。在从 10 万元到千万元的“征途”中，他的日均盈利为 1.5%。

采访中，他多次说过：“要培养常赚比大赚重要的观念。积小胜为大胜，将无数小黑马组合起来就是大黑马，是我多年来形成的一个理念。不要小看只赚这一点点不起眼，可是复利的作用是非常巨大的。一年 247 个交易日，以 1 万元本金计算的话，如果你每天赚 1%，1 年后的资产是 11.5 万元。如果每天赚 2%，那 1 年后资产就是 130.5 万元。如果每天赚 3%，那 1 年后的资产就是 1 438 万元。正如爱因斯坦的一句名言所说：‘世界上最强大的力量不是核武器爆炸的威力，而是复利！’几乎所有的成功人士，尤其是在起步阶段，都是这样积每天的小赚至最后的大赚。”

神奇密码七　超强的盘感

这一条只可意会，不可言传。他的操盘助手这样评价他：“他的脑子里有台计算机。盘中遇到情况，他会在脑子里闪电般地过一遍，左看右看，上看下看，综合判断后，最后迅速作出决断。战机稍纵即逝，是买是卖，往往在‘一念’之间，没有超强的盘感、丰富的操盘经验和非常扎实的功底，是很难做到的。”

谈到他的成功，李旭东说，神枪手都是打出来的，实战中的上千次上万次的磨砺，给了我丰富的应对经验和超强的盘感。

神奇密码八　在大盘不同环境下如何把握机会

在不同时期采取不同的策略是制胜的关键。结合大盘环境，在操作中采取灵活的战略战术，也是李旭东多年制胜的法宝之一。

(1)在牛市中的操作技巧。在牛市中要找那些成交量大，表现活跃，资金进入较多的板块去操作，牛市中要敢于追高，不要怕高，牛市中以持股为主，要拿得住股票。

(2)在平衡市中的操作技巧。在平衡市中，大盘的上涨都是一些局部性的。要以短线操作为主，适当控制仓位。在平衡市中坚决不追高。

(3)熊市放假，免得手痒乱动。在熊市中要轻仓和空仓操作，一定要有轻仓超短线的操作思维，要么就宁可不做。不要轻易去抢反弹，熊市中每一次的上涨都是抛出良机。熊市中不要想着抄底，八楼到了二楼，再到一楼，再到地下室，地下室下面还有十八层地狱。

(4)如何捕捉黑马。寻找黑马只能选择在牛市中操作。某一个板块会有一只个股是这个板块的领头羊，在牛市中领头羊涨幅是最大的。在牛市中的黑马基本上会贯穿牛市的始终。但在行情末期，领头羊可能会先于大盘见顶。在强势过程中，一般要买入这些率先涨停的个股，最好是开盘5分钟以内涨停的个股。要看涨幅榜前几名是什么概念的一些股票，要去深度挖掘相关概念、题材以及形态类似的个股，超买10送10甚至更多的股票。关注大盘跌，一些不跌的股票。

神奇密码九 做“独行侠”，坚持反市场操作

李旭东炒股从不听消息，不探“内幕”，坚持独立思考。他说，在股市中真理不一定站在多数人一边，众人皆看好，则行情未必继续好，众人皆看坏，行情未必就坏下去，高明的技术操作者必须做“独行侠”，须对行情保持独立的判断，注重反市场操不能跟随别人，不要有从众心理。大家都知道的利空，就不再是利空。同样，公开的利好并非是利好，熊市中的利好往往都是出货的好机会。

神奇密码十 必须每天坚持学习

这是李旭东 2014 年 9 月 13 日在河南报业集团举行的一次投资报告会上重点谈及的一个内容，也是他入市 16 年来锲而不舍坚持学习最终走向成功的神奇密码之一。他说，随着股票市场的不断发展，股指期货、期权、融资融券、股票收益互换、股票质押回购等创新品种以及股市中的各种新概念不断地涌现出来，作为一个优秀的投资者，应具备以下素质：

- 善于学习

一个优秀的交易者应该具备很强的学习能力。做投资核心是要有看对未来的认知能力，看谁更具有前瞻性，也就是观察股市中比较前沿的概念，比如柔性电路、智能穿戴、大数据概念、O2O、P2P、全息手机、特斯拉概念股等。这就要求你应当持续学习。所以，我认为学习能力是投资人员基本素质里面很重要的一面。不仅仅是你读了多少书，学历背景怎么样，这只是一个方面。行动也很重要，要多看，多了解，把视野打开。投资大师巴菲特投资生涯之

初，每天要读六七百甚至1 000页书籍或资料，他现在也将80%的时间花在读书上。他曾经表示："我的工作本质上只是搜集多多益善的事实和信息，偶尔考虑会不会采取投资行动。"可见，学习是股市操盘中很重要的一个环节。

● 热爱交易

兴趣是最好的老师，一个人如果做他感兴趣的事，他的主动性将会得到充分的发挥。交易是个很枯燥的事，需要付出智慧与汗水，如果你热爱它，即使是十分疲倦和辛劳，也总是兴致勃勃、心情愉快；即使困难再大也绝不灰心丧气，而是会去积极地想办法，反复总结交易中的经验教训，坚决地予以克服自身的不足。这样，你才能从投资的低谷走向成功。

● 专注、勤奋

如果你没有天才的天赋，但你做事时比天才更专注，你的成就会远远地超过天才。以我为例，我热爱操盘这份工作，虽然每天工作8到9小时，但是下班回家后还会再花几小时时间研究股票。此外，每天我还会收到许多股市的统计图表，我会花上时间研究。我认为，如果一个人热爱自己的工作，成功的机会一定比较大。求胜意识强烈的人，一定会寻求各种方法来满足其求胜的欲望，这也加大了成功的概率。

● 敢于行动，善于总结

市场永远是对的，错的永远是自己。市场中的上涨和下跌是由很多因素决定的，如果某一因素没有考虑到，就会做出错误的决策，这是难以避免的，因为人无完人，但发现错误时要勇于改正而不是让错误继续。在投资的过程中也要不断完善自己，不断修正自己的错误。投资者必须有良好的悟性和善于总结，要养成每天记录交易心得和策略的习惯。

神奇密码十一　淡定的心态

“平稳的心态，也是李旭东多年能取得好成绩的一个重要之点。”和他一起炒股多年的小陈向我介绍道：“股市机会很多，行情好时，许多股涨得很厉害，有时旭东也丢失过一些机会，但他不后悔。”

在我与李旭东接触的日子，一直感到他有一颗淡定的心，他平稳朴实，知足常乐。有次在餐桌上他说，他说他前几天买进的天齐锂业好几只涨停，已有40%的收益了，要不是封了‘一字板’，早卖了，明天真得该走了。他说这是他破例今年来拿的时间最长的一只股。赚了大钱，他并没有任何一点欣喜若狂的表情，亏了钱，他也很平静。我曾问过他刚参赛时连亏几天紧张不？他说，一点不紧张，就像平时做股票一样，不断总结盘中经验教训，该进就进，该出就出，只有心态放平稳了，就会不惧不怕。当然，一个投资者要想真正做一个成功者，有一个不断克服自身弱点的一个痛苦过程，这些年我深切地感到，真正最难的是挑战自己，战胜自我。

神奇密码十二　学会面对失败

操作失败，是投资者的常见病，但是难能可贵的是能从中吸取教训，“不在同一个地方摔倒两次”。李旭东说他也赔钱，最惨的一次是2006年3月31日，那天他以0.608元的价格买入包钢权证，过完周末，周一上午一开盘，包钢权证在瞬间大幅跳水，他以 0.471 元卖出，资产缩水超过 25%，这次错误让他至今仍刻骨铭心。但面对失败他没有倒下和放弃，他总结教训，最后成为了一名最好的猎手。

他说，顺势而为，懂得及时止损，不要和大盘较劲儿。交易失败了，股票或是大盘没有按照此前的预期走。这时候必须果断斩仓，及时止损，然后寻找下一步的投资机会。

他操作中从来不设机械的止损点，只要心理预期与走势不符，立即就“闪”。

尾声：我只想做好未来

眨眼，在中原故土已待了一个月了。回想在这里采访李旭东的每一天，我无时无刻不被他在博弈市场上不断奋进和执着的进取精神所感染着。在这些日子里，我目睹着他是那么敬业，那么废寝忘食地工作，每天不光专注实盘操作，还要花大量时间研究国内外的政策、经济、外盘、黄金、外汇、期货等走势和信息，以便准确地决策和把握未来。为此，他每天很少能睡个囫囵觉，我们的访谈常常在子夜之后才能进行……

飞机冲上了蓝天……当我怀着依依不舍的心情再度回望中原大地，但见嵩山少林巍巍，黄河滚滚东流。此刻，李旭东那朴实的话语仿佛又在耳畔响起：“过去的成绩，只是一串数字而已，我只想做好未来!”

是的,这位中原股林骄子的目光一直盯着前方,永不满足。他在创建了金字塔基金、金字塔网站和上海旭诺资产管理有限公司后,如今,他又创办了一家股权投资公司,把投资的视野进一步拓宽。另外,他还打算今后要发行几期阳光私募,以满足更多投资者的需求愿望。

“天道酬勤。”我相信,在母亲河培育的这片热土上,李旭东和他的团队在博弈的征途上会稳健地走得更远,也必将创造出更多惊人的奇迹,谱写出更加精彩的传奇!

后　记

2015年的钟声刚一敲响，当我历尽坎坷，最终将《民间股神（黄金版）绝技系列》《民间股神（白金版）英雄榜系列》这两套作品将由上海财经大学出版社陆续推出，作为一份"厚礼"奉献给全国多年来一直关爱着我的热心读者，我由衷地感到一种无尽的快乐。

自1999年1月起至今，16年来，我在证券市场一线先后采访过数百位民间高手，收录入《民间股神》一至七集系列书的，算下来仅63位。此次录入《民间股神（白金版）英雄榜系列》的人物，由于篇幅有限，加之进行重访的精力和时间都有限，则只能精中选精。而作为弥补的是，《民间股神（黄金版）绝技系列》几乎涵盖了所有高手股海制胜的"绝活"。

在这两套丛书面市之际，我首先想要告诉读者的是，如何向高手学习和怎么看待这些高手。书名虽冠以"民间股神"，但这种"称谓"，完全是投资者对高手的一种"美誉"，而并非他们真的都是"神"。书中所写的高手们，也都是从普通投资者成长起来的。他们也像许许多多的中小投资者一样都经历过失败，甚至有的在股市中遭受过"重创"。这一点，在我在筛选人物时，是必不可少的一个重要条件。因为我认为，中国股市风雨飘摇，风险重重，不经受磨难，不摔几次跤，不经历多次失败的反复锤炼，是成熟不了的。在一定意义上可以说，正是失败，造就了这些“民间股神”。

其次，我在书中所记述的民间高手的绝技，是高手们多年在实战中磨砺总结出来的。虽然他们的风格特点不同，招法经验不一，但他们的共同点是都具有正确的投资理念，执着的追求，高超的操盘技艺和良好的投资心态等。读者在学习时，一定要结合自己的实际，找到一套适合自己的利器，切勿死搬硬套，这才是最最重要的一点。

另外，从采访初期至今，10 多年过去了，在一些当年采访过的高手中，有少数人在人生途中后来出现了这样那样的问题，但他们多年前在股市中创造并总结出的一些独特的技战法，有的至今仍为投资者所喜用，作为唯物主义者，在这次选编时我并没避讳，仍将此录入，以供更多的读者借鉴。

随着时代的变迁，近年来许多民间高手的投资理念和他们的操盘技艺也随之相应地发生着一些新的变化。这次出版之时，为了将其最新的东西呈现给读者，书中有不少高手对自己过去总结的操盘技艺重新审视修改，补充进了不少新内容、新案例，对他们的这种无私奉献，在此表示感谢。

在本书付梓之际，我除了再次对我采访过的高手们和热心读者的关爱表示由衷的感谢外，还要感谢上海财经大学出版社的黄磊总编辑、策划编辑王永长，为了高质量地出版这两套系列书，使其尽快与读者见面，他们精心策划，加班加点忘我工作的精神，令我感动。

此外，在本书出版的前期策划工作中，原中国经济出版社的戴玉龙先生也付出了许多心血，在此，特表感谢。

尤其我还要感谢的是一直陪伴我奋发工作的老伴严竹兰女士。多年来她一直支持我的采访出版工作，并对我的书稿提出修改意见，在生活无微不至地关怀，让我有更多的精力和时间投入到采访和写作中。在此时间，还有儿子白天为本书的写作做了大量的资料整理工作。远在美国的女儿长途奔波，几次回国看望我，并对我采访整理的书稿认真阅读，提出不少好的建议。这一切，都给予我很大的关爱与动力，也使我能有动力和激情写作这两套系列书。

最后，作为《民间股神》系列书的作者要郑重声明一件事：本人自 2006 年 1 月出版《民间股神》第一集、2006 年 6 月出版《民间股神》续集、2007 年 4 月出版《民间股神》第三集、2008 年 6 月出版《民间股神》第四集、2009 年 5 月出版《民间股神》第 5 集、2010 年 6 月出版《民间股神》第 6 集和 2011 年 8 月出版《民间股神》第 7 集外，绝没有出版过任何“合集”。近年来，一些人盗用抄袭作者书中内容，出版什么“民间股神”全集“大合集”，什么“民间股神绝招揭秘”等等，以假乱真，混淆视听，对这些侵犯知识产权的行为，作者必将应用法律武器予以追究，特此声明。

联系方式：
电　　话：13691850565

电子邮箱:bqs1688@163.com

微博:bqs1688@163.com 牵着鼠标走天涯

2015 年 1 月 8 日于北京

特别致谢

在《民间股神(黄金版)绝技系列》和《民间股神(白金版)英雄榜系列》面市之际,我要特别致谢的是北京股商。

近三年来,我在京采访中,北京股商给予我工作大力支持。曾多次在京主办民间高手投资报告会和《民间股神》发行会,向广大投资朋友传播正确的投资理念及方法。此外,在本书撰写期间也给予了各种帮助,在此特表感谢。

北京股商投资有限公司是一家在投资者中享有盛誉的投资公司,注册资本2亿元人民币,前身为北京京放投资管理顾问有限责任公司,成立于1994年6月,是首批取得中国证监会颁发的《证券投资咨询业务资格证书》的机构之一。公司还取得中国基金业协会《私募投资基金管理人》证书,具备证券投顾、培训,私募基金发行与管理,新三板市场保荐、做市等业务资格;同时还是中国证券业协会分析师委员会成员,具备协会私募产品报价系统私募产品创设、自营、推荐、代持、展示等全部业务资格。

对投资者实行全方位的优质证券投资培训服务,是北京股商多年来为投资者服务的主要内容之一。公司以提高投资者实战水平为目的，由具备多年实战投资经验的数十位投资专家与投资顾问，将各自的实战成功要诀进行归纳总结，汇编为适合各种市场环境的战法课程，涵盖了从看盘、选股、选时、下单技巧到投资心态培养等实战所需的各种技术要点，开设了高手战法培训、名家战法培训、股指期货进阶培训和股指期货名家培训等多项业务。培训讲师全部为具有中国证监会颁发证券投资咨询执业资格的投资专家与投资顾问，其高度的专业化与多年的投资实战经验使得股商证券培训具备了较高的实用性与实战性，在帮助投资者提高投资盈利水平方面效果显著。

随着改革的深入和中国股市春天的到来，北京股商对投资者的服务将更上一层楼，投资者将会在这里得到提升，获得投资的智慧与实战操作技艺。

愿有缘的朋友，在北京股商这块“智慧的园地”里，获取更多的投资知识，提高投资技艺，不断走向成功！

2015 年 1 月 18 日